KB070097

古新羅 金石文과 木簡

김창호 지음

주류성

古新羅 金石文과 木簡

지은이 김창호
펴낸이 최병식
펴낸날 2018년 1월 29일
펴낸곳 주류성출판사
서울특별시 서초구 강남대로 435 (서초동 1305-5)
TEL | 02-3481-1024 (대표전화) • FAX | 02-3482-0656
www.juluesung.co.kr | juluesung@daum.net

값20,000원
잘못된 책은 교환해 드립니다.

ISBN 978-89-6246-335-4 93910

古新羅 金石文과 木簡

김창호 지음

주류성

차 례

책머리에

   지금까지『고신라 금석문의 연구』,『한국 고대 불교고고학의 연구』,
『삼국시대 금석문 연구』의 3권을 출간했다. 전부 1차 사료를 중심으로
한 논문집이다. 2009년 2학기 때에 파킨슨 증후군을 앓게 되어 정들었
던 경주대학교 문화재학부를 그만 두고, 학계에서도 떠나게 되었다.
2013년에 건강을 회복해「포항 중성리 신라비의 재검토」『신라사학보』
29, 금관총 출토 尒斯智王을 한국고대사학회 홈페이지에 실린 것을 보
고「신라 금관총의 尒斯智王과 적석목곽묘의 편년」『신라사학보』32,
2014를 발표했고, 한국고대사학회,『한국고대사연구』70(집안고구려비특집
호), 2013를 보고서,「집안고구려비를 통해 본 麗濟 王陵 비정 문제」『考
古學探求』17, 2015를 발표하고, 게재료 200만원을 받아서 가족들에게 공
부하는데 허락을 받게 되었다.「울주 천전리서석 원명과 추명」,「미륵사
서탑 사리봉안기」,「영일냉수리비」,「울진봉평비」,「함안 성산산성 목간
(1)」,「함안 성산산성 목간(2)」를 새로이 논문을 썼다. 서론과 결론을 더
하니, 원고량이 200자 원고지로 1200매가 되었다. 그래서 책을 낼 결심
을 하게 되었다. 책의 제목을『고신라 금석문과 목간 연구』로 할려고 했
으나 은사 허흥식선생님의 가르침에 따라『고신라 금석문과 목간』으로
했다.
   금석문에 관한 책을 두 권이나 내었으나 늘 石文이 위주였는데. 이번

에는 金文이 2점이나 있다. 특히 尒斯智王이 너사지왕으로 읽혀서 반절로 넛지왕이 되어 눌지왕과 동일인이라면 금관총은 458년이란 절대 연대를 얻게 된다. 나아가서 5세기의 확실한 금석문이 존재함으로 尒斯智王과 같은 방식의 왕명이 있는 중성리비와 냉수리비의 연대도 각각 441년과 443년으로 보아도 된다.

금석문과 목간의 연구는 고고학개설에 나와 고고학 전공자가 담당해야 된다. 그래야 철두철미한 실증주의에 입각한 이들 자료를 연구할 수가 있다. 고고학은 유물과 유적에 근거한 실증주의가 기본이다. 광개토태왕비(414년), 중원고구려비(449년 이후), 집안고구려비(491년 이후), 미륵사 서탑 사리봉안기(579년), 포항중성리비(441년), 영일냉수리비(443년), 울진봉평비(524년), 울주 천전리서석 원명(525년)과 추명(539년), 단양적성비(545년 직전), 창녕비(561년), 북한산비(561~568년), 마운령비(568년), 황초령비(568년)의 어느 자료도 문헌에는 언급이 없다. 그래도 문헌에 입각한 연구를 하기가 쉽다. 문헌을 무시하고 금석문을 연구하는 것도 문제지만, 문헌에 의지해 금석문을 연구하는 것은 더 큰 문제이다. 금석문을 연구할 때, 금석문 자체에 대한 치밀한 분석 후에 문헌을 통한 검토가 필요할 것이다. 그 대표적인 예가 울주 천전리서석 원명과 추명의 연구이다. 沙喙部徙夫知葛文王을 立宗葛文王과 상황 판단인 음상사에 의해 동일인으로 보고서 연구해 왔다.

1994년 「六世紀 新羅 金石文의 釋讀과 그 分析」으로 학위 논문을 내고 나서, 고고학 공부로 이론을 해서 좋은 논문을 쓸까하고 일본의 노가미 죠스께선생님에게 문의했던 바, 이론 고고학은 헛된 것이고, 유물과 유적에 근거한 실증주의 고고학을 해야 된다는 교시를 받았다. 그 후 유물과 유적에 근거한 고고학도로서의 길을 걸었다. 그 전부터 알고 지내던 채상식교수님으로부터 서울의 큰 학자들의 에피소드와 학문 자세를 배웠고, 영원한 롤모델이신 은사 허흥식선생님께서 잡문을 쓰지 말라, 개설서를 쓰지 말라, 양심적인 학자의 길을 걸어가라는 가르침을 받았다. 늘 격려해 주시고, 따뜻한 말씀으로 학문을 할 수 있도록 용기를 주신 은사 문경현선생님께도 감사한다. 늘 친절하게 질문에 대답해 주신 이기동선생님께도 감사의 말씀을 전하고 싶다. 늘 자료를 구해주시고, 서로 경쟁을 했던 田中俊明교수님에게도 감사한다. 학문을 하는 것은 늘 자신과 싸움의 연속이다. 이 싸움에서 이기려고 하면 인간관계가 중요하다. 학문에서의 한 수 훈수는 학문의 길을 달라지게 한다. 도움을 받은 지인에게 일일이 열거를 못했지만 스스로 감사하는 마음을 늘 가지고 있다.

이 책이 나오기까지 꾸준히 참아 준 아내와 아들과 딸의 협조를 받았다. 컴퓨터(노우트북)를 사주고, 그 기술을 가르쳐 준 정운호사위에게도 감사한다. 고인이 되신 은사 김영하선생님께도 감사한다. 목간 논문을 쓸 수 있도록 자료를 주신 이영호교수와 이수훈교수와 이경섭교수와 조성윤선생에게도 감사의 말을 전하고 싶다. 끝으로 수익성이 없는 학술서를 내어주신 주류성출판사의 최병식회장님과 관계 직원 여러분께도 감사의 마음을 전하고 싶다.

2017년 12월

청도동산병원에서 김 창 호

제1장

서론

제1절 • 연구소사

제2절 • 연구 방향

1
연구소사

石文이란[1] 石刻,[2] 石碑, 石佛造像記 및 기타로 나누어서 불리고 있고, 석제 유물에 새겨진 문자자료를 말한다. 1970년부터 최근에 이르기까지 약 20년간에 걸쳐 발견된 고신라 석문은 10점 정도에 달한다. 이 중에는 발견 즉시 학계에 공개된 것이 대부분이지만, 일부 석문의 경우 발견된 뒤 오랜 세월이 지나 학계에 알려지거나 주목된 것도 있다. 학계에 소개된 연대순으로 석문을 정리하면 다음과 같다.

1970년 東國大 學術調査團에 의해 蔚州川前里書石이 발견되었다.[3]

---

1) 연구소사는 울주 천전리서석이 발견되었던 1970년부터 시작하였다. 그 이전의 연구사에 대해서는 김창호, 『고신라 금석문의 연구』, 2007을 참조.
2) 국사편찬위원회 한국사데이터베이스에서 壬申誓記石을 석각에다 분류하고 있으나 석비로 분류되어야 할 것이다.
3) 황수영, 「新羅의 蔚州書石」 『東大新聞』, 1971, 5월10일자.

인접한 盤龜臺와 천전리서석의 암각화가 발견된 지 10년이 지난 뒤에 이에 관한 보고서가 나왔다.[4] 명문에 관한 내용은 너무 소략하여 그 때까지의 연구 성과와도 다소 거리가 있는 듯하다. 이에 비해 葛文王의 존재를 확실하게 밝혀서 이 부분 연구에 진전이 있었다.[5] 신라 중고 왕실의 소속부를 사탁부로 보는 데에 이용되기도 했다.[6] 그 뒤에는 원명과 추명에 대한 수준 높은 연구 성과가 나왔다.[7] 아직까지도 徒夫知葛文王을 從夫知葛文王으로 읽는 점 등은[8] 이 명문 연구의 어려움을 암시하고 있다.

신라 금석문 연구의 획기적인 계기는 1978년 檀國大學校 學術調査團에 의해 조사된 丹陽赤城新羅碑의 발견 이후부터이다. 이 비가 발견된 때부터 관계 전문가들이 모여서 종합적인 학술대회를 개최하였다.[9] 이러한 의욕적인 노력에도 불구하고 지명인 高頭林을 인명으로 보는 등 비문의 해석에 잘못된 부분도 있었고,[10] 佃舍法의 실체 규명이나 비의 건립 목적 등은 아직까지 학계의 의견의 일치를 보지 못하고 있다.

1988년 4월에 蔚珍鳳坪新羅碑가 경북 울진의 주민에 의해 발견되었

---

4) 황수영·문명대, 『盤龜臺』, 1984.

5) 김용선, 「울주 천전리서석 명문의 연구」 『역사학보』81, 1979.

6) 이문기, 「금석문자료를 통해 본 신라의 6부」 『역사교육논집』2, 1981.

7) 문경현, 「울주신라서석명기의 신검토」 『경북사학』10, 1987.
   武田幸男, 「蔚州書石谷における新羅·葛文王一族-乙巳年原銘·己未年追銘の一解釋-」 『東方學』85, 1993.

8) 武田幸男, 앞의 논문, 1993, 3쪽. 이 논문의 23쪽에서는 從자로 판독한 예로 임창순 편저, 『한국금석집성(Ⅰ)』, 30쪽을 들고서 울진봉평비에서의 徒夫智葛文王도 從夫智葛文王으로 정정하고 있다.

9) 단국대 사학과, 『사학지』12(단양적성신라비 특집호), 1978에 8편의 논문이 실려 있다.

10) 武田幸男, 「眞興王代における新羅の赤城經營」 『朝鮮學報』93, 1979.

다. 한국고대사연구회 주최로 이 비에 대한 학술발표대회가 열리고, 비문에 대한 종합적인 검토가 이루어졌다.[11] 이 비의 발견으로 524년 당시에 신라에서는 아직도 麻立干=寐錦王이란 왕호를 사용했다는 점과[12] 이미 경위나 외위 등의 관등제가 거의 완성되었다는 점을 알게 되었다. 봉평비의 내용이나 성격은 수수께끼로 남아 있다. 이와 같이 이른 시기의 금석문들은 특정 지역의 특수하고 조그만 이야기를 비문에 적어 놓았기 때문에 그 해결이 힘들다고 판단된다.

1988년 경주 명활산성에서 명활산성비가 발견되었다.[13] 이 비의 발견은 신라의 力役體制나 지방 제도 연구에 중요한 실마리를 제공해 주고 있다. 이 비의 발견으로 창녕비 이전에도 邏頭란 직명이 존재함을 알게 되었고, 上人邏頭가 나와서 남산신성비 제1비의 阿良邏頭의 해석에 도움이 되었다. 라두 앞에 지명이 오지 않는 예도 있음을 알게 되었다. 이 비의 발견으로 얻어진 큰 성과는 郡中上人이란 직명을 통해 남산신성비 제2비의 郡中村主가[14] 郡中上人으로 바로 잡게 된 점이다.

---

11) 한국고대사학회, 『한국고대사연구』2, -울진봉평신라비특집호-, 1989.

12) 종래에는 광개토태왕비 경자년(400년)조의 寐錦, 『일본서기』의 婆娑寐錦, 지증대사비의 遍頭居寐錦에 근거해 寐錦=尼師今으로 보았다. 중원고구려비의 발견 이후에 寐錦=麻立干으로 보게 되었다.(이병도, 「중원고구려비」『사학지』13, 1979) 그 뒤에 봉평비에 喙部牟卽智寐錦王이 나와 매금이 마립간과 동일함을 분명히 했다.

13) 박방룡, 「명활산성작성비의 검토」『미술자료』41, 1988.
  김창호, 「명활산성작성비의 재검토」『두산김택규화갑기념문화인류학논총』, 1989.
  閔德植, 「新羅의 慶州 明活城碑에 관한 考察 -新羅 王京 研究를 위한 일환으로-」『東方學志』74, 1992.
  朱甫暾, 「明活山城作城碑의 力役動員體制와 村落」『西巖 趙恒來敎授華甲紀念史學論叢』, 1992.

14) 武田幸男, 「新羅의 骨品體制社會」『歷史學研究』299, 1965에서 최초로 郡中村主의 복원을 제기하였다.

1989년 迎日冷水里新羅碑가 慶北 浦項市 神光面 冷水里에서 발견되었다. 한국고대사학회 주최로 종합적인 검토가 이루어져서 이에 관한 업적이 학계에 소개되었다. 이 비에는 종래까지 비에서는 보이지 않던 신라 조자를 인명에 쓰고 있다. 6부인이나 지방민에 있어서 경위와 외위가 없는 인명이 많은 점이 특이하다. 특히 진이마촌의 節居利는 두 번이나 新羅의 王들이 와서 敎를 내리고, 財에 대한 證介를 서고, 그 후 계자까지도 정해 주었음에도 불구하고 外位가 없다는 점이 특이하다. 영일냉수리신라비는 건립연대를 비롯하여 지도로갈문왕의 즉위 문제, 관등 문제, 촌의 문제, 七王等의 해석 문제, 6부의 성립 문제, 財의 성격 문제 등이 관심의 대상이 되었다. 건립시기에 대해서는 383년, 443년, 503년 등의 설이 있었으나, 503년으로 거의 의견이 모아졌다.[15] 그러나 비의 주인공인 節居利가 실성왕 때인 402년이 되어 처음으로 교를 30세에 받았다면 503년에 131세나 되고, 사탁(부)지도로갈문왕을 지증왕과 동일인으로 보면, 소속부가 중고 왕실의 탁부와 다르므로 지증왕은 김씨가 아닌 다른 성을 갖게 되는 문제가 생겨서 443년설도 고려되어야 할 것이다. 七王等에 대해서는 당시 왕권의 위상과 관련하여 주목되었는데, 이들 모두를 왕이라 불렀다는 해석과[16] 왕과 등으로 나누어 본 견해,[17] 왕을 님으로 해석한 견해[18] 등이 있었다. 적성비에 나오는 高頭

---

15) 朱甫暾, 「迎日冷水里新羅碑에 대한 基礎的 檢討」『新羅文化』6, 1989.
   鄭求福, 「迎日冷水里新羅碑의 金石學的 考察」『한국고대사연구』3, 1990.

16) 朱甫暾, 「6세기초 新羅王權의 位相과 官等制의 成立」『歷史敎育論集』13·14, 1990.

17) 李喜寬, 「迎日冷水里碑에 보이는 至都盧葛文王에 대한 몇 가지 問題」『韓國學報』60, 1990.

18) 文暻鉉, 「迎日冷水里新羅碑에 보이는 部의 性格과 政治運營問題」『韓國古代史研究』3, 1990.

林城在軍主等에서 等은 복수의 뜻이므로 7명의 왕으로 보아야 된다. 비석 건립의 계기를 가져온 절거리가 소유한 財(物)의 실체에 대해서는 조세, 역역 등의 수취와 관련된 어떤 권리,[19] 광산이나 광산물중 금일 가능성 등이 제시되었는데,[20] 최근에는 해산물이라고 한 경우까지 나왔다.[21] 그러나 재(물)을 반드시 현물이라고 단정할 수는 없지 않을까 한다. 주인공인 절거리의 財에 대해서는 잘 알 수가 없다.

1994년 1월에 새로 발견된 남산신성비 제9비는[22] 다른 남산신성비와 같은 시기인 진평왕 13년(591)에 건립된 것이다. 이는 기존의 남산신성비와 인명기재 방식에 차이가 나고 역역동원과 촌락의 성격 등의 문제에 재검토의 기회를 제공하였다.[23]

1997년 여름 칠곡군 松林寺 경내의 마당에서 신라시대의 명문석 1점

---

19) 安秉佑,「迎日冷水里新羅碑와 5~6세기 新羅의 社會經濟相」『韓國古代史研究』3, 1990.
朱甫暾, 앞의 논문, 1990.
朴香美,「迎日冷水里碑를 통해 본 5~6世紀 新羅의 財産相續」『慶北史學』17・18, 1995.

20) 李宇泰,「迎日冷水里碑의 再檢討 −財의 性格을 中心으로−」『新羅文化』9, 1992.
金昌鎬,「迎日冷水里碑의 建立 年代 問題」『九谷 黃鍾東敎授停年紀念史學論叢』, 1994.

21) 조범환,「영일냉수리비를 통하여 본 신라의 촌과 촌주」『금석문을 통한 신라사연구』, 2005.

22) 이하의 연구사 부분은 이영호,「新羅의 新發見 文字資料와 研究動向」『한국고대사연구』57, 2010에서 발췌하였다.

23) 朴方龍,「南山新城碑 第9碑에 대한 검토」『美術資料』53, 1994.
朱甫暾,「南山新城의 築造와 南山新城碑 −第9碑를 중심으로−」『新羅文化』10・11, 1994.
金昌鎬,「南山新城碑 第9碑의 재검토」『釜山史學』30, 1996.
李銖勳,「南山新城碑의 역역편성과 郡(中)上人 −최근에 발견된 제9비를 중심으로−」『釜山史學』30, 1996.

이 발견되었다. 마연에 의해 판독이 어려운 상태였지만, 서두에 "道使"가 명기되어 있고 바로 이어서 "沙喙部"가 추독되었다고 한다. 또한 "(甲)申年 十一月卄一日"에서 '甲申'이란 연간지도 추독되므로, 송림사의 창건과 5층 塼塔의 건립연대도 새로이 파악할 수 있다고 하였다. 곧 전탑에서 나온 사리장엄구 가운데 舍利器와 銀製鍍金樹枝形裝飾具(은제관식)의 양식을 600년경으로 파악하면서, 사원의 창건 시기를 기존에 추정하던 7세기 후반, 8세기 전반, 8세기, 9세기 등이 아닌, 갑신년인 624년경까지 소급시켰다.[24] 사리장엄구의 양식적인 문제는 차후로 미루지만, 명문석에서 지명이 붙지 않는 인명표기의 직명으로 '道使'가 단독으로 나왔다는 점이 주목된다.

최근 문자자료에 대한 관심이 높아지면서, 무관심 속에 방치되었던 자료가 새로 빛을 보기도 하였다. 제천 점말동굴 암벽 명문은 2009년 4월 28일 학계에 발표된 것으로,[25] 1970년대 구석기유적 발굴조사 때 확인하였으나 그간 알려지지 못한 것이다. 연세대학교에 남아 있는 당시 자료와 최근 조사연구를 통해 점말동굴에 새겨진 刻字는 삼국시대 화랑과 낭도들이 다녀간 흔적으로 밝혀졌다. 1970년대 구석기유적 발굴조사 때 확인하였으나 그간 알려지지 못한 것이다. 연세대학교에 남아 있는 당시 자료와 최근 조사연구를 통해 점말동굴에 새겨진 刻字는 삼국시대 화랑과 낭도들이 다녀간 흔적으로 밝혀졌다. 특히 金郎은 울주 천전리서석에 나오는 인물과, 烏郎은 월성해자 목간의 大烏知郎과 같은

---

24) 金昌鎬,「慶北 漆谷 松林寺의 창건 연대 –위덕대학교박물관 소장품의 소개와 함께–」『美術資料』66, 2001.

25) 충북문화재연구원,『화랑의 장 점말동굴, 그 새로운 탄생』학술세미나 자료집(충북연 학술조사 13), 2009.

인물임을 확인하였다고 한다.[26] 이로써 종래 알려진 화랑 유적지에[27] 새로운 장소 한 곳이 추가 되었다. 大烏知郞은 화랑의 이름이 아니고 관등명이다. 金郞과 烏郞만이 화랑의 인명임을 알 수가 있다.

2009년 5월 11일 慶北 浦項市 北區 興海邑 中城里에서 포항중성리 신라비가 발견되었다. 이 비는 辛巳年을 441년이나 501년으로 보고 있다. 비문의 내용에 대해서는 다양한 가설이 나와 있다.[28] (喙部)折盧(智王) 등 3인이 介抽智奈麻 등 총 26명에게 教를 내렸는데, 그 내용은 豆智沙干支의 宮과 日夫智의 宮을 빼앗아 사탁부의 牟旦伐에게 주라는 것이다.[29] 이 비에는 냉수리비와 함께 진골과 4두품에 해당되는 관등이 나오지 않고, 관등이 없는 왕경인과 지방민이 많다는 점이다. 그 이유가 진골과 4두품이 이때에는 없어서인지도 알 수가 없다.

2015년 12월 6일 蔚珍 聖留窟 암각 명문이 발견되었다.[30] 癸亥年(663년)三月八日에 壎主荷智大奈麻 등이 성류굴이 왔다 갔다고 기록하고 있다. 3월 8일은 穀雨에 해당되고 부명이 나오지 않고 있어서 661년을 소급할 수가 없어서 663년설은 타당하다.

木簡은 최근에 크게 각광을 받고 있는 문자자료이다. 신라 목간은 1975년 경주 안압지에서 처음 출토된 이래 최근에는 거의 매년 수십 점씩 발견되어 현재는 670점 가량의 자료가 축적되었다. 더구나 목간의 판독은 존래의 육안에 의한 판독에서 적외선 카메라나 우수한 광학렌

26) 李道學, 「提川 점말동굴 花郞 刻字에 대한 考察」 『충북문화재연구』2, 2009, 54쪽.

27) 문경현 외, 『花郞遺蹟地의 調査研究』, 2004.

28) 한국고대사학회, 『한국고대사연구』56, 2009 등.

29) 김창호, 「포항 중성리 신라비의 재검토」 『신라사학보』29, 2013.

30) 이영호, 「울진 성류굴 암각 명문」 『목간과 문자』16, 2016.

즈의 이용, 컴퓨터의 화상처리, 레이저 사진 촬영 등을 활용함으로써 그간 읽을 수 없었던 많은 문자들을 새로이 확인하게 되었다. 판독기술의 발달에 따라 가장 많은 혜택을 받은 분야가 바로 목간자료였다. 이에 따라 그간의 연구동향을 개관하는 글들이 많이 나왔다.[31] 목간은 전국에 걸쳐 다양한 유적에서 출토되었다.[32] 지금까지 출토된 고신라 목간을 제시하면 다음의 표와 같다.

遺蹟名	發掘年度	木簡年代	出土点數	備考
慶州 月城垓字	1975	古新羅6~7世紀	25	多面木簡
河南 二聖山城	1984~1985	608년	13	多面木簡
咸安 城山山城	1990~2000	540년경	333(?)	物品꼬리표
仁川 桂陽山城	2005	古新羅(?)	2	『論語』, 多面木簡

목간은 하남 이성산성, 함안 성산산성, 인천 계양산성 등의 예와 같이 산성에서 출토된 경우가 많았다.

경남 함안군 가야읍 성산산성 출토 목간은 국내 출토 목간의 약 반

---

31) 윤선태, 「목간 연구의 현황과 전망」 『한국고대사연구의 새 동향』, 2007.
李成市, 「韓國木簡연구의 현황과 咸安城山山城 출토의 木簡」 『韓國古代史 研究』19, 2000.
이용현, 「함안 성산산성 출토 목간」 『한국의 고대목간』, 2004.
朱甫暾, 「한국 목간 연구의 현황과 전망」 『木簡과 文字』1, 2008.
朱甫暾, 「한국의 木簡研究 30년, 그 成果와 展望」 『고대의 목간, 그리고 산성』 (국립가야문화재연구소·국립부여박물관 공동주최 학술심포지엄), 2009.
32) 윤선태, 「한국 고대목간의 연구현황과 과제」 『신라사학보』38, 2016, 392쪽의 〈표 1〉한국 고대목간의 출토현황에 647점이 출토되었다고 한다. 금년 1월 성산산성에서 새로 출토된 23점을 더하면 고대 목간은 670점(?)이나 된다.

수를 점하고 있으며, 1992년 이후 최근까지 계속 새로운 목간이 발굴되었다. 자료가 대상으로 한 시기는 561년경이라고 하나 2017년에 신자료의 발견에서 大舍下智와 及伐尺이란 경위명의 출현으로 540년경으로 밝혀졌고, 지방제도와 관련하여 眞乃滅村主가 나와 주목을 끌었다. 지명이 村主 앞에 오는 최초의 촌주 예이기 때문이다. 목간의 용도에 대해서는 '稗'·'稗一'·'稗石' 등의 글자를 둘러싸고 穀物의 物標 즉 荷札木簡으로 이해하거나, 모두 外位와 같은 것으로 보아 役人의 名籍(신분증) 등으로 파악하였으나,[33] 稗가 곡물을 의미함으로써 결국 하찰 목간임이 밝혀졌다.[34] 또한 '稗'·'稗一'·'稗石'은 稗一石을 의미하며, 稗石에서 '石'은 '一'자와 ('石' 위의 가로획 '一'자가 없는 글자)의 합자로 보아 용량 을 뜻하는 단위로 이해하였다. 그러나 이를 비판하고 稗石을 稗를 담은 '섬'으로 해석하였다. 곧 오늘날의 가마니와 유사한 것으로 '짚으로 엮어 만든 容器'로 파악하였다. 나아가 가장 사용 빈도가 높은 '稗石' 명칭을 통해 최초 발송지와 함안 성산산성이 바로 연결된 것이 아니라, 중간 확인과정을 거친 증거로 보고, 이와 연관지어 負의 의미를 짐(荷物)으로 해석하여 주목을 끌었다.[35] 목간에 쓰여 있는 곡물은 피가

---

33) 金昌鎬, 「咸安 城山山城 出土 木簡에 대하여」『咸安 城山山城』, 국립창원 문화재연구소, 1998.

朴鍾益, 「咸安 城山山城 發掘調査와 木簡」『韓國古代史硏究』19, 2000.

朱甫暾, 「咸安 城山山城 出土 木簡의 基礎的 檢討」『韓國古代史硏究』19, 2000.

34) 李成市, 「韓國木簡연구의 현황과 咸安城山山城출토의 木簡」『한국고대사연구』19, 2000.

李鎔賢, 앞의 논문, 2004.

이수훈, 「咸安 城山山城 出土 木簡의 稗石과 負」『지역과 역사』15, 부경역 사연구소, 2004.

35) 이수훈, 앞의 논문, 2004.

압도적으로 많고, 이어 보리, 쌀 등이었다. 목간의 서두에 쓰인 지명 분석을 통해 경상북도, 충청북도 등에서 낙동강을 이용하여 이들 곡물을 성산산성으로 운반한 사실이 밝혀졌다.[36]

월성해자에서는 6~7세기에 제작된 신라의 醫藥, 王京六部, 文書行政에 관한 획기적인 내용을 담은 매우 중요한 목간들이 출토되었다. 우선 월성해자 149번 사면목간은 신라 문서행정과 이두의 발달 과정을 엿볼 수 있는 자료이다. 특히 이 목간은 고대일본의 '某前申(某 앞에 올림)' 형식의 문서 투식이 중국 六朝時代의 書狀 내지는 문서형식이 한반도를 경유하여 유입되었다는 것을 명확히 보여주고 있다. 또 목간의 내용 속에 大鳥知郎의[37] 명을 받고 이를 처리한 후 보고하는 과정이 소상히 기록되어 있어, 신라의 문서행정을 이해하는 데에도 큰 도움이 된다.

이성산성 출토 목간의 작성 연대는 608년일 가능성이 가장 높은데, 제②행 촌주 다음에 쓰인 前자가 주목되었다. 이를 수신자를 의미하는 것으로 보아, 戊辰年 正月 12일 새벽에 南漢城道使가 須城道使와 村主에게 발신한 문서로 추정하였다. 이로써 '前'자의 이 같은 용례가 이 시기까지 소급됨을 알 수 있게 되었다.[38] 그러나 前자는 南漢城火의 앞에와 남한성의 별 앞에서라고 풀이되고,[39] 朋자를 새벽으로 풀이하고 있으나 그 근거가 없고, 벗인 南漢城道使나 벗과 南漢城道使로 풀이해야 할 것이다.

---

36) 尹善泰, 「咸安 城山山城 出土 新羅木簡의 用度」『震檀學報』88, 1999.
37) 大鳥知郎은 관등명으로 그 시기는 524~540년경이 된다.
38) 李成市, 「韓國出土の木簡について」『木簡研究』19, 1997, 244쪽.
39) 이 목간을 前白 목간으로 보는 것은 잘못이다.

2000년 인천광역시 계산동 계양산성에서도 『논어』 목간이 출토되었는데, 모두 『논어』, 公冶長篇의 일부가 기록되어 있었다. 복원안에 의하면, 김해에서 출토된 『논어』 목간은 1미터 이상의 사면체의 목간에 『논어』의 공야장이 쓰여 있고, 계양산성 출토 『논어』 목간은 역시 1미터 이상의 5면체 목간에 공야장이 쓰여 있었다고 한다. 시기는 7세기 말과 7세기 이전으로 추정하며, 용도는 독서삼품과에서 논어가 필수과목이었으므로, 신라의 국학과 관련된다고 하였다. 그러나 신라의 변경지역에서 출토되었고, 또 매우 장대하고 다면체로 쓰여 있다는 점에서 개인이 아니라 학교와 같은 장소에서 복수의 사람들이 동시에 보고 사용했을 것으로 파악하였다.

묵서로는 이양선 박사 기증품 중에 "上撰干徒 忙叱丁次"라 쓰인 유개고배 1점이 있다. 이 명문을 소개한 보고자는 上은 上人을 의미하고, 撰干은 외위, 徒는 촌주 등의 유력한 호족을 중심으로 하여 이루어진 왕경의 화랑도와 유사한 집단으로 파악하였다. 이 토기의 용도는 제의용으로 그 무덤의 주인공을 나타내는 듯하고, 그 시기는 7세기 초반 이후로 내려오지 않는다고 한다.[40] 上자는 上人의 上이 아니고, 두 자 이상의 인명 가운데 뒷 글자만을 따서 적은 것으로 보이고,[41] 徒는 무리라는 뜻이다.

1992년에는 강원도 동해시 추암동 고분군에서 '大干'으로 판독될 여지가 큰 토기 명문 2점이 출토되었다.[42] 무덤에서 금동관도 나오지 않

---

40) 朴方龍, 「傳 嶺南地方 出土 墨書銘有蓋高杯」 『碩晤尹容鎭敎授停年退任紀念論叢』, 1996.

41) 이름이 외자로 표기된 예로는 중원고구려비의 古鄒加共=太子共의 경우가 있다.

42) 朱甫暾, 「韓國 古代의 土器銘文」 『유물에 새겨진 古代文字』, 부산광역시립박물관 복

고 있어서 이 토기가 당시의 신분과는 관계가 없는 것으로 판단된다. 이는 1976년 창녕 계성고분군 출토 토기 명문의 '大干'을 연상시킨다.[43] 혹시 창녕 지역의 사람들을 동해로 사민했다는 증거인지도 알 수 없다.

2013년 7월 3일에 경주 금관총 출토 3루환두대도의 검초 단금구에서 尒斯智王이란 명문이 발견되었다고 국립중앙박물관이 발표했다.[44] 냉수리비의 七王等이 왕이 아닌 자도 가리킴을 근거로 왕족이나 고급 귀족으로 보기까지 했다. 중성리비와 냉수리비의 마립간을 王으로 부른 점에 의해 尒斯智王을 마립간으로 보았다. 그래서 尒斯智王을 너사지왕으로 읽어서 넛지왕 곧 눌지왕으로 보는 가설이 나왔다.[45]

천분관, 1997.

43) 西谷正, 「朝鮮三國時代の文字」 『古代の日本と東アジア』, 1991.
武田幸男, 「伽倻~新羅の桂城「大干」 －昌寧桂城古墳出土土器の銘文について－」 『朝鮮文化研究』1, 1994.
宣石悅, 「昌寧地域 出土 土器 銘文 大干'의 檢討」 『지역과 역사』3, 1997.

44) 『경향신문』, 인터넷 판, 2013, 7월 3일자.

45) 김창호, 「신라 금관총의 尒斯智王과 적석목곽묘의 편년」 『신라사학보』32, 2014.

2
연구 방향

    지금까지 선학들의 연구 성과를 두루 참조하여 고신라 금석문을 조사해보면 몇 가지 유형으로 나눌 수가 있다.

    첫째로 私的인 입장이나 個人的인 차원에서 작성되었다. 두 화랑의 맹서가 기록된 壬申誓記石과 개인의 墓誌銘 역할을 한 順興於宿知述干墓의 명문 등이 있다. 신라 왕족의 私的인 생활의 일단을 엿볼 수 있는 울주 천전리서석 원명과 추명을 비롯한 癸亥銘(543년), 乙丑銘(545년), 癸巳銘(574년) 등의 예가[1] 있다.

    둘째로 국가적인 차원에서 기록된 금석문으로 國王과 이와 관련된 王京人과 地方民이 등장하고 있으며, 사건의 顚末이나 기록의 理由 등이 적혀 있다. 이에 해당되는 것으로는 먼저 節居利의 財에 대한 신라

---

1) 한국고대사회연구소편, 앞의 책, 163~168쪽.

왕실의 확인과 상속자와 보증인 등이 기록된 냉수리비를 들 수가 있다. 다음으로 신라가 주변 지역의 拓境과 관련된 금석문으로 적성비와 창녕비를 들 수가 있다. 그 다음으로는 巡狩管境이란 구절이 비문에 나오는 巡狩 관련 금석문으로 北漢山碑, 磨雲嶺碑, 黃草嶺碑를 들 수 있다. 이러한 擧國的인 차원에서의 금석문들은 마운령비와 황초령비를 끝으로 終焉을 고하게 된다. 여기에 속하면서 지방민이 아닌 왕경인(사탁부 소속)인 牟旦伐의 宮(居館)을 찾아주는 금석문으로 중성리비를 들 수가 있다. 이 중성리비는 지방민과 신라 정부인 왕과의 관계가 아닌 사탁부인 6부인과 신라 왕과의 관계로 주목된다. 441년의 왕경의 범위가 경주분지뿐만이 아니라 포항시 흥해읍까지임을 말해주고 있다.

셋째로 公的인 입장에서 기록되기는 둘째의 유형과 같지만 국왕이나 당시의 고급 관료가 전혀 비문에 나오지 않으며, 지방민의 力役을 주로 기록하고 있는 금석문이다.[2] 이는 築城과 築堤 부분으로 다시 나누어진다. 축성 관련 금석문으로는 안압지 출토비, 명활산성비, 남산신성비(제1~10비) 등이 있다. 축제비로서는 영천 청제비 병진명, 대구무술명오작비가 있다.

제2장에서는 고신라 5세기 금석문에 대해서 살펴보기로 하자. 먼저 중성리비에 대해서는 비문의 서두에 나오는 (喙部)折盧(智王)이 누구인지 여부이다. 501년으로 보면 沙喙至都盧葛文王과 동일인이 되어야 한다. (喙部)折盧(智王)과 지증왕과 동일인일 수는 없다. 중성리비의 건립 연대는 441년이 되어야 한다. 중성리비를 해석함에서도 누구나 한자를

---

2) 남산신성비 제3비는 喙部主刀里란 당시의 왕경인을 역역 동원의 대상으로 한 금석문이지만 역역의 동원이란 넓은 의미에서는 이 범주에 포함될 수가 있다.

알면 쉽게 알 수 있도록 적혀 있다고 보고 쉽게 해석하기로 하겠다.

다음 냉수리비에 대해서는 沙喙至都盧葛文王을 지증왕과 동일인으로 보아 왔으나, 음상사로 동일인으로 보기 어렵고, 동일인으로 보면 비의 주인공인 절거리가 402년에 처음으로 30세에 교를 받았다면 503년에는 131세가 되는 점과 사탁지도로갈문왕과 지증왕을 동일인으로 보면 사탁지도로갈문왕은 신라 왕족인 탁부 출신의 김씨가 아니므로 성이 바뀌어야 한다. 이러한 점을 중심으로 냉수리비를 재검토하겠다.

마지막으로 금관총에서 출토된 尒斯智王을 중성리비와 냉수리비의 (喙部)折盧(智王), 喙斯夫智王, 乃智王과의 비교로 왕족이나 고급 귀족이 아닌 마립간중의 한 사람이라고 보았다. 이 금문이 5세기가 되면 누구라도 인정하는 신라 최초의 5세기 금석문이 된다.

제3장에서는 6세기의 금석문 가운데 먼저 울진봉평비에 대해 검토하였다. 이 비는 524년에 작성된 것으로 서두에 喙部牟卽智寐錦王沙喙部徙夫智葛文王라고 나온다. 이를 각각 喙部牟卽智寐錦王=법흥왕, 沙喙部徙夫智葛文王=立宗葛文王으로 보아 왔다. 이렇게 보면 법흥왕과 그의 동생인 沙喙部徙夫智葛文王은 사탁부 소속이므로 성이 바뀌어야 한다. 형제간에 성은 다를 수가 없다. 노인을 함안 성산산성 목간에 근거해 외위도 가질 수 있는 公民으로 볼 수 있는지를 검토해 보겠다.

울주 천전리서석 원명과 추명을 재검토하였다. 울주 천전리서석 원명과 추명에 대해서는 추명에 나오는 3명의 주인공이 另卽知太王妃夫乞支妃, 徙夫知(葛文)王, 子인 郞△△夫知이다. 법흥왕비인 보도부인은 모량부 출신이 아닌 사탁부 출신이 된다. 徙夫知葛文王도 입종갈문왕과 동일인이 아닌 사탁부의 장으로서 갈문왕이 된 것으로 볼 수 있는지를 검토하겠다.

울진봉평비에 대해서는 沙喙部徒夫智葛文王이 立宗葛文王인지 여부를 검토하겠다. 봉평비의 노인을 함안 성산산성 목간에 나오는 노인을 통해 검토하겠다. 신라의 관등제가 봉평비에 어느 정도가 완성되었으나 완전히 형성된 것이 아님을 성산산성 목간과 안압지 출토비를 통해 밝히고, 그 형성 완료 시기를 540년경으로 보는 것이 타당한지를 검토하겠다.

제4장에서는 함안 성산산성 출토의 목간을 둘로 나누어서 검토하겠다. 성산산성 목간(1)에서는 3가지를 검토하였다. 그 제작 연대를 대개 560년로 보아 왔다. 새로운 목간 자료에 及伐尺과 大舍下智란 경위명이 나옴에 의해 560년대로 보면 경위의 완성도 560년대로 보아야 된다. 그러면 540년경에 완성된 외위가 경위보다 앞선다. 그래서 함안 성산산성 목간의 제작 시기를 540년대로 보았다. 지명 비정에서는 경북 북부로 보아 왔으나 鄒文村과 勿思伐은 218번 목간에서 下州 昌寧인 比思(伐)이 나오고, 적성비에서 추문촌과 물사벌성이 같이 나오는 직속 상관인 軍主가 주재한 高頭林城이 충북 온달성임을 근거로 충북 지방으로 보았다. 노인은 외위도 가질 수 있는 公民으로서 소금을 생산하는 사람으로 볼 수 있는지 여부를 검토하겠다.

성산산성 목간(2)에서는 오작비, 남산신성비, 신라 둔전 문서 등을 근거로 성촌명+성촌명은 앞의 것은 군명, 뒤에 것은 행정촌으로 보았다. 단독으로 성촌명이 나올 때는 적어도 행정촌임을 밝혔다. 목간의 제작지에 대해서는 행정촌설, 군제작설, 주제작설이 있었다. 333점의 목간에서 나온 지명은 남산신성비 제2비에서 阿大兮村과 阿旦兮村, 沙刀城과 沙戶城, 九利城과 仇利城으로 차이가 있음에도 불구하고, 놀라울 정도 같은 글자로 적혀 있다. 218번 목간에서는 比思(伐)과 喙部 출신인이 함께 고급술을 공진하고 있어서 행정촌, 군, 주에서는 목간을 제작했다고 보기 어렵고, 함안 성산산성에서 제작했는지 여부를 검토하겠다.

제5장에서는 집안고구려비를 광개토태왕이나 장수왕 때로 보아 왔으나 문자왕1년(491년) 이후로 비정하였다. 비의 성격도 종합 수묘인비로 보았다. 천추총을 소수림왕릉으로, 태왕릉을 광개토태왕릉으로, 장군총을 장수왕릉으로 평양의 한왕묘를 문자왕릉으로 각각 보았다. 백제의 왕릉에 대해서도 송산리6호분을 동성왕릉으로, 송산리5호분을 성왕릉으로, 능산리 중하총을 위덕왕릉으로 각각 보는 것이 타당한지를 검토하겠다.

미륵사 서탑 출토의 사리봉안기의 己亥年을 『삼국유사』, 무왕조의 기사에 의해 639년으로 보아 왔다. 이를 은제관식의 연대를 교차 연대와 금석문 자료에 근거하여 579년으로 보았다. 다시 무왕이 지었다는 서동요를 乙이란 목적격 조사와 隱이란 주격 조사의 사용 예를 고문서, 금석문 자료 등과 비교해 고려 시대 초기에 신라인과 후백제인의 고려 인화에 의해 만들어진 것으로 해석하는 것이 타당한지를 검토하겠다.

1
포항중성리신라비

Ⅰ. 머리말

경북 포항시 북구 흥해읍 중성리에서 주거환경개선 도시계획도로 공사중에 고신라 시대의 비석이 발견되었다. 2009년 5월 11일 흥해 중앙교회 앞 공사 현장에서 김헌도씨가 가로 45cm, 세로 105cm, 두께 10cm 가량 크기의 비석을 발견해 13일 경북매일신문사에 제보하였다. 그 뒤 배용일 포항공대 초빙교수 등이 비석을 1차로 판독하였다. 그래서 비석이 세상에 알려지게 되었다.

국립경주문화재연구소에서는 비석을 가져와 8월에는 비석을 판독하고 해석한 자료집을 내놓았다.[1] 이어서 9월 3일에는 학술심포지엄이 경

---

1) 국립경주문화재연구소,『포항 중성리신라비』, 2009.

주드림센터에서 열렸다.[2] 이어서 2009년 10월 7일과 8일에 걸쳐서 포항시청 대회의실에서 〈신발견 포항중성리신라비의 역사적 고찰〉이라는 주제로 학술대회가 개최되었다.[3] 다시 2010년 4월 10일 경북대학교에서 〈포항 중성리신라비의 고찰〉이란 주제로 학술대회가 개최되었다.[4] 또다시 2011년 10월과 7일에 포항문화원에서 학술대회가 개최되어 그 결과가 공포되었다.[5] 대체로 비의 건립 연대를 501년으로 보고, 비를 너무 어렵게 해석하고 있다. 냉수리비, 봉평비, 적성비에서는 조그마한 일을 가지고 왕경인과 지방민이 참가한다는 점에 의해 비문을 누구라도 글자를 읽을 수 있는 사람이 보면 쉽게 이해할 수 있도록 적혀 있다고 보고, 비문을 쉽게 풀도록 하였다.

여기에서는 먼저 비문에서 문제시되는 글자를 중심으로 전문을 판독하겠고, 다음으로 인명 표기를 중심으로 비의 단락과 내용을 검토하겠고, 마지막으로 고신라 김씨 왕실의 소속부, 6부, 성골, 관등제 문제를 검토하겠다.

---

2) 국립경주문화재연구소, 『포항 중성리신라비 발견기념 학술심포지엄』, 2009.
3) 이 발표의 논문들은 한국고대사학회, 『한국고대사연구』56, 2009에 정리되어 있으므로 여기에서는 자료집을 이용하지 않고, 이를 이용하였다.
4) 김창석, 「신라 법제의 형성 과정과 율령의 성격」『한국고대사연구』58, 2010.
   노중국, 「포항 중성리비를 통해 본 마립간시기 신라의 분쟁처리 절차와 6부체제 운영」『한국고대사연구』58, 2010.
   노태돈, 「포항중성리신라비와 외위」『한국고대사연구』58, 2010.
   주보돈, 「포항중성리신라비에 대한 연구 전망」『한국고대사연구』58, 2010.
5) 한국고대사학회, 『신라 최고의 금석문 포항 중성리비와 냉수리비』, 2012.

II. 비문의 판독

중성리비는 모두 ⑫행으로 이루어져 있고, 각 행에 있어서 시작되는 부분과 끝나는 부분이 서로 다르다. 중성리비의 판독에는 많은 시안이 나와 있는데 이들을 비교한 결과 대부분의 글자는 의견의 일치를 보이고 있다. 여기에서는 이견이 있는 글자를 중심으로 설명해 보기로 한다.[6]

제①행에서 辛巳란 연간지 아래에 가장 밑 부분에 깨어져 나간 글자는 글자의 크기로 보아 3자가량 된다. 11번째 글자를 只자와[7] 中자로 보아 왔으나,[8] 여기에서는 모르는 글자로 본다. 제①행은 연간지와 왕명이므로 辛巳(年)(喙)(部)折盧(智)(王)으로 복원한다.

제②행에서 16번째 글자를 德자[9] 또는 使자로 읽고 있으나,[10] 여기에서는 자획에 따라 德자로 읽는다.

제③행에서 13번째 글자를 本자[11] 또는 牟자로 읽고 있으나,[12] 牟자로 읽는다.

제④행에서는 별로 문제되는 글자가 없다.

---

6) 이 비의 판독에는 국립경주문화재연구소, 앞의 책, 2009에 실린 탁본 사진을 이용하였다.

7) 전덕재, 「포항중성리신라비의 내용과 신라 6부에 대한 새로운 이해」 『한국고대사연구』56, 2009, 93쪽.

8) 이문기, 「포항중성리신라비의 발견과 그 의의」 『한국고대사연구』56, 2009, 10쪽.

9) 국립경주문화재연구소, 앞의 책, 2009, 23쪽.

10) 이문기, 앞의 논문, 2009, 10쪽.

11) 전덕재, 앞의 논문, 2009, 93쪽.

12) 고광의, 「포항 중성리신라비 서체와 고신라 문자 생활」 『1차 심포지움 발표논문집』, 2009, 98~99.

제⑤행에서는 8번째 글자를 朱자[13] 또는 末자로 읽는 견해가 있어 왔으나[14] 여기에서는 후자에 따른다.

제⑥행에서 2번째 글자를 沙자로 읽는 견해도 있으나,[15] 자획의 차이가 있어서 여기에서는 모르는 글자로 본다.

제⑦행에서는 8번째 글자를 干자[16] 또는 于자로 읽고 있으나[17] 여기에서는 자획에 따라 전자로 읽는다.

제⑧행에서 20번째 글자를 斤자[18] 또는 介자로 읽고 있으나[19] 여기에서는 자획에 따라 전자로 읽는다.

제⑨행에서 6번째 글자를 昔자,[20] 晋자,[21] 曹자로[22] 읽고 있으나 여기에서는 자획에 따라 昔의 이체로 본다.

제⑩행과 제⑪행에서는 별로 문제되는 글자가 없다.

제⑫행에서 11번째 글자를 里자[23] 또는 哩자로[24] 읽고 있으나 哩자로 읽는 것에 따른다. 이상의 판독 결과를 제시하면 다음과 같다.

---

13) 이문기, 앞의 논문, 2009, 10쪽.

14) 국립경주문화재연구소, 앞의 책, 2009, 23쪽.

15) 하일식, 「포항중성리신라비와 관등제」 『한국고대사연구』56, 2009, 179쪽.

16) 국립경주문화재연구소, 앞의 책, 2009, 23쪽.

17) 이문기, 앞의 논문, 2009, 10쪽.

18) 국립경주문화재연구소, 앞의 책, 2009, 23쪽.

19) 이문기, 앞의 논문, 2009, 10쪽.

20) 강종훈, 「포항중성리신라비의 내용과 성격」 『한국고대사연구』56, 2009, 135쪽.

21) 이문기, 앞의 논문, 2009, 10쪽.

22) 전덕재, 앞의 논문, 2009, 93쪽.

23) 국립경주문화재연구소, 앞의 책, 2009, 23쪽.

24) 이문기, 앞의 논문, 2009, 10쪽.

⑫	⑪	⑩	⑨	⑧	⑦	⑥	⑤	④	③	②	①	
							伐	喙				1
					喙	△	喙	沙				2
		牟	珎	干	鄒	干	斯	利	教			3
	導	旦	伐	支	須	支	利	夷	沙			4
	人	伐	壹	沸	智	祭	壹	斯	喙			5
	者	喙	昔	竹	世	智	伐	利	尒	喙		6
沙	與	作	云	休	令	壹	皮	白	抽	部	辛	7
喙	重	民	豆	壹	干	伐	末	爭	智	智	巳	8
心	罪	沙	智	金	居	使	智	人	奈	智	(年)	9
刀	典	干	沙	知	伐	人	卒	喙	麻	阿	(喙)	10
哩	書	支	干	那	壹	奈	波	評	喙	干	(部)	11
△	與	使	支	音	斯	蘇	喙	公	部	支	折	12
	牟	人	宮	支	利	毒	柴	斯	牟	沙	盧	13
	豆	卑	日	村	蘇	只	干	弥	智	喙	(智)	14
	故	西	夫	卜	豆	道	支	沙	奈	斯	(王)	15
	記	牟	智	步	古	使	弗	喙	麻	德		16
		利	宮	干	利	喙	乃	夷	本	智		17
		白	奪	支	村	念	壹	須	牟	阿		18
		口	尒	走	仇	牟	伐	牟	子	干		19
		若	令	斤	鄒	智	金	旦		支		20
		後	更	壹	列	沙	評					21
		世	還	金	支							22
		更		知								23

III. 단락과 내용

중성리비는 아주 쉽게 누구나 알도록 적혀 있다고 보고, 인명 표기
와 내용을 중심으로 단락을 나누면 6개의 단락으로 나누어진다. 1단락

은 제①행의 처음부터 제②행의 끝까지이다. 2단락은 제③행의 처음부터 제⑨행의 珎伐壹昔까지이다. 3단락은 제⑨행의 云豆智沙干支부터 제⑩행의 첫부분인 牟旦伐까지이다. 4단락은 제⑩행의 喙作民沙干支부터 제⑪행의 與重罪까지이다. 5단락은 제⑪행의 典書與牟豆故記이다. 6단락은 제⑫행의 沙喙心刀哩△이다.

이제 1단락부터 검토하기 위해 설명의 편의를 위해 전문을 띄어서 제시하면 다음과 같다.

辛巳年 (喙部)折盧(智王) 喙部習智阿干支 沙喙斯德智阿干支

辛巳年은 연간지로 건립 연대를 알려주는 구절이다. 441년설과[25] 501년설이[26] 대립되어 있다.[27] 部자가 들어갈 자리를 只자로 읽어서 只折盧葛文王으로 복원한 견해가 있다.[28] 이렇게 되면 辛巳年은 501년이

---

25) 강종훈, 앞의 논문, 2009.
    노중국, 앞의 논문, 2010.
26) 전덕재, 앞의 논문, 2009.
    하일식, 앞의 논문, 2009.
    주보돈, 앞의 논문, 2009.
    선석열, 「포항 중성리신라비의 금석학적 위치」『포항 중성리신라비 발견기념 학술심포지엄』, 2009.
    권인한, 「포항 중성리신라비의 어학적 검토」『포항 중성리신라비 발견기념 학술심포지엄』, 2009.
    이우태, 「포항 중성리신라비의 건립 연대와 성격」『포항 중성리신라비 발견기념 학술심포지엄』, 2009.
27) 이문기, 앞의 논문, 2009에서는 501년으로 보면서 441년일 가능성도 열어 놓은 어물정한 태도를 취하고 있다.
28) 전덕재, 앞의 논문, 2009, 93쪽.

된다. 年자와 喙部가 들어갈 공간이 없어서 따르기 어렵다. 501년설에서와 같이 辛巳年이란 연간지를 복원하고 (喙部)折盧(智王)을 지증왕으로 복원해야 되고, 지증왕은 탁부 출신이 된다. 503년 냉수리비에서 이른바 사탁부 출신이던 지증왕이 중성리비에서는 탁부로 부명이 바뀌게 된다. 부명이 바뀌면 그 성도 다르게 된다. 성은 바뀔 수가 없다. 따라서 (喙部)折盧(智王)은 눌지왕이 된다. 눌지왕은 냉수리비에서 乃智王으로, 금관총 출토 3루환두대도 검초 단금구에 尒斯智王이 나오는데, 尒斯智王은 너사지왕으로 읽을 수가 있고, 이는 반절로 풀면 넛지왕이 되어 눌지왕과 동일인이다. 눌지왕처럼 넛지왕(내지왕)과 折盧(智王)으로 두 개의 왕명을 가진 경우가[29] 있는지 여부이다. 법흥왕의 경우, 524년 봉평비에서 牟卽智寐錦王, 539년 울주 천전리서석 추명에서 另卽知太王, 535년 울주 천전리서석 을묘명에서 法興太王으로 왕명이 다르게 나오고 있다. 실성왕의 경우 냉수리비에서 斯夫智王이라고[30] 전혀 다르게 표기되고 있다. 따라서 (喙部)折盧(智王)은 눌지왕이고, 辛巳年은 441년이 되어야 한다. 501년으로 건비 연대를 보면 (沙喙部只)折盧(智葛文王)이 복원되어야 한다. 비문에 이를 복원할 공간이 없다. 따라서 (喙部)折盧(智王)이 복원되어야 하고, 건비 연대는 441년으로 보아야 한다.

다음은 喙部習智阿干支가 한 사람의 인명 표기이다. 喙部는 출신부명, 習智가 인명, 阿干支가 관등명이다. 그 다음의 沙喙斯德智阿干支

---

29) 『삼국유사』의 毗處麻立干과 『삼국사기』의 炤智麻立干은 동일인이고, 고구려의 경우 시조 추모왕과 시조 동명성왕은 동일인이다.
30) 斯자는 신라 조자로 인명에만 나오는 글자로 조판상 어려움 때문에 斯자로 표기하였다.

가[31] 한 사람의 인명 표기이다. 沙喙이 출신부명, 斯德智가 인명, 阿干
支가 관등명이다. 이제 1단락을 해석하면 다음과 같다.

'辛巳(年)에 (喙部)折盧(智王), 喙部 習智 阿干支, 沙喙 斯德智 阿干支
가'가 될 것이다.

2단락을 분석하기 위해 전문을 끊어서 제시하면 다음과 같다.

教 沙喙尒抽智奈麻 喙部牟智奈麻 夲牟子喙沙利 夷斯利 白爭人喙評公
斯弥 沙喙夷須 牟旦伐 喙斯利壹伐 皮末智 夲波喙柴干支 弗乃壹伐 金
評△干支 祭智壹伐使人 奈蘇毒只道使喙念牟智 沙喙鄒須智 世令 干居
伐 壹斯利 蘇豆古利村仇鄒列支干支 沸竹休 壹金知 那音支村卜步干支
走斤壹金知 珎伐壹昔

먼저 教자는 동사로 교를 내린다로 해석된다. 먼저 沙喙尒抽智奈麻
에서 沙喙은 출신부명, 尒抽智는 인명, 奈麻는 관등명이다. 다음 喙部
牟智奈麻에서 喙部는 출신부명, 牟智는 인명, 奈麻는 관등명이다. 다음
夲牟子喙沙利에서 夲牟子는[32] 직명, 喙은 출신부명, 沙利는 인명이다.

---

31) 이를 냉수리비에도 동일인이 있는 것으로 파악되기도 하나(이우태, 앞의 논문,
   2009, 84쪽) 냉수리비에서만 나오는 신라 조자인 斯자가 있어서 동일인이 아니다.
32) 이문기, 앞의 논문, 2009, 16쪽에서는 '본모의 아들인 탁부의 사리와 이사리가 이뢰
   기를'이라고 해석하고 있으나 子자가 아들의 뜻이 될려고 하면 냉수리비, 울주 천전
   리서석 추명, 적성비에서와 같이 其子로 표기되어야 한다. 이 부분을 이영호, 「흥해
   지역과 포항중성리신라비」『한국고대사연구』56, 2009, 233쪽에서는 모자가 감시자,
   조언자의 의미가 있다고 하였다. 본모자에 대한 여러 가설에 대해서는 홍승우, 「포

다음 夷斯利에서 主牟子란 직명은 앞 사람과 같아서 생략되었고, 喙이
란 출신부명도 앞 사람과 같아서 생략되었고, 夷斯利가 인명이다. 白爭
人喙評公斯弥에서[33] 白爭人은[34] 직명, 喙은 출신부명, 評公斯弥는 인명
이다. 다음 沙喙夷須이 한 사람의 인명 표기이다. 白爭人이란 직명은
앞 사람과 같아서 생략되었고, 沙喙은 출신부명, 夷須은 인명이다. 다
음 牟旦伐이[35] 한 사람의 인명 표기이다. 白爭人이란 직명은 앞 사람과

항중성리신라비의 분쟁과 판결」『신라 최고의 금석문 포항 중성리비와 냉수리비』,
2012, 210~211쪽에 잘 정리되어 있다.

33) 전덕재, 앞의 논문, 2009, 103쪽에서는 喙評으로 끊어 읽어서 새로운 부명을 설정하
고 있다. 그래서 이를 喙部라고 보고 있다. 105쪽에서는 5세기에 喙(喙評), 沙喙
(評), 本波喙, 牟旦伐喙, 漢只伐喙(漢只喙), 斯彼喙 등으로 사용된 것으로 보았다. 喙
만이 부명이고, 喙評이라고 표기된 다른 예가 없어서 따르기 어렵다. 5~6세기에는
탁(부), 사탁(부), 본피(부), 한지(부), 모량(부), 습비(부)의 6부 이름만 나오는 것으
로 판단된다. 조로2년(680년)명 전에 나오는 漢只伐部는 한지부와 동일하나 5~6세
기 금석문에서 한지벌부가 나오지 않았다. 661년 인명 표기에서 부명이 살아지고,
인명+관등명 대신에 중국식으로 관등명+인명으로 바뀌었다.(김창호, 『고신라 금석
문의 연구』, 2007, 150쪽) 조로2년명 전편에 나오는 한지벌부(출신부명)+군약(인
명)+소사(관등명)은 하나의 잔존 요소이다.

34) 白爭人의 白자를 아뢴다는 뜻의 동사로 보아서 비의 해석을 어렵게 만들었다. 이
부분에 대한 여러 가설들에 대해서는 홍승우, 앞의 논문, 2012, 213~214쪽에 잘 정
리되어 있다. 여기에서는 白爭人을 다툼[분쟁]을 아뢰는 사람이란 뜻의 직명으로
본다.

35) 이를 새로운 부명으로 파악하여 이문기, 앞의 논문, 2009에서는 모량부와 동일한 것
으로 보고 있다. 고신라 금석문에서 모량부가 나오는 예로는 남산신성비 제2비의
牟喙밖에 없다. 단석산 마애석각에서는 여러 차례 현지 조사를 실시하였으나 岑喙
란 부명은 없었다. 단석산 신선사 마애조상기의 연대는 고신라가 아닌 후삼국 시대
의 것으로 판단되는 바, 이에 대해서는 김창호, 「경주 단석산 신선사 매애거상의 역
사적 의미」『한국 고대 불교고고학의 연구』, 2009 참조. 牟旦伐喙으로 끊어 읽어서
부내의 부로 주장하거나 새로운 부의 주장 등은 논외로 한다. 필자는 기왕에 알려
진 6부인 탁부, 사탁부, 본피부, 한지부, 모탁부, 습비부이외의 부는 없었다고 생각
한다.

같아서 생략되었고, 沙喙이란 부명은 앞 사람과 같아서 생략되었고, 牟旦伐이 인명이다. 다음 喙斯利壹伐이 한 사람의 인명 표기이다. 白爭人이란 직명은 앞 사람과 같아서 생략되었고, 喙은 출신부명, 斯利는 인명, 壹伐은[36] 관등명이다. 다음 皮末智가 한 사람의 인명 표기이다. 白爭人이란 직명은 앞 사람과 같아서 생략되었고, 喙이란 출신부명도 앞 사람과 같아서 생략되었고, 皮末智가 인명이다. 다음 夲波喙柴干支가[37] 한 사람의 인명 표기이다. 白爭人이란 직명은 앞 사람과 같아서 생략되었고, 夲波는 출신부명, 喙柴는[38] 인명, 干支는[39] 관등명이다. 다음 弗乃壹伐이 한 사람의 인명 표기이다. 白爭人이란 직명은 앞 사람과 같아서 생략되었고, 夲波란 출신부명은 앞 사람과 같아서 생략되었고, 弗乃은 인명, 壹伐은 관등명이다. 다음 金評△干支가 한 사람의 인명 표기이다. 白爭人이란 직명은 앞 사람과 같아서 생략되었고, 夲波란 출신부명은 앞 사람과 같아서 생략되었고, 金評△는 인명, 干支는 관등명이다.

---

36) 이를 외위로 본 가설도 있으나 6부인은 경위를 받고, 지방민은 외위를 받는다는 관점에서 보면 성립되기 어렵다. 일벌이 경위 가운데 어느 관등과 동일한지는 알 수가 없다. 중성리비에서 처음으로 나오는 경위명이다.

37) 夲波喙을 전덕재, 앞의 논문, 2009, 105쪽 등에서 새로운 부명으로 상정하고 있으나 탁부, 사탁부, 본피부, 한지부, 모탁부, 습비부의 6부명 이외의 부명은 없었다고 사료되고, 마립간시기 김씨 집단의 분지화와 더불어 喙가 沙喙, 쑥喙으로 분화도었을 것이라는 가설이 주보돈, 「삼국시대의 귀족과 신분제−신라를 중심으로−」『한국사회발전사론』, 2007이 있으나 따르지 않는다. 원래부터 6촌이 있었고, 6촌에서 6부로 전환했다고 판단된다.

38) 夲波喙을 합쳐서 하나의 부명으로 柴만이 인명이 되어 고신라 금석문에 있어서 유일한 외자 인명이 된다. 喙자는 량부, 사량부, 모량부 이외에는 사용하지 않았다고 판단된다. 따라서 夲波喙이란 부명은 고신라 금석문에서는 존재할 수 없다. 역시 夲波(출신부명), 喙柴(인명)으로 나누는 것이 타당할 것이다.

39) 경위명임에는 의심할 여지가 없으나 어느 관등명과 동일한지는 알 수가 없다.

다음 祭智壹伐使人이[40] 한 사람의 인명 표기이다, 使人은 직명, 출신지 명은 알 수 없고, 祭智는 인명, 壹伐은 관등명이다. 다음 奈蘇毒只道使 喙念牟智가 한 사람의 인명 표기이다. 奈蘇毒只道使는 직명, 喙은 출신 부명, 念牟智은 인명이다. 다음 沙喙鄒須智가 한 사람의 인명 표기이 다.[41] 직명은 없고, 沙喙은 출신부명, 鄒須智는 인명이다. 다음 世令이[42] 한 사람의 인명 표기이다. 沙喙이란 출신부명은 앞 사람과 같아서 생략 되었고, 世令은 인명이다. 다음 干居伐이 한 사람의 인명 표기이다. 沙 喙이란 출신부명은 앞 사람과 같아서 생략되었고, 干居伐은 인명이다. 다음 壹斯利에서 沙喙이란 출신부명은 앞 사람과 같아서 생략되었고, 壹斯利는 인명이다. 다음 蘇豆古利村仇鄒列支干支가 한 사람의 인명 표기이다. 蘇豆古利村은 출신촌명, 仇鄒列支는 인명, 干支는 관등명이 다. 다음 沸竹休이 한 사람의 인명 표기이다. 蘇豆古利村이란 출신촌명 은 앞 사람과 같아서 생략되었고, 沸竹休가 인명이다. 다음 壹金知가[43]

---

40) 꼭 같은 예는 아니지만 냉수리비에서도 喙耽須道使心訾公의 경우를 들 수가 있다. 여기에서는 출신부명이 직명 앞에 오고 있다. 祭智壹伐使人의 경우는 인명+관등명 +직명의 순서로 기재되고 있다. 둘 모두 신라의 전형적인 인명 표기 방식과는 차이 가 있다.

41) 이 인명 표기에서 奈蘇毒只道使를 직명으로 보면, 奈蘇毒只道使가 5명이나 되어 鄒 須智 이하 4명은 직명이 없는 것으로 보았다.

42) 世令의 令을 동사로 본 강종훈, 앞의 논문, 2009, 157쪽의 가설이 있다. 이렇게 되면 비문의 내용에서 世令의 令을 내리는 자와 받는 자가 불분명하고, 비문의 해석만 어 렵게 된다. 역시 世令을 인명으로 보아야 할 것이다.

43) 이를 봉평비의 一今智와 함께 외위로 보기도 하나(이문기, 앞의 논문, 2009, 9쪽), 신 라 시대에 있어서 외위는 嶽干, 述干, 貴干, 高干, 撰干, 上干, (下)干, 一伐, 一尺, 彼 日, 阿尺의 11관등만 있다고 판단된다. 一今智(냉수리비)나 壹金智(중성리비)는 외 위가 아니라 인명이다.
이문기, 앞의 논문, 2009, 7쪽에서는 종래 확인된 6부의 명칭과 다른 부명이 등장하한 사람의 인명 표기이다. 蘇豆古利村이란 출신촌명은 앞 사람과 같아서 생략되었고, 壹金知가 인명이다. 다음 那音支村卜步干支가 한 사람의 인명 표기이다. 那音支村은 출신촌명, 卜步는 인명, 干支는 외위명이다. 다음 走斤壹金知가 한 사람의 인명 표기이다. 那音支村은 출신촌명은 앞 사람과 동일해 생략되었고, 走斤壹金知[44]가 인명이다. 다음 珎伐壹昔이 한 사람의 인명 표기이다. 那音支村은 출신촌명은 앞 사람과 동일해 생략되었고, 珎伐壹昔은[45] 인명이다. 이상의 인명 분석을 토대로 2단락을 해석하면 다음과 같다.[46]

教를 沙喙 尒抽智 奈麻, 喙部 牟智 奈麻, 本牟子 喙沙利, 夷斯利, 白爭

기도 하고, 6부명을 冠稱한 인명의 관등이 경위가 아니라 외위로 볼 수밖에 없는 사례도 발견된다고 했으나, 이는 부명과 외위명에 관한 견해의 차이로 말미암은 것으로 여기에서는 따르지 않기로 한다. 거듭 이야기하지만 이미 알려진 6부 이외에 다른 부명은 없고, 외위도 금석문 자료에 관한 한 지금까지 알려진 11관등 이외에는 없다. 6부인이 경위를 받지 외위를 받을 까닭이 없다.

44) 두 사람의 인명 표기일 가능성도 있다. 走斤과 壹金知로 나눌지, 아니면 走斤壹과 金知로 나눌지가 문제이다. 그런데 蘇豆古利村에서 3명의 인명이 나오고, 那音支村에서도 마찬가지로 3명의 인명이 나오는 게 자연스러우므로 역시 走斤壹金知로 합쳐서 한 사람의 인명 표기로 보아야 될 것이다.

45) 珎伐을 대부분의 연구자들은 지명으로 보고 있으나(이문기, 앞의 논문, 2009, 39쪽 등), 고신라 금석문에서는 함안 성산산성 목간을 제외하고, 전부 지방의 지방은 성과 촌으로 끝나고 있다. 만약에 珎伐이 지명일 경우에도 珎伐이 지명, 壹昔가 인명이 된다.

46) 분쟁의 주체와 대상에 대한 여러 가설에 대해서는 홍승우, 앞의 논문, 2012, 222~223쪽에 잘 정리되어 있다. 필자는 후술하는 바와 같이 教를 내린 사람은 (喙部)折盧(智王) 등 3명이고, 분쟁의 주체적인 역할을 한 사람은 교를 받은 沙喙尒抽智奈麻에서 那音支村의 珎伐壹昔까지의 26명이고, 분쟁 대상은 豆智沙干支의 宮(居館)과 日夫智의 궁(거관)이고, 승소자는 沙喙部의 牟旦伐이라고 극히 간단하게 보았다.

人 喙 評公斯弥, 沙喙 夷須, 牟旦伐, 喙 斯利 壹伐, 皮末智, 夲波 喙柴
干支, 弗乃 壹伐, 金評△ 干支, 使人 祭智 壹伐, 奈蘇毒只道使 喙 念牟
智, 沙喙 鄒須智, 世令, 干居伐, 壹斯利, 蘇豆古利村 仇鄒列支 干支, 沸
竹休, 壹金知, 那音支村 卜步 干支, 走斤壹金知, 珎伐壹昔에게 내렸다.

이제 3단락을 검토할 차례가 되었다. 설명의 편의를 위해 전문을 끊
어서 제시하면 다음과 같다.

云 豆智沙干支宮 日夫智宮 奪尒 令更還 牟旦伐

云은 동사로 이르다란 뜻이다. 豆智沙干支宮에서 豆智는 인명, 沙干
支는 관등명이다. 宮의 처리가 문제이다. 이를 집으로 보는 가설이 있
다.[47] 신라 시대에 宮이 宅으로 불린 사실이 있다. 예컨대 839년 민애왕
이 청해진에서 왕경으로 진격해 온 김양의 군대들을 피해 月遊宅으로
도망갔다가 죽음을 당한 기록이 있는데,[48] 이를 『삼국사기』 김양열전에
는 離宮으로[49] 표기하고 있다. 『삼국유사』에 나오는 35金入宅 가운데
양택, 사량택, 본피택은 각각 양궁, 사량궁, 본피궁에 대응한다고[50] 한

---

47) 전덕재, 앞의 논문, 2009, 112~114쪽.

48) 『삼국사기』 민애왕2년조에 奔入月遊宅 兵士尋而害之라고 했다.

49) 『삼국사기』 김양열전에 王顚沛逃入離宮 兵士尋而害之라고 되어 있다.

50) 이기동, 「신라 금입택고」 『신라 골품제 사회와 화랑도』, 1984에서 宮을 금광, 식읍,
사령지, 수조권과 같은 수취권, 전장의 전사, 둔창, 귀족의 재화, 전장, 노복 등을 포
함한 경영체, 왕경의 귀족이 지방에 가지고 있던 재산 등으로 보고 있는 바, 이에 대
해서는 홍승우, 앞의 논문, 2012, 222~223쪽에 잘 정리되어 있다. 宮의 의미는 신라
인이면 누구나 알 수 있는 것이지, 그렇게 복잡할 까닭이 없어서 居館으로 보았다.

다. 宮에 대한 금석문 자료로는 김해 양동리322호분에서 출토된 솥에 宮鼎이라고 한 예가 있다.[51] 궁은 택으로 바꿀 수가 있으며, 이 시기의 귀족 집을 일본 고고학에서는 居館이라고 부르고 있다. 아마도 고상가 옥으로[52] 보인다. 다음 日夫智가 한 사람의 인명 표기이다. 다음 牟旦 伐이 한 사람의 인명 표기이다. 牟旦伐은 앞의 2단락에서 나왔기 때문에 沙喙란 출신부명은 생략되었다. 3단락을 해석하면 '이르데 두지사간지의 궁과 일부지의 궁을 빼앗아서 다시 모단벌에게 돌려주라'가 된다.[53] 이 단락이 비문에 있어서 가장 핵심적인 부분이다.[54]

4단락을 설명의 편의를 위해 끊어서 제시하면 다음과 같다.[55]

喙作民沙干支 使人卑西牟利 白口 若後世更導人者 與重罪

---

51) 武田幸男編, 『古代を考える－日本と朝鮮－』, 2005, 61쪽.
52) 고구려에서는 부경으로 부르고 있고, 일본에서는 교창(아세구라)라고 부르고 있다. 이는 고구려 벽화 고분의 벽화(마선구1호분)에도 나온다.
53) 냉수리비의 절거리, 적성비의 야이차가 전부 지방민이 주인공인데 대해 왕경인인 모단벌(사탁부 출신)이 주인공이 되는 최초의 예가 된다. 앞으로 경주 근처에서 6부인인 탁부와 사탁부 출신을 주인공으로 하는 비가 발견될 가능성이 크다. 물론 지방에서는 지방민을 위해서 그들을 주인공으로 한 비석이 발견될 가능성이 큰 재언을 요하지 않는다.
54) 모단벌탁을 출신부명으로 보았기 때문에 이 부분의 해석이 대단히 어려웠다. 곧 궁을 받을 사람을 찾기가 쉽지 않았다.
55) 이 부분을 令更還牟旦伐喙作民沙干支使人卑西牟利의 다양한 끊어 읽는 방법에 대한 가설에 대해서는 홍승우, 앞의 논문, 2012, 226~227쪽에 상세히 정리되어 있다. 이렇게 끊는 것은 잘못된 것이다. 필자는 3단락과 4단락을 본문에서와 같이 끊어 읽고, (이르데, 두지 사간지의 궁과 일부지의 궁을 빼앗아') '다시 모단벌에게 돌려주라!'로 문단을 끊고 나서 (탁 작민 사간지와 使人인 비서모리가 입으로 아뢰기를 만약에 후세에 다시 남에게 주는 자는 중죄를 부여한다.)로 해석한다.

喙作民沙干支가 한 사람의 인명 표기이다. 喙은 출신부명, 作民은[56] 인명, 沙干支는 관등명이다. 使人卑西牟利가 한 사람의 인명 표기이다. 使人은 직명, 卑西牟利는 인명이다. 4단락을 해석하면 '喙 作民 沙干支, 使人인 卑西牟利가 입으로 아뢰기를 만약에 후세에 다시 남에게 주는 자는 重罪를 부여한다.'가 된다.

5단락의 전문을 끊어서 제시하면 다음과 같다.

典書與牟豆 故記

典書與牟豆가 한 사람의 인명 표기이다. 典書가 직명, 與牟豆가 인명이다. 이 5단락을 해석하면 '典書인 與牟豆가 故로 기록한다.'가 된다.

6단락의 전문을 제시하면 다음과 같다.

沙喙心刀哩△

沙喙心刀哩가 한 사람의 인명 표기이다. 沙喙은 출신부명, 心刀哩는 인명이다. △부분은 봉평비에 따라 立자를 복원한다. 6단락을 해석하

---

56) 이를 집안 우산하 3319호분 출토의 권운문와당 명문인 '太歲在丁巳五月廿日 爲中 郎及夫人造盖墓瓦 又作民四千 餟盦△用盈時興詣 得享萬歲'에 나오는(여호규, 「1990년대 이후 고구려 문자자료의 출토 현황과 연구 동향」 『신발견문자 자료와 한 국고대사 연구』, 한국고대사학회 하계 세미나 자료집) 作民 용례 등으로 이문기, 앞 의 논문, 2009, 29~30쪽에서 백성을 만들다로 해석하고 있다. 作民의 사람 수나 백 성을 군대로 만든다든지하는 구체적인 내용이 없어서 따르기 어렵다. 일반적으로 이 고분이 漢人 고관 무덤으로 추정되는 점도 주목된다. 중성리비의 작민은 인명 표기 방식으로 볼 때 인명이다.

면 '沙喙 心刀𡖾가 세웠다.'가 된다. 지금까지 분석해 온 인명을 제시하면 다음의 〈표 1〉과 같다.[57]

〈표 1〉 중성리비의 인명 분석표

직 명	출신지명	인 명	관 등 명
	(喙部)	折盧(智)	(王)
	喙部	習智	阿干支
	沙喙	斯德智	阿干支
	沙喙	尒抽智	奈麻
	喙部	牟智	奈麻
夲牟子	喙	沙利	
위와 같음	위와 같음	夷斯利	
白爭人	喙	評公斯弥	
위와 같음	沙喙	夷須	
위와 같음	위와 같음	牟旦伐	
위와 같음	喙	斯利	壹伐
위와 같음	위와 같음	皮末智	
위와 같음	夲波	喙柴	干支
위와 같음	위와 같음	弗乃	壹伐
위와 같음	위와 같음	金評△	干支
使人		祭智	壹伐
奈蘇毒只道使	喙	念牟智	

---

57) 이상의 고찰에 따르면 비문의 내용은 한자를 알면 쉽게 납득이 되도록 적혀 있다. 이문기, 앞의 논문, 2009, 39쪽처럼 敎를 내리고, 교를 받고, 쟁인에 대한 아룀, 분쟁의 당사자, 교에 따라 슈을 내리고 집행함, 슈을 받고 집행을 도움 등으로 인위적으로 복잡하게 만들고 있다. 비문은 거듭 강조하지만, 간단하게 (喙部)折盧(智王) 등 3명이 敎를 沙喙尒抽智奈麻에서 那音支村의 珎伐壹昔까지의 26명에게 내려, 豆智沙干支의 宮(居館)과 日夫智의 궁(거관)을 빼앗아서 다시 牟旦伐에게 돌려주라는 것이다.

沙喙	鄒須智	
위와 같음	世令	
위와 같음	干居伐	
위와 같음	壹斯利	
蘇豆古利村	仇鄒列支	干支
위와 같음	沸竹休	
위와 같음	壹金知	
那音支村	卜步	干支
위와 같음	走斤壹金知	
위와 같음	珎伐壹昔	
	豆智	沙干支
	日夫智	
(沙喙)	牟旦伐	
喙	作民	沙干支
使人	卑西牟利	
典書	與牟豆	
沙喙	心刀哩	

IV. 고찰

신라사 복원에 있어서 6부의 중요성은 새삼 말할 필요가 없다. 524
년에 건립된 봉평비에 新羅六部란 구절이 나오고 있어서 그 동안 금석
문에서 喙部, 沙喙部, 本彼部만 나오고,[58] 한지부, 습비부, 모량부가 나

---

58) 중성리비에서도 탁부, 사탁부, 본피부의 3부만 나오고, 모량부, 한지부, 습비부의 3
부는 나오지 않고 있다. 습비부의 경우는 7~8세기의 평기와와 월성해자 목간에 習
部 또는 習比部라고 나온 예가 있고, 한지부는 안압지에서 출토된 調露二年(680년)
명에 漢只伐部라고 나온 예가 있고, 모량부는 남산신성비 제2비(591년)에 牟喙라고

오지 않았기 때문에 이들이 그 때까지 없었다는 의혹을 해결해 주었다.
문헌사에서는 모량부를 신라 중고 왕실의 왕비족으로 보고서 금척리
고분군이 있는 모량에 모량부가 있었다고 보았다.[59] 이렇게 되면 왕비
족인 모량부가 있었던 금척리 고분군에서[60] 경주 시내의 황남동, 황오
동, 노서동, 노동동 일대의 읍남 고분군 사이가 개발되지 않아서 문제
가 된다. 금척리 고분군이 왕비족인 모량부의 무덤이라면 무열왕릉의

나온 예가 각각 있다. 봉평비에 新羅六部라고 명기되어 있지만, 모량부, 한지부, 습
비부의 세력은 탁부, 사탁부, 본피부에 비해서 무시해도 좋을 만큼 훨씬 그 세력이
약했다고 판단된다. 고신라 전체의 인명이 나오는 순서는 탁부와 사탁부가 압도적
인 우위를 점하고 있다. 고신라 금석문에 있어서 인명 표기에 나타난 인명의 수에
근거할 때, 탁부가 사탁부에 조금 우세하고, 훨씬 뒤쳐져서 본피부가 나오고 있고,
모량부(1명), 한지부, 습비부는 나오지 않고 있다. 이러한 사실에서 보면, 부들 간에
는 세력의 차이가 있었을 것으로 판단된다.

59) 현재 학계에서 통용되고 있는 정설이다.

60) 경주 시내 황남동, 황오동, 노동동, 노서동 등의 읍남 고분군은 탁부와 사탁부의 무
덤이고, 종래 이른바 신라 중고의 왕비족인 모량부의 무덤으로 보아왔던 금척리 고
분군은 고신라 금석문 자료에서 나오는 인명 표기의 사람 수에 근거할 때, 본피부의
무덤이라고 판단된다. 모량부, 한지부, 습비부(명활산 근처)의 무덤이 어디에 있는
지는 확실히 알 수 없으나, 경주 분지 안에 있는 것은 분명하다.
종래 關川楊山村(탁부), 突山高墟村(사탁부), 觜山珍支村(본피부), 茂山大樹村(모
량부), 金山加利村(한지부), 明活山高耶村(습비부)의 위치를 경주 분지로 보는 가
설과(김원룡, 「사로 6촌과 경주고분」 『역사학보』70, 1962, 5~12쪽) 경북 일원으로
보는 가설(김철준, 「신라상대 사회의 Dual Organization(상)」 『역사학보』1, 1953)
로 나누어지고 있다.(이에 대한 여러 가설에 대해서는 김수태, 「신라의 극가 형성」
『신라문화』21, 2003, 57~59쪽 참조) 경주 분지 내에 탁부와 사탁부가 고분군의 분
포로 볼 때에 소재하고 있었으므로 6부가 경주 분지 안에 있는 것이 순리일 것이
다. 사로 6촌의 시기는 목관묘나 목곽묘의 시기이므로 경주 분지에서 그 발견 예
가 많지 않다. 읍남 고분군 근처에서는 목관묘와 목곽묘가 집중적으로 발견된 예
가 없고, 북천을 넘어 황성동에서 발굴 조사된 바 있다. 3세기가 중심 시대였다.
황성동 목곽묘 유적이 어느 부(촌)과 관련된지는 현재까지의 고고학적 성과로는
알 수가 없다.

남쪽이 개발되어야 할 것이다.[61] 곧 만약에 모량부가 왕비족이라면 고신라 금석문에서 나와야 되고, 태종무열왕릉 앞의 들에 조방제가 실시되어야 한다. 실제로는 모량부가 금석문에 나오지 않고, 모량부 근처에 조방제도 없어서 쉽게 이해가 되지 않는다.

『삼국사기』, 유리이사금 즉위조와『삼국유사』, 기이, 신라시조 혁거세왕조에 따르면, 양부에는 이씨, 사량부에는 최(정)씨, 본피부에는 정(최)씨, 모량부에는 손씨, 한지부에는 배씨, 습비부에는 설씨를 각각 사성했다고 한다. 고신라에서 가장 많은 왕이 나온 김씨는 없다.[62] 주지하는 바와 같이 신라 시대 김씨 왕의 소속부는 443년에 건립된 냉수리비에 喙斯夫智王乃智王이 나와서 실성왕과 눌지왕이 탁부 소속임을 알 수 있고, 524년에 건립된 봉평비에 喙部牟卽智寐錦王이라고 법흥왕이 탁부임을 알 수 있다. 또『삼국사기』, 이사부전에 異斯夫 或云苔宗 奈勿王四世孫이라고 했는데, 545년 직전에 세워진 적성비에 大衆等喙部伊史夫智伊干支라고 나오고,『삼국사기』, 거칠부전에 居柒夫 或云荒宗 奈勿王五世孫이라고 했는데, 568년에 세워진 마운령비에 太等喙部居柒夫智

---

61) 이곳이 습지인 까닭으로 개발되지 않았다고 할 수 있으나, 황룡사가 습지였음은 널리 알려진 사실이다.

62) 내물왕 이전의 기년에 대해서는 긍정론, 부정론, 수정론이 있다. 최근에 법흥왕 이전의 신라 상고사를 조율하는 가설을 보면서(강종훈, 『신라상고사연구』, 2000)『삼국사기』의 상고사 절대 연대 설정이 나름대로의 근거가 있다고 생각하고 있다. 상고사의 기년은 조율하면서도 태조성한은 세한(열한)으로 보고 있다. 세한은 왕위에 오른 적이 없어서 太祖星漢王이 될 수가 없다. 미추왕까지의 기년은 그대로 믿어도 좋다고 생각한다. 그 이전도 나름대로의 근거가 있음은 재언을 요하지 않는다. 고구려의 기년은 광개토태왕비에 世系가 나와서 그대로 믿을 수가 있다. 449년 이후 가까운 시기에 세워진 중원고구려비에 나오는 太子共과 古鄒加共이 동일인으로 장수왕의 아들인 古鄒大加 助多와 같은 사람이고, 중원비의 寐錦忌는 訥祇麻立干이므로 이 시기의 기년은 그대로 믿을 수가 있다.

伊干이라고 나와서 신라 왕족인 김씨의 소속부가 탁부임은 분명하다. 문헌의 6부 사성에는 김씨, 박씨, 석씨의 왕족 3성은 빠져 있다. 김씨는 탁부 소속임이 분명하나 박씨와 석씨는 어느 소속인지 알 수가 없다.

사탁부 집단은 울주 천전리서석에 소재한 천전리에 신앙 장소를 가지고 있다.[63] 이 점은 중요한 지적으로 보인다. 독자적인 신앙 장소를 갖고 있는 데에도 불구하고, 사탁부 지배자의 성을 최씨 또는 정씨로 볼 수도 없다. 금석문에 있어서 사탁부의 인명 표기는 왕족인 김씨의 소속부인 탁부에 뒤를 이어서 두 번째로 가장 많다. 사탁부가 금석문에 나온 예가 없는 모량부를 대신해서 왕비족일 가능성이 있다.

중성리비에서는 사탁부 출신의 관등도 없는[64] 모단벌이 소송에서 이겨 궁을 가지게 되는 비의 주인공이다. 이러한 점은 중성리비 출토지인 포항 중성리가 신라 6기정 가운데 毛只停의 위치 추정에 도움이 될 것이다.[65]

신라 6부는 행정 구역이 아닌 부족단을 가리키며, 6부에는 노예(6부), 평민(6부), 4두품(6부), 5두품(6부), 6부품(탁부, 사탁부, 본피부), 진골(탁부, 사탁부), 성골(탁부, 사탁부)이 각각의 부에 존재하고 있었다. 이러한 골품 체제의 구조는 성골은 진덕여왕을 끝으로 소멸되었을 뿐이고, 신라 말까지도 계속되었다.[66] 청주 상당산성에서 9~10세기의 장판타

---

63) 문명대, 『한국조각사—선사시대부터 통일신라시대까지—』, 1980, 79쪽.
64) 5세기에는 大舍, 小舍(舍知), 吉士, 大鳥, 小鳥, 造位(先沮知)의 관등명은 없었다고 판단된다. 외위로는 경위와 미분화된 干支밖에 없었다.
65) 이기동, 「신라 중고기 청도 산서지방의 전략적 중요성—서기정의 기원 문제에 붙여서—」 『석오윤용진교수정년퇴임기념논총』, 1995, 732쪽.
66) 진골 이하의 계층은 신라 말까지 족제가 남아 있었다.

날 평기와에 沙喙部屬長池馹이란[67] 명문이 출토되었다. 장지역은 고려시대에도[68] 존재하고 있었다.[69] 이 명문은 '사탁부에 속한 장지역'으로 해석되어 신라의 역제가 부별로 운영되었다는 증거이다. 나아가서 6부가 단순한 행정 구역이 아니라 부족단을 의미하는 증거가 될 것이다.

왕비족으로 추정되는 사탁부에는 545년 직전에 세워진 적성비에는 금관가야 출신으로 김유신 장군의 할아버지인 武力의 인명이 나온다. 창녕비에는 一伐干의 관등을 가진 사탁부 출신의 인명이 나오고 있다. 사탁부에는 무력계 집단뿐만 아니라 울주 천전리서석 원명(525년)과 추명(539년)에 보이는 사탁부사부지갈문왕과[70] 같은 왕비족도 포함된다. 왕비족을 문헌에서는 모량부로 보아 왔으나, 국가 차원의 금석문에서 모량부 소속의 인명이 발견된 바 없다. 울주 천전리서석 추명에 나오는 법흥왕비인 保刀夫人과 동일인인 夫乞支妃가 사탁부사부지갈문왕의 妹이므로 고신라의 왕비족 소속부를 사탁부로 볼 수가 있다.

『삼국유사』에서는 법흥왕, 진흥왕, 진지왕, 진평왕, 선덕여왕, 진덕여왕의 6왕을 성골왕 시대라 부르고 있다. 신라사에 있어서 성골이 존재했는지 여부가 문제되고 있다.[71] 울주 천전리서석 을묘명(535년)에 나오

---

67) 馹은 驛의 이체이다.

68) 이와 관련하여 경주대학교 박물관에서 발굴한 경주 불국사 성보박물관 부지에서 수많은 仇於馹의 명문이 있는 평기와가 나왔다. 고려 시대 초에는 불국사가 구어역의 역할을 했다고 사료된다. 구어역을 경주시 외동읍 구어1리에 있는 구어 마을로 보는 가설은 강봉원, 「구어역의 위치에 관한 고찰−仇於馹 명문 기와와 관련하여−」 『대구사학』98, 30쪽에 있다.

69) 정요근, 「고려 조선초의 역로망과 역제 연구」, 서울대학교 박사학위논문, 2008, 333쪽.

70) 사탁부사부지갈문왕은 사탁부의 장으로서 갈문왕이 된 것이고, 입종갈문왕과 동일인은 아니다.

71) 武田幸男의 추존설은 유명하다.

는 乙卯年八月四日聖法興太王節이란 구절과 낭혜화상비에서[72] 성골을 聖而라고 한 점과 낭혜화상비 명사에 海東金上人 本枝根聖骨이라고 한 점에서[73] 중고기에 성골이 실재했다고 사료된다. 김춘추 곧 태종무열왕 은 사탁부의 성골인 왕비족과 결혼하지 않고, 금관가야계의 사탁부 출신의 진골과 결혼해서 진골이 된 것으로 판단된다.

냉수리비의 沙喙(部)至都盧葛文王을 智證王으로 비정하고,[74] 냉수리비의 연대를 503년으로 보고 있다.[75] 이렇게 되면 524년에 세워진 봉평비 서두에 喙部牟卽智寐錦王이 나와서 지증왕에서 법흥왕으로 바뀔 때, 왕실의 소속부가 사탁부에서 탁부로 바뀐 것으로 해석된다.[76] 신라

---

72) 대낭혜화상백월보광탑비는 최치원에 의해 890~897년 사이에 비문이 작성되고, 최인연에 의해 비문의 글씨가 890~944년 사이에 쓰여 졌고, 고려 현종대인 1010~1031년 사이에 비가 건립되었다. 이에 대해서는 김창호,『한국 고대 불교고고학의 연구』, 2007, 95쪽 참조.

73) 경주 선도산 마애삼존불의 관음보살상 등에도 聖자가 있다. 이에 대해서는 김창호, 앞의 책, 2007, 333쪽 참조. 이 자료는 聖자가 聖而와 같아서 진덕여왕이 죽은 654년을 하한으로 하는 불상 편년의 한 기준이 된다. 이는 7세기 전반으로 편년되는 숫막새와 함께 불상 편년의 중요한 근거가 된다.

74) 사탁부지도노갈문왕 대신에 탁부지도노갈문왕이 되어야 틀림없는 지증마립간 곧 지증왕이 된다. 왜냐하면 부가 다르면 姓이 바뀌게 되기 때문이다. 지증마립간이 김씨인 점은 바뀔 수가 없다. 따라서 사탁부사도노갈문왕과 지증왕은 동일인이 아니다.

75) 학계의 통설이다.

76) 중고 왕실의 소속부가 바뀔 수 있는 것은 대단히 중요한 역사적인 사실로서 신라사에서 그런 일이 일어났다고 상상조차 할 수 없는 일이다. 이는 문헌적인 상황 판단이다. 냉수리비와 봉평비에서와 같이 어떻게 신라 김씨 왕실의 소속부가 사탁부에서 탁부로 바뀌고, 봉평비에서와 같이 형제가 형인 매금왕은 탁부, 동생인 갈문왕은 사탁부로 서로 그 소속부가 다를 수 있을까? 신라의 문헌 어디에도 이와 같은 일은 기록에 없다. 부가 다르므로 부자간과 형제간에 성이 다르게 된다. 부자간이나 형제간에 성이 동일해야 하므로 이를 해결하기 위해서는 사탁부지도노갈문왕은 지증

왕족 김씨의 소속부는 탁부이므로[77] 냉수리비의 사탁부지도로갈문왕은 지증왕은 아니라고 판단된다. 이렇게 보면 냉수리비의 건립 연대를 443년으로 볼 수밖에 없다. 443년이 아니고, 503년일 때, 乃智王을 눌지마립간으로 비정하면, 냉수리비 주인공인 절거리의 나이가 실성왕때인 402년에 처음 30세에 敎를 받았다면 503년에는 131살이나 되는 모순에 빠지게 된다.[78] 따라서 냉수리비의 연대를 443년으로 볼 수밖에 없다.[79] 또 사탁부지도로갈문왕은 봉평비의 친아들인 탁부모즉지매금왕과 부가 틀리므로 성도 다르게 된다. 부자간에 성은 다를 수가 없다. 이는 사탁부지도로갈문왕을 지증왕과 동일인으로 보았기 때문에 생긴 것이다.

그러면 중성리비의 건립 연대도 441년으로 보아야 한다. 이렇게 되면 5세기 금석문으로는 중성리비와 냉수리비와 금관총 尒斯智王의 3예가 있게 된다. 이들 금석문의 공통점은 지방민이 나오고 있으나 외위로는 干支밖에 없고,[80] 경위로는 어느 정도의 경위는 나오고 있으나 干支

왕이 아니고, 사탁부사부지갈문왕은 입종갈문왕이 아니라고 보는 도리밖에 없다. 고구려의 경우도 왕권이 소노부에서 계루부로 넘어 갔지 소속부가 바뀐 것은 아니다. 소속부가 바뀌면 성이 바뀐다는 점을 너무 소홀히 다루고 있는 듯하다.

77) 냉수리비 서두에 실성왕, 눌지왕이 각각 喙斯夫智王(斯는 신라 조자), (喙)乃智王으로 나와서 신라 김씨 왕실의 소속부가 탁부임은 분명하다.

78) 조선 시대 남자의 평균 수명이 40세인 점을 고려하면 100살 이상은 너무 많다. 杜甫의 시에 人間七十古來稀란 구절도 있어서 131세는 너무나 많은 나이이다.

79) 김창호, 「영일냉수리비의 건립 연대 문제」『구곡황종동교수정년기념사학논총』, 1994.

80) 干支란 관등명은 5세기에서 6세기 전반에 걸쳐서 경위와 외위에 모두 존재하고 있다. 경위 干支의 하한은 지금까지 자료로는 524년 봉평비이다. 외위에서의 干支 하한은 536년 이후로 추정되는 안압지 출토비이다. 1989년 5월에 경남 합천군 가야면 매안리에서 발견된 매안리대가야비가 있다. 이 비에 나오는 명문은 辛亥年△月五日△△村四十干支이다. 이 명문의 辛亥年은 471년으로 추정되며, 대가야의 1개

도 외위에서와 같이 나오는 점이다. 중성리비와 냉수리비의 외위에 干支만 있고, 다른 관등은 없는 점은 524년에 작성된 一伐, 波旦(日), 下干支, 一尺, 阿尺이 나온 예나 545년 직전에 작성된 적성비에 下干支, 撰干支, 阿尺이 나오는 예와는 차이가 있다. 관등제의 완성을 먼저 출발한 경위는 외위의 거센 추격을 맞이하여 540년경에 거의 동시에 경위와 외위가 완성을 보게 된다.[81]

5세기와 6세기 금석문의 차이점은 대(중)등 집단의 명기 여부이다. 보통 大等 집단을 화백회의 구성원으로 보아 왔다.[82] 그런데 5세기 금석문인 중성리비와 냉수리비에서는 집단은 있으나 화백회의 구성원인 대(중)등으로 제도화되지 못하고 있다. 6세기에는 524년 작성된 봉평비의 干支岑,[83] 545년 직전에 작성된 적성비의 大(衆)等, 561년에 작성된 창녕비의 大等, 561~568년에 작성된 북한산비의 大等, 568년에 작성된 마운령비와 황초령비의 太等의 예가 있다. 이들 금석문을 종합하면 6두품 이상의 귀족들이 참가하고 있다.[84] 이는 화백제가 6세기에 체계화

촌에 대가야 族長(首長)이 40명이 모였다는 증거로 대가야 복원에 중요한 자료가 될 것이다. 적어도 471년에 대가야에는 매안리대가야비에 있어서 족장 계층이 있었다고 판단된다. 471년 당시 40干支가 대가야 연맹의 주체임은 재언을 요하지 않는다. 대가야는 합천 저포리 E지구 4-1호분의 봉토에서 출토된 가야토기의 下部思利利란 명문에서 볼 때, 고구려, 백제, 신라와 같은 部制를 가지고 있었던 것으로 해석된다. 두 가지 문자 자료에 근거할 때, 대가야 정치 발전을 어느 정도 짐작할 수가 있다.

81) 경위와 외위가 540년경에 완성됨에 대해서는 고를 달리하고자 한다.

82) 이기백 교수의 견해이다.

83) 김창호, 『삼국시대 금석문 연구』, 2009, 118쪽.

84) 화백회의에 참가하는 자는 6두품 이상으로 탁부, 사탁부, 본피부의 출신자만 참가했고, 모량부, 습비부, 한지부는 참가하지 못했을 것이다. 왜냐하면 모량부, 습비부, 한지부 출신의 인명은 금석문에 보이지 않기 때문이다.

되었다는 좋은 증거일 것이다. 喙斯夫智王, 喙乃智王, 尒斯智王, (喙部)
折盧(智王)은 모두 탁부 출신이고, 麻立干이 王으로 표기되고 있었다.
그래서 5세기 금석문이다. 앞으로 5세기 금석문의 출토 예는 더 늘어날
것이다.

Ⅴ. 맺음말

지금까지 논의해 온 바를 요약하여 맺음말에 대신하고자 한다.

먼저 비문 전체를 문제가 되는 글자를 중심으로 탁본 사진과 대조하
여 판독하였다.

다음으로 인명 표기를 중심으로 단락을 6개로 나누어 전체 비문을
검토하였다. 비문의 핵심적인 내용은 辛巳年에 신라왕인 (喙部)折盧(智
王) 등 3명이 沙喙尒抽智奈麻 이하 26명에게 敎를 내려 豆智沙干支의
宮(居館)과 日夫智의 궁(거관)을 빼앗아서 다시 牟旦伐에게 돌려 주라는
것이고, 이를 남에게 줄 때에는 중죄를 부여한다. 그 외에 비문을 지은
이와 세운 이의 이름을 적고 있다.

마지막으로 고신라 김씨 왕족의 소속부가 탁부임을 문헌과 금석문
자료를 통해 검토하였다. 그 결과 냉수리비의 沙喙至都盧葛文王은 지
증왕이 아님을 밝혔다. 그래서 중성리비의 건립 연대가 441년이고, 냉
수리비의 건립 연대가 443년임을 알게 되었다. 5세기 금석문인 중성리
비와 냉수리비를 통해 볼 때, 5세기에는 외위가 干支밖에 없고, 경위는
어느 정도 나타나고 있어서 경위가 먼저 관등제가 완성을 향해 출발했
으나 외위의 추격을 받아 540년경에 경위와 외위가 거의 동시에 완성

되었다. 6세기 금석문에서는 6두품 이상의 귀족이 참가하는 대등 집단이 존재하고 있었으나 5세기 금석문에는 그것의 집단은 있으나 그 명칭이 없다. 또 신라 6부 각각에는 노예(6부), 평민(6부), 4두품(6부), 5두품(6부), 6두품(탁부, 사탁부, 본피부), 진골(탁부, 사탁부), 성골(탁부, 사탁부)이 있으나 이들 6부에서 성골을 제외하고는 행정 구역이 아닌 부족단으로 신라 말까지도 계속 유지되었다.

부기 5세기 금석문인 중성리비와 냉수리비의 특징은 비의 주인공이 있다는 점이다. 곧 중성리비의 牟旦伐과 냉수리비의 節居利가 그것이다. 524년의 봉평비에는 주인공이 없고, 545년 직전에 세워진 적성비는 也尒次라는 주인공이 있으나 5세기 금석문처럼 뚜렷하지는 않다. 6세기 후반인 창녕비, 북한산비, 마운령비, 황초령비에는 주인공이 없을 뿐만 아니라 지방민도 창녕비의 村主 2명이 고작이다.

2

영일냉수리신라비

Ⅰ. 머리말

1989년 4월 12일 慶北 浦項市 神光面 冷水里에서 癸未年이란 연간지가 새겨진 신라 시대의 비석이 현지 주민에 의해 발견되었다. 癸未年이란 연간지와 비문의 내용으로 보면, 건립 연대가 443년이 아니면, 503년으로 추정된다. 이 비문의 내용은 다른 고신라 금석문과는 차이가 있어서 건립 연대를 비롯한 많은 부분에 논란이 계속되고 있다. 그래서 비문 해석에 가장 중요한 비문의 주인공인 節居利의 財에[1] 관해서는 그 접근의 단서조차 찾지 못하고 있다.

---

1) 砂金일 가능성이 있다. 이에 대해서는 김창호,「영일 냉수리비의 건립 연대 문제」『九谷黃鍾東敎授停年紀念 史學論叢』, 1994 참조.

여기에서는 먼저 인명의 분석을 하겠으며, 다음으로 단락의 구분과 해석을 하겠으며, 마지막으로 건비 연대에 대한 소견을 밝혀 보고자 한다.

Ⅱ. 인명의 분석

설명의 편의를 위해 비석의 전문부터 제시하면 다음과 같다.[2]

前面

⑫	⑪	⑩	⑨	⑧	⑦	⑥	⑤	④	③	②	①	
		死	得	爲	支	卒	喙	王	癸	麻	斯	1
	教	後	之	證	此	彼	尒	斯	未	村	羅	2
此	耳	△	教	尒	七	頭	夫	德	年	節	喙	3
二	別	其	耳	耶	王	腹	智	智	九	居	斯	4
人	教	苐	別	財	等	智	壹	阿	月	利	夫	5
後	末	兒	教	物	共	干	干	干	廿	爲	智	6
莫	鄒	斯	節	盡	論	支	支	支	五	證	王	7
更	斯	奴	居	教	教	斯	只	子	日	尒	乃	8
導	申	得	利	令	用	彼	心	宿	沙	令	智	9
此	支	此	若	節	前	暮	智	智	喙	耳	王	10
財		財	先	居	世	斯	居	居	至	得	此	11
			利	利	二	智	伐	伐	都	財	二	12
					王	干	干	干	盧	教	王	13
					教	智	支	支	葛	耳	教	14
									文		用	15
											珎	16
											而	17

---

2) 김창호, 『고신라 금석문의 연구』, 2007, 131쪽에서 전제하였다.

⑤	④	③	②	①		
故	了	今	支	村	1	
記	事	智	須	主	2	
		此	支	臾	3	上面
		二	壹	支	4	
		人		干	5	
		世			6	
		中			7	

⑦	⑥	⑤	④	③	②	①		
事	蘇	喙	你	智	典	若	1	
煞	那	沙	喙	奈	事	更	2	
牛	支	夫	耽	麻	人	導	3	
拔	此	那	須	到	沙	者	4	
語	七	斯	道	盧	喙	敎	5	後面
故	人	利	使	弗	壹	其	6	
記	踪	沙	心	須	夫	重	7	
	△	喙	訾	仇		罪	8	
	所		公			耳	9	
	白						10	
	了						11	

먼저 전면 제①행에서 喙斯夫智王(實聖王)이[3] 한 사람의 인명 표기이다. 喙란 부명 다음에는 部자가 없는데, 이 부명의 전체에 걸쳐서 부명 다음에 部자가 없다. 이렇게 部자가 없는 예로는 중성리비의 일부 인명(喙沙利 등), 영천 청제비 병진명, 창녕비, 남산신성비(1·2·4비) 등이 있다. 喙斯夫智王에서 喙이 출신부명, 斯夫智가 인명, 王이 관등명류이다.

다음은 乃智王(訥祇王)까지가 한 사람의 인명 표기이다. 이 인명 표기에서 喙란 부명은 앞 사람과 같아서 생략되었고, 乃智가 인명, 王이 관등명류이다.

전면 제①·②행에 나오는 珎而麻村節居利가 한 사람의 인명 표기이다. 珎而麻村이 출신지명, 節居利가[4] 인명이다.

---

3) 乃智王이 음상사에 의해 訥祇麻立干이므로 斯夫智王을 實聖麻立干으로 볼 수밖에 없다.

4) 냉수리비의 주인공인 節居利를 위해 적어도 두 번이나 王(麻立干)이 진이마촌에 왔으면서도 절거리의 외위가 없는 것은 干支 이외의 외위가 형성되지 않았다고 판단된다. 그래서 냉수리비의 연대를 503년으로 볼 수가 없다. 왜냐하면 524년에 작성된 봉평비에는 下干支, 一伐, 一尺, 波旦(日), 阿尺이 나오기 때문이다.

전면③~⑦행에 걸쳐서 7 사람의 인명이 나오고 있다.

먼저 沙喙至都盧葛文王이 한 사람의 인명 표기이다. 沙喙이 출신부명, 至都盧가 인명, 葛文王이 관등명류이다.

다음은 斯德智阿干支가 한 사람의 인명 표기이다. 沙喙란 부명은 앞 사람과 같아서 생략되었고, 斯德智가 인명, 阿干支가 관등명이다.

다음 子宿智居伐干支가 한 사람의 인명 표기이다. 沙喙란 부명은 앞 사람과 같아서 생략되었고, 子宿智가 인명, 居伐干支가 관등명이다.

다음 喙尒夫智壹干支가 한 사람의 인명 표기이다. 喙이 출신부명, 尒夫智가 인명, 壹干支가 관등명이다.

다음 只心智居伐干支가 한 사람의 인명 표기이다. 喙이란 출신부명은 앞 사람과 같아서 생략되었고, 只心智가 인명, 居伐干支가 관등명이다.

다음 本彼頭腹智干支가 한 사람의 인명 표기이다. 本彼는 출신부명, 頭腹智는 인명, 干支는[5] 관등명이다.

다음 斯彼暮斯智干支가 한 사람의 인명 표기이다. 本彼란 출신부명은 앞 사람과 같아서 생략되었고, 斯彼暮斯智가 인명, 干支가 관등명이다. 이 인명 표기의 斯彼暮斯智干支에서 斯彼를 習比란 부명으로 보아서 暮斯智만을 인명으로 본 가설이 있다.[6] 국가 차원의 금석문에 나오는 喙部(82명), 沙喙部(56명), 本彼部(10여명)에서 다른 글자로 나온 예가 없다. 習比部의 경우 7~8세기의 중판타날 기와에 習部가 나와서 習比

---

5) 干支란 관등명은 경위와 외위에서 모두 나오는데 경위로는 중성리비(441년), 냉수리비(443년), 봉평비(524년) 등의 예가 있고, 외위의 예로는 중성리비, 냉수리비, 매안리비(대가야비, 471년), 영천 청제비 병진명(536년), 안압지 출토비(536년 이후) 등의 예가 있다.

6) 김영만, 「냉수리 신라비의 내용고찰」 『迎日冷水里碑發掘硏究』, 1989, 58쪽.

62   古新羅 金石文과 木簡

部를 斯彼部로 불렀을 가능성은 적다고 판단된다.

전면 제⑧·⑨행에 두 번이나 기록된 냉수리비의 주인공인 節居利에 대해서는 앞에서 이미 설명한 바 있다.

전면 제⑩행의 其弟兒斯奴에 대해서는 여러 가지 방법으로 인명 분석이 시도되고 있다. 이 부분을 그 차례는 兒斯奴, 그 아우의 아들인 斯奴, 그 아우 兒斯奴, 그것의 차례인 아들 斯奴 등으로 해석해 왔다.[7] 이 인명 분석에서 중요한 것은 其자의 용법과 弟자의 의미이다. 고신라 금석문 가운데 其자의 용례를 살펴보기 위해 그 예를 제시하면 다음과 같다.

王過去其王妃只沒尸兮妃愛自思 己未年七月三日其王与妹(539년 울주 천전리서석 추명)

赤城也尒次~力使作人是以後其妻三~別敎自此後國中如也尒次~力使人事若其生子女子年少~兄弟也(545년 직전, 적성비)

이들을 통해 其자의 사용 용례를 조사해 보자. 울주 천전리서석 추명에서 其王妃의 其자나 其王의 其자는 모두 沙喙部徙夫知葛文王을 가리킨다. 적성비의 其妻의 其자는 赤城也尒次를 가리키고, 其生子女子의 其자는 也尒次와 같이 ~力使人事할 사람을 가리킨다.[8] 이상의 4예에서 모두 其자는 사람을 가리킨다. 적성비 제⑰행에서 兄弟가 兄弟로 표기되어 있어서 其弟兒斯奴의 弟가 동생의 의미로 판단된다. 그래야

---

7) 이에 대해서는 한국고대사연구회, 『영일 냉수리 신라비(가칭)의 종합적 고찰』−한국고대사연구회 학술세미나 발표요지−에 실린 발표자들의 견해 참조.

8) 김창호, 「단양적성비의 재검토」 『영남고고학』 6, 1989.

추명과 적성비에서 얻은 其자가 사람을 가리킨다는 것과 일치하게 된다. 其弟兒斯奴에서 其자가 절거리를 가리킴은 분명하다. 그렇다면 其弟인 兒斯奴란 뜻으로 곧 절거리의 아우인 兒斯奴로 해석이 가능하다.

다음 末鄒斯申支가 두 사람의 인명이다. 왜냐하면 전면 제⑫행의 此二人에 의해 두 사람의 인명 표기임은 분명하다. 末鄒와 斯申支로 나눌지 아니면 末鄒斯와 申支로 나눌지가 불분명하다. 신라 조자인 斯자가 인명에서 4예가 인명의 끝에 온 점이 없는 점에 의해 전자를 취하여 둔다.

후면에는 7명의 인명이 있으나, 그 분석이 대단히 어렵다. 7명의 인명 표기 가운데 확실한 것부터 조사해 보기로 하자.

가장 먼저 나오는 典事人沙喙壹夫智奈麻가 한 사람의 인명 표기이다. 典事人은 직명, 沙喙는 출신부명, 壹夫智는 인명, 奈麻는 관등명이다.

7명의 인명 가운데 가장 끝부분의 沙喙蘇那支가 한 사람의 인명 표기이다. 典事人는 직명이나 앞 사람과 같아서 생략되었고, 沙喙은 출신부명이고, 蘇那支가 인명이다. 관등명은 없다.

그 나머지 5명에 대한 인명 분석은 중고 신라 금석문의 인명 표기 방식과 차이가 있어서 어렵다. 후면 가운데 喙耽須道使心訾公을 한 사람의 인명으로 보기에는 몇 가지 문제점이 있다. 첫째로 같은 후면의 典事人沙喙壹夫智奈麻는 직명+부명+인명+관등명으로 되어 있으나 喙耽須道使心訾公은 부명+직명+인명으로 기록되어 차이가 있다. 둘째로 喙耽須道使心訾公으로 인명을 끊어서 해석하게 되면 고신라 금석문에서 부명이 직명 앞에 오는 유일한 예가 된다. 셋째로 신라에서 왕명이 기록된 봉평비, 창녕비, 북한산비, 마운령비, 황초령비의 6세기 금석문에서는 지방관으로 반드시 군주가 포함되어 있으나 냉수리비에서는 군주가 없이 도사만 나오고 있다. 넷째로 耽須道使란 직명의 전후에는 구체적인 직명을 가지고 있지 않다. 다섯째로 耽須道使란 직명의 설정은 후면 7인 중 6인의 직명이 典事人이란 점과 모순되어 耽須道使가 典事人이란 직명을 동시에 갖는 것으로 본다.

위와 같은 문제점은 있으나 냉수리비의 연대가 이른 시기라 이 단계에서는 인명 표기 방식이 아직 완벽하게 확립되지 못했다고 판단된다. 典事人沙喙壹夫智奈麻에 뒤이어 나오는 6명의 典事人에 대한 인명을 분석할 차례가 되었다.

그 다음 인명은 到盧弗로 판단된다. 典事人는 직명이나 앞 사람과 같아서 생략되었고, 沙喙은 출신부명은 앞 사람과 같아서 생략되었고, 到盧弗이 인명이다.

그 다음 인명은 須仇你이다. 典事人는 직명이나 앞 사람과 같아서 생략되었고, 沙喙은 출신부명으로 앞 사람과 같아서 생략되었고, 須仇你가 인명이다.

그 다음 인명은 喙耽須道使心訾公이다. 喙耽須道使心訾公에서 典事人는 직명이나 앞 사람과 같아서 생략되었고, 喙은 출신부명, 耽須道使는 직명, 心訾公은 인명이다.

그 다음은 喙沙夫那斯利가 두 사람의 인명 표기이다. 沙夫, 那斯利로 끊어 읽을지 아니면 沙夫那, 斯利로 끊어 읽을지가 문제이다. 여기에서는 후자를 취하여 둔다. 앞 사람의 인명인 喙沙夫那에서 典事人는 직명이나 앞 사람과 같아서 생략되었고, 喙은 출신부명, 沙夫那는 인명이다.

그 다음은 斯利가 한 사람의 인명 표기이다. 典事人는 직명이나 앞 사람과 같아서 생략되었고, 喙은 출신부명으로 앞 사람과 같아서 생략되었고, 斯利는 인명이다.

그 다음은 沙喙蘇那支가 한 사람의 인명 표기이다. 이는 앞에서 분석한 대로 典事人는 직명이나 앞 사람과 같아서 생략되었고, 沙喙은 출신부명이고, 蘇那支가 인명이다. 관등명은 없다.

다음은 상면의 인명을 분석할 차례가 되었다. 村主臾支干支須支壹今智는 상면제③행의 此二人에 근거할 때, 두 사람의 인명 표기이다.

그 다음으로 村主臾支干支가 한 사람의 인명 표기이다. 村主는 직명, 臾支는 인명, 干支는 관등명이다.

그 다음으로 須支壹今智가 한 사람의 인명 표기이다. 지금까지 고신라 금석문에서는 촌주가 2명씩 짝을 이루어 기재되고 있다. 창녕비에서는 村主聰智述干麻叱智述干로 나오고, 남산신성비 제1비에서는 郡上村主阿良村今知撰干柒吐村△知尒利上干으로 나와서 각각 2명씩 짝을 지워서 나온다. 따라서 村主臾支干支須支壹今智에서 두 사람 모두를 촌주로 판단해 왔다.[9] 짝을 이루어 등장하던 촌주가 성산산성 목간(540년경),[10] 이성산성 무진년명목간(608년)에 홀로 등장하고 있어서

---

9) 김창호, 『고신라 금석문의 연구』, 2007, 135쪽.

10) 2017년 1월 4일자 『연합뉴스』 인터넷판에 다음과 같은 문서 목간 내용이 실려 있다.
제1면 三月中眞乃滅村主農怖白
제2면 伊他罹及伐尺寀言△法卅代告今卅日食去白之
제3면 卽白先節六十日代法稚然
제4면 △城在弥卽尒智大舍下智前去白之
이를 해석하면 다음과 같다.
3월에 眞乃滅村主인 農怖가 伊他罹 及伐尺(경위)에게 아룁니다. (眞乃滅村主인 農怖가 아뢴 내용은 이 목간의 끝까지로 다음과 같다.) 寀(녹봉)에 말하기를 △法 30代를 고하여 이제 30일 먹고 가게 아뢰었습니다. 곧 아뢴 먼저 때에 六十日代法이 稚然하여(덜 되어서), △城(此城으로 성산산성을 의미?)에 있는 弥卽尒智 大舍下智(경위 12관등)의 앞에 가서 아뢰었습니다.

須支壹今智를 한 사람의 인명으로 보고,[11] 촌주로 보지 않아도 된다.

이상의 분석 결과를 제시하면 〈표 1〉냉수리비의 인명 분석표와 같다.

이 문서 목간의 주된 내용은 宷(祿俸)에 관한 것이다. △法卅代나 六十日代法도 宷(녹봉)에 관계되는 것이다. 곧 眞乃滅村主인 農怖가 伊他罹及伐尺(경위)에게 올린 宷(녹봉)에 관한 것이 문서 목간 내용의 전부이다. 행정촌의 촌주로 보이는 眞乃滅村主인 農怖가 단독으로 혼자서 나오고, 외위를 갖지 않는 점도 주목된다.

大舍下智는 大舍帝智와 함께 오랜 잔제를 가진 경위명으로 及伐尺과 함께 540년경이 소멸된 것으로 보인다.

또 월성 해자 2호 목간에 다음과 같은 명문이 있다.

제1면 大烏知郎足下万拜白之
제2면 經中入用思買白不踓紙一二斤
제3면 牒垂賜教在之 後事者命盡
제4면 使內

이를 해석하면 다음과 같다.

大烏知郎足下께 万拜가 아룁니다. 經에 넣어 쓰려고 생각해 白不踓紙 한 두근을 샀습니다. 牒를 내리신 명령이었습니다. 뒤의 일은 명한 대로 다 시키어 내었다.

이 명문의 연대를 6세기 중엽으로 보아 왔다.(이경섭,「신라 월성해자에서 출토된 2호 목간에 대하여」『한국 고대사 연구의 현단계』, 2009) 大烏란 관등명 뒤에 知郎이란 것이 붙고 있다. 이는 大舍帝智의 帝智나 大舍下智의 下智와 함께 그 하한은 540년으로 보인다. 이들을 560년으로 보면 경위의 완성이 외위가 완벽하게 완성된 때인 545년 이전 보다 늦게 된다. 따라서 월성 해자 2호 목간의 제작 시기는 540년 이전으로 보인다. 그 상한은 524년 작성된 봉평비에 준하여 보고 싶다. 441년의 포항 중성리비와 443년의 냉수리비에서는 大舍, 小舍, 吉士, 大烏, 小烏, 造位의 4두품에 해당되는 관등은 없다. 두 비 모두에서 6부인이면서 관등을 가진 못한 인명도 있다. 특히 중성리비의 주인공인 牟旦伐은 사탁부 출신임에도 불구하고 경위는 없다. 중성리비에 경위명으로는 阿干支, 沙干支, 奈麻, 壹伐, 干支가 나오고, 냉수리비에서는 阿干支, 居伐干支, 壹干支, 干支, 奈麻가 나오고 있다. 5세기 금석문인 중성리비와 냉수리비에서 4두품에 해당되는 관등이 없을 뿐만 아니라 진골에 해당되는 관등도 없다. 이에 대한 해명은 앞으로 5세기 자료의 출현을 기다려 검토해 보고 싶다.

11) 須支壹今智를 須支를 인명, 壹今智를 문헌에 없는 외위명으로 보기도 하나, 540년경의 성산산성 목간의 예에서 보면, 須支壹今智가 촌주라는 근거도 없고, 냉수리비의 주인공인 절거리조차 적어도 2번이나 마립간(왕)이 절거리의 거주지인 진이마촌에 왔는데에도 불구하고 외위가 없어서 須支壹今智의 壹今智를 외위로 보기가 어렵다.

〈표 1〉 냉수리비의 인명 분석표[12]

직 명	출신지명	인명	관등명	비교
	喙	斯夫智	王	實聖王
	위와 같음	乃智	王	訥祗王
	珍而麻村	節居利		비의 주인공
	沙喙	至到盧	葛文王	
	위와 같음	斯德智	阿干支	
	위와 같음	子宿智	居伐干支	
	喙	尒夫智	壹干支	
	위와 같음	只心智	居伐干支	
	本彼	頭腹智	干支	
	위와 같음	斯彼暮斯智	干支	
		兒斯奴		
		末鄒		
		斯申支		
典事人	沙喙	壹夫智	奈麻	
위와 같음	위와 같음	到盧弗		
위와 같음	위와 같음	須仇伱		
위와 같음	喙	心訾公		耽須道使
위와 같음	喙	沙夫那		
위와 같음	위와 같음	斯利		
위와 같음	沙喙	蘇那支		
村主		臾支	干支	
		須支壹今智		

---

12) 斯夫智, 斯德智, 斯彼暮斯智(뒤의 글자), 斯申支, 斯利의 斯자는 모두 신라 조자이다. 인명인 兒斯奴의 경우는 신라 조자가 아닌 斯자로 적고 있다.

Ⅲ. 단락의 구분과 해석

제1단락은 전면 제①행과 전면 제②행이다. 설명의 편의를 위해 전문을 끊어서 제시하면 다음과 같다.

斯羅 喙斯夫智王乃智王 此二王敎用 珎而麻村節居利爲證尒令耳 得財
敎耳

이 단락은 비문의 나머지 부분이 癸未年 당시의 사실이 기록되어 있는데 대해, 癸未年보다 앞선 과거의 사실이 기록되어 있다. 斯羅란 국명은 금석문에서 처음으로 등장하고 있다. 新羅란 국명은 광개토태왕비(414년), 중원고구려비(449년 이후)에 이미 나오고 있다. 斯盧, 斯羅, 新羅란 국명은 혼용되었던 같다. 제1단락을 癸未年보다 오래된 점에 유의하여 해석하면 다음과 같다.

'斯羅 喙(部) 斯夫智王, 乃智王의 이 二王이 敎用했다. 珎而麻村의 節居利를 위한 證尒하는 슈이었고, 財를 얻는 敎이었다.'

제2단락은 전면 제③행부터 전면 제⑨행의 別敎 앞까지이다. 우선 전문을 끊어서 제시하면 다음과 같다.

癸未年九月卄五日 沙喙至都盧葛文王斯德智阿干支子宿智居伐干支喙
尒夫智壹干支只心智居伐干本波頭腹智干支斯彼暮斯智干支 此七王
等共論 敎用前世二王敎證尒耶 財物盡令節居利得之敎耳

이 단락에 나오는 癸未年九月卄五日과 沙喙至都盧葛文王은 이 비의 건립 연대를 알려주는 중요한 단서이다. 이에 대해서는 뒤에서 언급하기로 한다.

전면 제⑦행에 나오는 此七王等이 그 앞의 7명을 가리킴은 분명하다. 此七王等의 해석이 문제이다. 이들 7명 가운데 沙喙至都盧葛文王의 경우는 울주 천전리서석 추명(539년)에서 葛文王을 줄여서 王이라고 부른 예가 있어서 王임은 분명하다. 나머지 6명이 王이라고 불린 것은 문제가 된다. 이들 6명의 인명 뒤에 붙는 관등명에는 공통적으로 干支가 있다. 이 干支는 『광주천자문』에 나오는 임금 왕(王)의 훈인 귀ᄎ와 통한다. 『송서』, 백제전에 나오는 鞬吉支의 吉支나 신라 왕호 가운데 居西干의 居西와 통한다.[13] 그러면 葛文王의 王이나 阿干支, 居伐干支, 壹干支, 干支의 干支도 모두 王으로 부를 수가 있다.

전면 제⑦행에 나오는 前世二王은 당연히 斯夫智王(실성왕)과 乃智王(눌지왕)이다. 前世二王의 世의 뜻에 대해 조사해 보자. 우선 世자의 용례를 제시하면 다음과 같다.

七世子孫(덕흥리고분 묵서명, 408년)

大朱留王紹承其業傳至十七世孫(광개토태왕비, 414년)

五月中高麗太王相王公△新羅寐錦世世爲願如兄如弟(중원고구려비, 449년 이후)

夫純風不扇則世道承 眞玄化不敷則耶交競(마운령비, 568년)

---

13) 安秉禧, 『韓國學基礎資料選集』-古代篇-, 1987, 1001쪽.

덕흥리고분 묵서명의 七世子孫의 世자는 前世, 現世, 後世의 世란 의미이다. 광개토태왕비의 十七世孫에서 世자는 왕대수를 가리킨다. 중원고구려비에서의 世世는 고구려 임금마다란 뜻으로 한 평생을 가리킨다. 마운령비에서의 世道의 世자는 世上이란 뜻이다. 이 단락에 나오는 前世二王의 前世는 과거의 세상이 아닌 前歲와 같은 뜻도 있고, 지난해를 나타내기도 한다.[14] 제2단락을 해석하여 제시하면 다음과 같다.

'癸未年九月廿五日에 沙喙至都盧葛文王, 斯德智阿干支, 子宿智居伐干支, 喙 尒夫智壹干支, 只心智居伐干支, 本波 頭腹智干支 斯彼暮斯智干支의 此七王等이 共論하여 敎用했다. 前世(지난해) 二王의 敎의 證尒이다. 財物은 다 節居利로 하여금 얻게 하는 敎이다.'

제3단락은 전면 제⑨행의 別敎부터 전면 제⑪행의 別敎 앞까지이다. 우선 제3단락의 전문을 끊어서 제시하면 다음과 같다.

別敎 節居利若先死後△ 其弟兒斯奴 得此財敎耳

別敎는 봉평비(제④행)나 적성비(제⑮행)에서도 나온 바 있다. 別敎는 전면 제⑦행의 敎用에 대한 別敎이고, 癸未年에 내린 것이다. 제3단락을 해석해 제시하면 다음과 같다.

---

14) 문경현, 「迎日冷水里碑에 보이는 部의 性格과 政治運營問題」『한국고대사연구』3, 1990, 148쪽.

'別敎를 내린다. 節居利가 만약에 먼저 죽은 뒤에는 其의 弟(동생)인 兒斯奴가 此財를 얻는 敎이다.'

제4단락은 전면 제⑪행의 別敎부터 후면 제①행까지이다. 먼저 설명의 편의를 위해 전문을 끊어서 제시하면 다음과 같다.

別敎 末鄒斯申支此二人 莫更導此財 若更導者敎耳 其重罪耳

전면 제⑫행과 후면 제①행에 두 번 나오는 更導에 대해서는 두 가지의 해석 방법이 있다. 먼저 更자를 고치다로, 導자를 인도하다로 보면, 更導는 고쳐서 인도하다란 뜻이 된다. 이때에 更導는 財物相續者를 고쳐서(바꾸어서) 인도하다란 의미로 해석되어, 末鄒와 斯申支는 지방민이지만 재산 상속에 관여할 수 있는 실권자가 된다. 다음으로 更導= 更道로 보아 更자를 다시란 뜻의 부사로, 道자를 말하다란 뜻의 동사로 보아 更道를 다시 말하다로 볼 수가 있다. 이때에는 末鄒와 斯申支가 節居利와 혈연관계란 이유에서 財를 상속할 수 있는 대상자로 이해된다. 냉수리비, 천전리서석 추명, 적성비에서와 같이 其子, 其妻, 其生子 女子 등으로 구체적인 혈연관계를 표시하지 않는 점이 문제이다. 또 냉수리비 자체에 道자가 나오고 있어서(후면 제④행) 쉬운 道자를 두고, 굳이 어렵고, 의미가 혼돈될 수 있는 導자를 썼는지에 대한 의문이 생긴다. 여기에서는 전자의 해석에 따른다.

이 비문에서는 고신라 금석문 가운데에서 최초로 別敎가 두 번이나 나오고 있다. 이 단락의 別敎가 제3단락의 別敎와의 관계가 문제이다. 제3단락의 別敎는 그 앞의 敎(전면 제⑦행)에 대한 別敎가 분명하지만 제4단락의 別敎는 그 앞의 敎(전면 제⑦행)에 대한 別敎인지 아니면 제3단락의 別敎(전면 제⑨행)의 敎에 대한 別敎인지 불분명하다. 내용상으로 別敎가 敎보다 구체적으로 기록되므로 내용을 아는 데에 중요하다. 제3단락의 別敎에서 이미 節居利의 財에 대한 상속자가 정해진 마당에 末鄒와 斯申支에게 다시 너희는 상속자가 아니다라는 別敎는 아무래도 이상하다. 이에 비해 至都盧葛文王 등의 六部人(왕경인)이 상속자를 새로 정했는데, 末鄒, 斯申支의 지방민도 상속에 동의하다는 것이 훨씬 타당할 것 같다. 그러면 제3단락의 別敎와 제4단락의 別敎는 병렬적인 연결로 보이고, 更導의 해석도 다시 말하다보다는 바꾸어서 인도하다가 설득력이 있을 것이다. 제4단락을 해석하여 제시하면 다음과 같다.

'別敎를 내린다. 末鄒 斯申支 此二人은 此財를 고쳐서(바꾸어서) 인도하지 말라. 만약에 고쳐서(바꾸어서) 인도하면, 그(바꾸어서 인도하는 者)는 重罪를 받을 것이다.'

제5단락은 후면 제②행에서 후면 제⑦행의 끝까지이다. 설명의 편의를 위해 전문을 끊어서 제시하면 다음과 같다.

典事人 沙喙壹夫智奈麻 到盧弗 須仇你 喙耽須道使心訾公 喙沙夫那斯利 沙喙蘇那支 此七人踪△ 所白了 事煞牛拔語 故記

煞牛란 구절은 봉평비에 나오는 煞斑牛와 꼭 같은 의미이다. 拔語는 무슨 뜻인지 확실히 알 수가 없으나 샤마니즘적인 주술로 추측된다. 제5단락을 해석하여 제시하면 다음과 같다.

'典事人인 沙喙壹夫智奈麻 到盧弗 須仇你 喙耽須道使心訾公 喙沙夫
那 斯利 沙喙蘇那支 此七人이 무릎을 꿇고, 아뢸 바를 마치고 소를 죽
이고, 말을 拔했다. 故로 기록한다.'

이때에 典事人의 직명을 가진 7인이 누구에게 무릎을 꿇고 무엇을
아뢰었는지에 대한 기록은 없다. 지도로갈문왕 등 7왕에게 珎而麻村의
제의를 아뢰었을 것이다.

제6단락은 상면의 전부이다. 설명의 편의를 위해 전문을 끊어서 제
시하면 다음과 같다.

村主臾支干支 須支壹今智 此二人 世中了事 故記

世中이란 말은 봉평비 끝부분에 居伐牟羅異知巴下干支辛日智一尺
世中△三百九十八이라고 나온 바 있다. 봉평비의 世中은 祭儀에 참가
한 지방민 전체를 가리키는 것으로 보인다. 제6단락을 해석하여 제시
하면 다음과 같다.

'村主인 臾支干支과 須支壹今智 此二人과 世中이 일을 마쳤다, 故로
기록한다.'

IV. 건비 연대

냉수리비의 건립 연대를 전면 제①행의 斯夫智王을 實聖王으로 보고, 乃智王을『삼국유사』, 왕력에 나오는 訥祇麻立干 一云內只王과 연결시켜서 訥祇王으로 보았다. 沙喙(部)至都盧葛文王을『삼국사기』와『삼국유사』에 모두 智度路라고 기술된 점에 의해 智證王으로 보고 있다. 내지왕과 지도로갈문왕을 각각 눌지왕과 지증왕으로 볼 때에는 비문 제③행의 癸未年은 443년과 503년으로 한정된다.

계미년을 443년으로 볼 때에는 비문 자체에 아무런 문제가 없는지 조사해 보자. 전면 제⑦행의 前世二王에서 前世란 앞의 세상 곧 죽은 사람의 세상을 가리킨다. 비문의 前世二王이 죽은 두 왕인 사부지왕과 내지왕을 가리키는 바, 443년 당시에는『삼국사기』와『삼국유사』에 따르면, 내지왕=눌지왕(재위 417~458년)이 생존해 있어서 문제이다. 그러나 前世가 지난해를 가리키기도 한다.[15] 이렇게 되면 비의 건립 연대를 443년으로 보아도 된다. 503년설의 문제점은 다음과 같다.

첫째로 냉수리비의 沙喙至都盧葛文王과 문헌의 智度路王을 동일인으로 본 것은 음상사이외의 다른 증거는 없다는 점이다.[16] 가령 신라 진

---

15) 문경현, 앞의 논문, 1990, 148쪽.

16) 이름이 같으나 동일인이 아닌 경우는 많다.
今西龍,『新羅史研究』, 1933, 431쪽과 三池賢一,「新羅官位制度(上)」『法政史學』22, 1970, 18쪽. 등에서 창녕비(561년)의 碑利城軍主喙福登智沙尺干과 황초령비(568년)의 喙部服冬知大阿干을 동일인으로 보았고, 창녕비(561년)의 春夫智大奈末과『삼국사기』, 권4, 신라본기4, 진흥왕26년(566년)조의 阿湌春賦를 동일인으로 보았다. 창녕비(561년)와 황초령비(568년)에서 居柒夫는 一尺干(伊干)으로 동일한 관등이고, 另力智는 두 비에서 迊干으로 동일한 관등이다. 창녕비의 복등지 사척간(8관등)에서 황초령비의 복동지 대아간(5관등)으로 3관등 올라서 거칠부와 무력의 예로 볼 때, 동

제2장 5세기 금석문 • 제2절 영일냉수리신라비   75

흥왕 시대에 진흥왕의 이름인 深麥夫와 같은 인명인 心麥夫라는 인명이 창녕비에 甘文軍主로 등장하고 있다. 감문군주는 진흥왕과 동일인이 아니다.

둘째로 신라 중고 왕실의 소속부는 탁부이다. 냉수리비의 사부지왕(실성왕), 내지왕(눌지왕)은 탁부 소속이다. 봉평비의 喙部牟卽智寐錦王(법흥왕)도 탁부 소속이다. 사탁부 소속의 왕이 나온 금석문이나 목간 등 문자 자료는 단 한 예도 없다.

셋째로 사탁부지도로갈문왕이 지증왕이면, 사탁부도 왕족이 되어 중고 왕실의 소속부가 문헌에서 왕족의 소속부인 탁부와 사탁부가 모두 왕족이 되는 점이다.

넷째로 문헌에서 갈문왕으로 나온 적이 없는 지증왕을 갈문왕으로 해석한 점이다.

다섯째로 지증왕이 즉위 3년이 되어도 매금왕이 되지 못하고, 갈문왕에 머물고 있으면서 국왕 역할을 했다고 해석한 점이다.

일인이 아니다. 춘부도 561년 대내마(10관등)에서 566년 아찬(6관등)으로 5년만에 4관등이나 올라서 동일인이 아니다.(김창호,『삼국 시대 금석문 연구』, 2009, 233쪽)
냉수리비(443년)의 沙喙壹夫智奈麻와 봉평비(524년)의 喙部一夫智太奈麻에서 그 출신부가 다르고, 81년 동안 1관등밖에 진급하지 않아서 동일인이 아니다. 냉수리비(443년)의 尒夫智壹干支와 추명(539년)의 尒夫知伐干支에서 96년만에 2관등밖에 차이가 없어서 동일인이 아니다.(김창호,『고신라 금석문의 연구』, 2007, 137~138쪽)
중성리비(441년)의 沙喙斯德智阿干支와 냉수리비(443년)의 沙喙斯德智阿干支를 동일인으로 보고 있으나(이우태,「포항 중성리신라비의 내용과 건립연대」『포항중성리신라비 발견기념학술심포지엄』, 2009, 84쪽), 냉수리비 인명의 斯자는 조판의 편의상 쓴 것이고, 냉수리비에서만 나오는 신라 조자이므로 양자는 동일인으로 볼 수가 없다.
沙喙至都盧葛文王은 智度路王은 앞에서 제기한 예에서와 같이 인명만 음상사로 동일인으로 보이지만 실제로는 동일인이 아니다.

여섯째로 갈문왕이라고 불리다가 왕위에 오른 예가 신라에는 단 1예도 없는 점이다.

일곱째로 냉수리비의 주인공인 절거리가 실성왕 때부터 지증왕 때까지(402~503년) 생존해 있었고, 그가 처음으로 30세인 402년에 敎를 받았다면 503년 당시의 나이는 131세나 되는 점이다. 杜甫의 시에 人間七十古來稀라는 구절이 나오는데, 의학에 발달되지 않았던 5세기에 있어서 131세는 너무도 나이가 많다.

여덟째로 신라 금관총의 3루환두대도에서 늦어도 458년이란 절대연대로 해석되는 尒斯智王(너사지왕 곧 넛지왕=눌지왕)이란[17] 확실한 왕명이 나와서 냉수리비의 연대를 443년으로 올려다보아도 되는 점이다.

아홉째로 만약에 사탁(부)지도로갈문왕과 지증왕이 동일인이면, 지증왕은 사탁부 출신이므로 김씨가 아닌 다른 성을 가지게 된다. 곧 지증왕의 아들인 법흥왕은 봉평비에 喙部牟卽智寐錦王으로 나와서 김씨가 되지만 아버지인 지증왕은 사탁부 소속이므로 김씨가 아닌 다른 성을 갖게 되는 점이다. 부자 사이에 성이 다르게 된 이유는 사탁(부)지도로갈문왕을 지증왕으로 잘못 보았기 때문이다.

열째로『삼국사기』권44, 열전4, 이사부전에 異斯夫 或云 苔宗 奈勿王四世孫이라고 했는데, 적성비에 大衆等喙部伊史夫智伊干支라고 나오고 있고,『삼국사기』권44, 열전4, 거칠부전에 居柒夫 或云 荒宗 奈勿王五世孫이라고 했는데, 마운령비에 太等喙部居柒夫智伊干으로 나와서 신라 중고 왕실의 성은 문헌의 통설대로 김씨이고, 그 소속부는 탁부임을 알 수 있다.『삼국사기』권4, 신라본기4, 지증마립간 즉위조에 지증마

---

17) 김창호,「신라 금관총의 尒斯智王과 적석목과교의 편년」『신라사학보』32, 2014.

립간이 奈勿王之曾孫(三世孫)으로 되어 있어서 지증왕도 탁부 소속으로 그 성이 김씨임을 알 수 있는 점이다.

열한째로 사탁(부)지도로갈문왕과 지증왕을 동일인으로 보지 않으면, 443년에 지증왕이 7세가 되는 문제점이 완벽하게 해결될 수 있는 점이다.

열두째로 阿干支, 居伐干支, 壹干支, 干支, 奈麻가 나오고 있을 뿐이고, 大舍, 小舍, 吉士, 大烏, 小烏, 造位 등의 4두품에 해당되는 관등[18]명이 만들어지지 않았다고 판단된다. 이는 5세기 금석문의 특징으로 6세기 전반 금석문인 봉평비(524년)와 적성비(545년 직전)에서는 이들 관등명이 나오고 있는 점과는 대조적이다.

열세번째로 냉수리비를 503년으로 보게 되면 외위는 경위와 미분화된 干支뿐이다. 21년 뒤인 524년에 작성된 봉평비에서는 下干支, 一伐, 一尺, 彼日, 阿尺이 나와서 외위가 거의 완성되었음을 알 수가 있다. 외위의 발전이 너무 속도가 빠르다.

열네번째로 사탁부지도로갈문왕이 지증마립간이면 斯夫智王(實聖麻立干), 乃智王(訥祇麻立干)처럼 至都盧王이라고 불리지 않았는 점이다.

이상과 같은 14가지 이유에서 癸未年을 503년이 아닌 443년으로 추정하는 바이다.

---

18) 중성리비와 냉수리비에서는 6두품과 5두품에 해당되는 관등만 나올 뿐, 진골과 4두품에 해당되는 관등은 나오지 않고 있다. 이것이 진골과 4두품이 형성되지 아니한 데에 그 이유가 있다면 1~3두품도 원래는 존재했었다는 추정은 성립될 수가 없다. 그러면 적석목곽묘를 통한 골품제의 복원은 어렵다. 왜냐하면 진골과 4두품은 아직까지 5세기 중엽까지 없었기 때문이다.

Ⅴ. 맺음말

지금까지 논의해 온 바를 요약하여 맺음말에 대신하고자 한다.

먼저 인명 분석을 시도하였다. 習比部의 경우 7~8세기 중판타날문 암기와에 習部란 부명이 나와서 習比部를 斯彼部라고 불렀을 가능성은 없다고 보았다. 그렇게도 많은 금석문에서 喙部와 沙喙部가 다른 글자로 나온 예가 없다. 따라서 斯彼暮斯智를 習比部란 부명과 관계가 없는 한 사람의 인명으로 보았다. 짝을 이루어 촌주가 나왔던 창녕비와 남산신성비 제1비에서와 달리 540년경에 작성된 성산산성 목간에서는 眞乃滅村主農怖白라고 단독으로 나오고 있어서 須支壹今智를 촌주란 직명을 갖지 않는 한 사람의 인명으로 보았다.

전문을 6개의 단락으로 나누어서 다음과 같이 해석하였다.

斯羅 喙(部) 斯夫智王 乃智王의 이 二王이 敎用했다. 珎而麻村의 節居利를 위한 證尒하는 슈이고, 財를 얻는 敎이다.

癸未年九月卄五日에 沙喙至都盧葛文王, 斯德智阿干支, 子宿智居伐干支, 喙 尒夫智壹干支, 只心智居伐干支, 本波 頭腹智干支, 斯彼暮斯智干支의 此七王等이 共論하여 敎用했다. 前世(지난해) 二王의 敎의 證尒이다. 財物은 다 節居利로 하여금 얻게 하는 敎이다.

別敎를 내린다. 節居利가 만약에 먼저 죽은 뒤에는 其의 第(동생)인 兒斯奴가 此財를 얻는 敎이다.

別敎를 내린다. 末鄒 斯申支 此二人은 此財를 고쳐서(바꾸어서) 인도하지 말라. 만약에 고쳐서(바꾸어서) 인도하면, 그(바꾸어서 인도하는 者)는 重罪를 받을 것이다.

典事人인 沙喙壹夫智奈麻 到盧弗 須仇你 喙耽須道使心訾公 喙沙夫那 斯利 沙喙蘇那支 此七人이 무릎을 꿇고, 아뢸 바를 마치고 소를 죽이고, 말을 拔했다. 故로 기록한다.

村主인 臾支干支과 須支壹今智 此二人과 世中이 일을 마쳤다, 故로 기록한다.

마지막으로 비의 건립 연대에 대해 조사하였다. 비의 건립 연대는 실성왕(402년)에 30살로 敎를 받았다면 비의 건립으로 보는 일설인 503년에는 비의 주인공인 절거리의 나이가 131세나 되는 점과 지도로갈문왕과 지증왕을 동일인으로 보면 지도로갈문왕의 소속부가 사탁부이므로 성이 김씨 왕족과는 다르게 되는 점 등 모두 14가지의 근거로 사탁부지도로갈문왕을 지증왕과 동일인이 아니고, 사탁부의 장으로서 갈문왕이 된 것으로 보고, 비의 건립 연대도 503년이 아닌 443년으로 보았다.

부기 윤선태, 「월서해자 목간의 연구 성과와 신 출토목간의 판독」『동아시아 고대 도성의 축조의례와 월성해자 목간』, 2017의 69쪽에 (習比部)와 牟喙란 부명이 나왔음을 알게 되었다. 당대 자료에 (習比部)는 처음이고, 牟喙도 남산 신성비 제2비의 牟喙과 함께 牟梁部가 牟喙로 적힌다는 중요한 증거이다.

3

신라 금관총의 尒斯智王 명문

Ⅰ. 머리말

　신라 고분에 대한 신분제적인 접근은 적석목곽묘에서 출토되는 문
자 자료의 결핍으로 답보 상태를 면하지 못하고 있다. 적석목곽묘시대
는 신라 신분제인 골품제의 태아기로서[1] 중요한 시기이다. 이번에 발견

---

1) 적석목곽묘 연구는 그 신분제 투영되어 있는 출토 유물이나 묘의 규모가 중요하다.
　적석목곽묘와 신분제의 관계는 초보적인 단계에 머물고 있다. 가령 신라 신분제와 관
　련이 되는 6부의 위치조차 의견의 일치를 보지 못하고 있다. 6부와 골품제의 관계는
　신라 중고기에 있어서 성골(탁부, 사탁부), 진골(탁부, 사탁부), 6두품(탁부, 사탁부, 본
　피부), 5두품(6부), 4두품(6부), 평민(6부), 노예(6부)로 알 수 있다. 山자형금동관은
　6두품 이상이 착용했던 것으로 판단된다. 적석목곽묘에는 4~5두품도 있고, 성골에서
　6두품까지도 있다. 441년의 중성리비와 443년의 냉수리비에서는 진골과 4두품에 해
　당되는 관등명이 나오지 않고 있어서 적석목곽묘에 대한 골품제적인 접근을 어둡게
　한다. 이 문제는 앞으로 5세기 금석문 자료의 출현을 기다려 검토해 보고자 한다.

된 尒斯智王이란 명문은 신라 고분에서 최초로 알려진 왕명이라 그 관심은 지대하다고 할 수 있다.

여기에서는 먼저 명문을 소개하겠으며, 다음으로 麻立干이란 왕호의 사용 시기를 문헌과 금석문 자료를 통해 검토하겠고, 그 다음으로 尒斯智王을 신라에서 가장 오래된 중성리비와 냉수리비를 통해 검토하겠고, 마지막으로 尒斯智王에서 얻은 금석문을 통한 결론을 신라 적석목곽묘 편년에 대입해 그 편년에 대해 검토해 보고자 한다.

II. 명문의 소개

'금관총 큰칼[2] 尒斯智王[3] 명문 고분 주인 밝혀졌다.'란 제목아래 '92년만에 환두대도 보존처리 과정서 판독, 마립간 시대 왕릉서 왕이름 첫 발견 왕이름 아닐 수도'란 부제를 달았다.[4] 계속해서 다음과 같은 기사를 싣고 있다.[5]

신라 시대 고분인 금관총의 유물에서 명문이 확인돼 금관총의 사실상 주인공이 90여 년 만에 처음으로 밝혀졌다. 신라 마립간 시대(5세기 전반~6세기 초반) 조성된 많은 고분들 중 피장자의 이름이 확인된 것은

---

2) 3루환두대도를 가리킨다. 신라 적석목곽묘에서는 용봉문환두대도, 3엽문환두대도 등도 출토되고 있다.

3) 尒斯智王의 尒자를 훈독하여 너사지왕으로 읽는다.

4) 비슷한 내용의 기사가 『연합뉴스』, 2013년 7월 4일자에 김태식기자의 보도문으로 실려 있다.

5) 『경향신문』, 2013년 7월 4일자의 도재기 선임기자의 기사 내용이나 직접 보지 못했고, 한국고대사학회 홈페이지의 신자료실에서 보았다.

이번이 처음이다. 명문은 신라사 연구의 귀중한 자료로 평가된다.[6]

국립중앙박물관은 2013년 7월 3일 '1921년 금관총에서 출토된 환두대도에서 전형적인 신라 초기식의 표기의[7] 尒斯智王, 尒자, 十자의 명문이 확인했다'고 밝혔다. 국립중앙박물관은 '환두대도는 보존 처리 과정에서 명문을 확인하고 판독했다'며 국립경주박물관에 소장된 금관총 출토 환두대도에서도 '十자, 尒자, 八자의 명문이 나타났다.'고 설명했다.

국립중앙박물관 소장 환두대도의 명문은 칼집 끝 단금구에 尒斯智王, 반대면에 十자, 앞면 상단에 尒자가 선으로 새겨져 있다.[8] 국립경주박물관 소장 환두대도에는 칼집 앞면에 十자, 뒷면에 尒자, 앞면 상단에 八자가 선각되어 있다. 전문가들은 향후 연구가 시급하다는 전제 아래 너사지왕이 금관총의 주인공일 가능성이 높다고 밝혔다.

금관총이 너사지왕이라고 불린 신라인의 무덤이라면, 1921년 금관총이 발굴된 지 96년 만에 피장자가 드디어 확인된 것이다. 특히 신라 초기 고분 형식인 적석목곽묘 가운데 주인공이 밝혀지기는 이번이 처음이다.[9]

---

6) 적석목곽묘에서 나온 중요한 금속기 문자 자료로는 고고학 복원에 직접 이용이 가능한 자료로 황남대총 북분의 夫人帶, 서봉총의 은합 명문, 호우총의 호우명문 등이다. 夫人帶명은 5세기인 98호 북분이 왕비릉이란 중요한 근거가 되는 동시에 신라에서 쓴 것이지만, 서봉총의 은합 명문과 호우총의 호우명문은 고구려에서 만들고 쓴 것이다.

7) 이름만으로 초기식이두인지 여부는 알 수가 없다. 결론적으로 말하면 마립간 시대에 사용된 호칭이므로 신라 초기의 왕명이 포함된 왕호임은 중성리비와 냉수리비의 통해 볼 때 분명하다.

8) 음각을 의미한다.

9) 너사지왕이란 왕명이 금관총에서 확인된 것은 신라 적석목곽묘에서 최대의 성과이다.

일제강점기 조선총독부가 부실하게 발굴한 것으로 유명한[10] 금관총은 왕릉에 준하는 무덤이지만 주인공이 확인되지 않는데다가 국내에서 금관이 최초로 출토돼 금관총이란 이름을 얻었다. 국립중앙박물관 홍진근 학예연구관은 '너사지왕은 금관총의 주인공으로 보인다.'며, '금관총은 주인공이 밝혀지는 유일한 신라 초기 무덤이라는[11] 점에서 의의가 크다.'고 밝혔다.

그러나 너사지왕이란 왕명은 『삼국사기』·『삼국유사』와 신라 금석문에서 확인되지 않아 현재로는 누구인지는 알 수 없는 실정이다. 이번에 발견된 너사지왕이란 명문은 학계에 너사지왕이 누구인지를 연구하도록 하는 큰 숙제를 남긴 셈이다.

학계에서는 너사지왕이 금관총이 조성된 마립간 시대인 내물왕(356~402년)부터 지증왕(500~514년)까지에 실재하고 있었던 어느 마립간의 별칭이거나 아니면 당시의 왕이란 명칭으로 불린 왕족 또는 최고위 귀족일 것으로 보인다고 하였다.

특히 고대사 전문가들은 마립간 보다 왕족이나 고위 귀족이라는데 무게를 두고 있다. 신라 최고의 금석문 가운데 하나인 영일냉수리비(국보 264호)를 보면 此七王等에서 마립간이 아닌 사람도 왕으로 불리기

---

10) 과연 그렇게 이야기할 수 있을지는 의문이다. 파괴 고분의 수습 발굴이기 때문이다.
11) 신라사 초기 기년 설정에 있어서 태조성한왕이 중요하다. 태조성한왕은 미추왕이므로 3세기 후반(262~284년)이므로 이때까지 그 기년을 믿을 수 있을 것이다. 후술한 바와 같이 이때의 무덤은 적석목곽묘로 판단된다. 적석목곽묘의 피장자로는 미추이사금, 유례이사금, 기림이사금, 걸해이사금도 그 대상이 될 수가 있는 듯하다. 적석목곽묘의 시대를 마립간 시대만으로 한정할 수는 없다. 흔히 太祖星漢王을 熱漢(勢漢)과 동일인으로 보고 있으나 세한은 왕위에 올랐던 적이 없어서 태조성한왕이 될 수가 없다.

때문이다. 또 수많은 신라 고분이 모두 마립간일 수는 없기 때문이다.

이종욱 서강대 석좌교수는 '갈문왕처럼 왕의 동생이면서 왕이란 칭호로 불린 경우가 있듯이 너사지왕도 마립간이 아닌 것으로 보인다.'며, '마립간의 형제나 그 형제의 부인,[12] 왕족이거나 최고위 귀족일 가능성이 높다.'고 분석했다. 전덕재 단국대교수도 '마립간의 별칭일 수 있지만 왕족일 가능성이 높다.'며, '신라사 연구의 귀중한 자료'라고 밝혔다.

너사지왕이 마립간이 아니라면 금관이 마립간의 독점적 상징물이 아니라 왕족이나 최고위 귀족도 사용했다는 기존의 학설을 뒷받침해준다. 홍진근학예연구관은 '너사지왕이 마립간이 아니라는 견해가 많은데, 이에 따르면 천마총 등 지금까지 금관이 출토된 고분을 마립간으로 추정한 일부 견해는 재검토되어야 한다.'고 말했다.

경북 경주시 노동동에 소재했었던 금관총은 1921년 주택공사 중 유물이 발견되면서 조선총독부가 발굴을 진행하였다. 금관총에서는 국내 최초로 금관총 금관(국보 87호)을 비롯한 황금 유물 등 4만여 점이 출토되었다. 신라 금관 가운데 걸작으로 평가받는 금관총 금관이 출토되면서 신라 문화에 대한 본격적인 연구가 이루어졌고, 금령총, 서봉총 등 대형 고분들의 발굴에 나서는 계기가 되었다.

이상에서 1921년에 발굴된 금관총의 3루환두대도를 2013년 보존 처리 과정에서 너사지왕이란 명문이 나왔는데, 이 명문이 마립간일 가능성도 있으나 왕족, 고위 귀족일 가능성도 있다는 것이다. 과연 너사지왕의 실체가 무엇인지를 장을 달리하여 검토해 보기로 하자.

---

12) 부인이 왕을 칭할 수는 결코 없다. 칭한다면 女王을 칭해야 된다. 신라에서 여왕은 善德女王, 眞德女王, 眞聖女王의 3명뿐이다. 따라서 5세기의 너사지왕과 마립간의 형제의 부인이 동일인일 수는 없다.

III. 介斯智王의 분석

너사지왕은 5세기 4/4분기에 편년되는[13] 금관총이란 고분에서 출토
되어 마립간과의[14] 관련성을 주목해 왔다. 麻立干이란 왕호의 사용 시
기를 『삼국사기』, 신라본기에서는 눌지마립간, 자비마립간, 소지마립간,
지증마립간으로 되어 있고, 『삼국유사』, 왕력편에서는 내물마립간, 실
성마립간, 눌지마립간, 자비마립간, 비처마립간, 지증마립간으로 되어
있어서 약간의 차이가 있다.

어느 쪽이 옳은지를 금석문 자료를 통해 검토해 보자. 414년에 작성
된 광개토태왕비에서는 庚子年(400년)조에 마립간의 이칭인 寐錦이 나
온다.[15] 이는 그 시기로 보아 내물마립간(356~402년)을 가리킴이 분명
하다. 449년 이후 가까운 시기에 건립된 중원고구려비에는 寐錦이 7번
이나 나오는데, 인명 표기에서는 寐錦忌밖에 없어서 전부 訥祇麻立干
을 가리킨다.[16] 524년에 건립된 봉평비에서는 喙部牟卽智寐錦王이 나
와서 문헌과는 달리 법흥왕도 마립간으로 불리고 있다.[17] 금석문 자료
에서도 마립간의 사용 시기는 『삼국유사』, 왕력편 쪽이[18] 옳다.

---

13) 현재까지의 학계의 대세이다.

14) 신라 왕호는 거서간(박혁거세왕), 차차웅(남해왕), 이사금(노례왕, 탈해왕, 지마왕,
일성왕, 아달라왕, 벌휴왕, 내해왕, 이해왕, 미추왕, 유례왕, 기림왕, 걸해왕), 마립간
(후술함), 왕(법흥왕부터 마지막 경순왕까지)의 순서로 변천했다.

15) 중원고구려비 발견 이전에는 매금을 이시금과 동일한 것으로 보아 왔다.

16) 김창호, 『삼국 시대 금석문 연구』, 2009, 40쪽.

17) 신라 왕호인 太王制(王制)가 시행된 것을 지증왕 때로 보고 있으나 법흥왕 때로 고
쳐야 할 것이다.

18) 김재원·이병도, 『한국사』-고대편-, 1959, 375쪽에서도 내물마립간부터 마립간을
사용한 것으로 보고 있다.

그렇다면 금석문으로 눈을 돌려 신라 最古의 금석문인 중성리비와 냉수리비에서는 신라의 왕호가 어떻게 사용되었는지를 조사해 보기로 하자. 우선 양 비석의 전문을 제시하면 다음과 같다.

<중성리비>¹⁹⁾

⑫	⑪	⑩	⑨	⑧	⑦	⑥	⑤	④	③	②	①	
							伐	喙				1
					喙	△	喙	沙				2
		牟	珎	干	鄒	干	斯	利	教			3
	導	旦	伐	支	須	支	利	夷	沙			4
	人	伐	壹	沸	智	祭	壹	斯	喙			5
	者	喙	昔	竹	世	智	伐	利	尒	喙		6
沙	與	作	云	休	令	壹	皮	白	抽	部	辛	7
喙	重	民	豆	壹	干	伐	末	爭	智	習	巳	8
心	罪	沙	智	金	居	使	智	人	奈	智	(年)	9
刀	典	干	沙	知	伐	人	卒	喙	麻	阿	(喙)	10
哩	書	支	干	那	壹	奈	波	評	喙	干	(部)	11
△	與	使	支	音	斯	蘇	喙	公	部	支	折	12
	牟	人	宮	支	利	毒	柴	斯	牟	沙	盧	13
	豆	卑	日	村	蘇	只	干	弥	智	喙	(智)	14
	故	西	夫	卜	豆	道	支	沙	奈	斯	(王)	15
	記	牟	智	步	古	使	弗	喙	麻	德		16
		利	宮	干	利	喙	乃	夷	本	智		17
		白	奪	支	村	念	壹	須	牟	阿		18
		口	尒	走	仇	牟	伐	牟	子	干		19
		若	令	斤	鄒	智	金	旦		支		20
		後	更	壹	列	沙	評					21
		世	還	金	支							22
		更		知								23

---

19) 김창호, 「포항 중성리 신라비의 재검토」 『신라사학보』29, 2013, 613쪽을 중심으로 특히 제①행은 새로히 추독하였다.

〈냉수리비〉[20]

前面

⑫	⑪	⑩	⑨	⑧	⑦	⑥	⑤	④	③	②	①	
		死	得	爲	支	卒	喙	王	癸	麻	斯	1
	教	後	之	證	此	彼	尒	斯	美	村	羅	2
此	耳	△	教	尒	七	頭	夫	德	年	節	喙	3
二	別	其	耳	耶	王	腹	智	智	九	居	斯	4
人	教	弟	別	財	等	智	壹	阿	月	利	夫	5
後	末	兄	教	物	共	干	干	干	廿	爲	智	6
莫	鄒	斯	節	盡	論	支	支	支	五	證	王	7
更	斯	奴	居	教	教	斯	只	子	日	尒	乃	8
導	申	得	利	令	用	彼	心	宿	沙	令	智	9
此	支	此	若	節	前	暮	智	智	喙	耳	王	10
財		財	先	利	世	斯	居	居	至	得	此	11
			利		二	智	伐	伐	都	二	二	12
					王	干	干	干	盧	教	王	13
					教	支	支	支	葛	耳	教	14
									文		用	15
											珎	16
											而	17

上面

⑤	④	③	②	①	
故	了	今	支	村	1
記	事	智	須	主	2
		此	支	臾	3
		二	壹	支	4
		人	干		5
		世			6
		中			7

後面

⑦	⑥	⑤	④	③	②	①	
事	蘇	喙	你	智	典	若	1
煞	那	沙	奈	事	更		2
牛	支	夫	耽	麻	人	導	3
拔	此	那	須	到	沙	者	4
語	七	斯	道	盧	喙	教	5
故	人	利	使	弗	壹	其	6
記	跊	沙	心	須	夫	重	7
	△	喙	眥	仇		罪	8
	所	公				耳	9
		白					10
		了					11

20) 김창호, 『고신라 금석문의 연구』, 2007, 131쪽에서 전제하였다.
　斯夫智, 斯德智, 斯彼暮斯智(뒤의 글자), 斯申支, 斯利의 斯자는 모두 신라 조자이다. 조판의 관계상 斯자로 적었다. 이를 인명에만 쓰는 글자로 보기도 어렵다. 왜냐하면 인명인 兒斯奴의 경우에는 신라 조자가 아닌 斯자로 적고 있기 때문이다.

이 두 금석문 자료에 대해서는 辛巳와 癸未라는 연간지가 있어서 그 시기를 각각 441년과[21] 501년,[22] 443년과[23] 503년으로[24] 보는 가설이 있어 왔다. 두 비의 연대 설정에 근거가 된 것은 냉수리비의 503년설이다. 『삼국유사』, 왕력편에 智證麻立干 一作智哲(老) 又智度路王의 智度路王과 냉수리비 제③행의 沙喙至都盧葛文王의 至都盧가 동일인이라는 것이다. 이렇게 보면 몇 가지 문제점이 생긴다.

첫째로 지도로갈문왕이 봉평비의 탁부모즉지매금왕처럼 사탁지도로매금왕이라 하지 않는 점이 문제이다. 왜 최고위 위정자인 지증마립간이 사탁부지도로매금왕이라 불리지 않고, 왕족이나 국왕 남형제 등에게 사용되는 갈문왕이 사용되고 있을까? 이 점에 대한 설명이 필요하다. 왜냐하면 지증왕이 500년에 즉위했으므로 503년에는 3년이나 지났는데에도 사탁지도로갈문왕이란 갈문왕 칭호는 도저히 납득이 되지 않는다.

둘째로 503년에는 지증마립간이 재위했을 때이므로 같은 냉수리비의 斯夫智王(실성왕)과 乃智王(눌지왕)처럼 沙喙至都盧王이라고 하지 않아서 문제가 된다.

셋째로 냉수리비의 건립 연대를 503년으로 보면, 냉수리비의 주인공인 節居利가 실성왕때부터 지증왕때까지(402~503년) 생존해 있었고, 그

---

21) 강종훈, 「포항중성리신라비의 내용과 성격」『한국고대사연구』56, 2009.
　　노중국, 「포항 중성리비를 통해 본 마립간시기 신라의 분쟁처리 절차와 6부체제 운영」『한국고대사연구』59, 2010.
　　김창호, 앞의 논문, 2013.
22) 대부분 고대사가의 견해이다.
23) 문경현과 김창호의 견해이다.
24) 대부분 고대사가의 견해이다.

가 30세에 처음으로 402년 실성왕 즉위년에 敎를 받았다면 503년 당시에 절거리의 나이는 131세나 되는 점이다.

넷째로 냉수리비의 사부지왕(실성왕)과 내지왕(눌지왕)은 모두 탁부 출신이다. 봉평비의 탁부모즉지매금왕(법흥왕)도 탁부 출신이다. 신라 왕은 모두 탁부 출신임을 알 수가 있다.

다섯째로 『삼국사기』권44, 열전4에 異斯夫 或云苔宗 奈勿王四世孫이라고 했는데, 적성비에 大衆等喙部伊史夫智伊干支라고 나오고 있고, 『삼국사기』권44, 열전4에 居柒夫 或云荒宗 奈勿王五世孫이라고 했는데, 마운령비에 太等居柒夫智伊干으로 나와서[25] 신라 김씨 왕족은 탁부 소속임이 분명하다. 『삼국사기』권44, 신라본기4의 지증마립간 즉위조에 지증마립간이 奈勿王之曾孫(三世孫)으로 되어 있어서 지증마립간도 탁부 소속임을 알 수 있다.

여섯째로 중성리비를 501년으로, 냉수리비를 503년으로 보게 되면, 신라의 경위와 외위가 그의 같은 시기인 540년경에[26] 완성되었으므로 37년만에 완성된 것이 된다.

일곱째로 청주 상당산성에서 나온 9~10세기로 판단되는 장판타날 평기와에서 沙喙部屬長池馹이란 명문이 있는 바, 이는 '사탁부에 속한 장 지역'으로 해석되며, 부가 단순한 행정 구역이 아님을 암시하고 있다.[27]

---

25) 학계에서는 사탁부사부지갈문왕을 입종갈문왕으로 동일시해 왔으나 법흥왕과 입종 갈문왕은 모두 지증왕의 아들로서 내물왕의 高孫으로 내물왕의 4세손이다. 이들은 모두 탁부 출신이 되어야 한다. 울주 천전리서석 추명의 사탁부사부지갈문왕은 입 종갈문왕은 동일인이 아니라고 판단된다. 김창호, 앞의 책, 2007, 170쪽에서는 사탁 부사부지갈문왕을 문헌에는 없는 갈문왕으로 보았다.

26) 이에 대해서는 따로 필자의 견해를 밝힐 예정이다.

27) 김창호, 앞의 논문, 2013, 626쪽.

여덟째로 사탁부지도로갈문왕을 지증왕으로, 사탁부사부지갈문왕을 입종갈문왕으로 보게 되면 법흥왕은 봉평비에서 탁부 소속이므로 부자, 형제간에 소속부가 달라지게 되어 그 성도 다르게 된다. 부자와 형제 사이에 성은 바뀔 수가 없다.

이상과 같은 이유에서 중성리비를 441년, 냉수리비를 443년으로 각각 추정하는 바이다.[28]

이렇게 중성리비와 냉수리비가 5세기 금석문일 때, 너사지왕과의 비교할 필요가 있다. 너사지왕처럼 왕으로 끝나는 인명은 중성리비에서 (喙部)折盧(智王)이 있고, 냉수리비에서는 실성왕인 사부지왕과 눌지왕인 내지왕뿐이다. 그 외 사탁지도로갈문왕과 사탁부사부지갈문왕을[29] 제외하고, 전부 △△干支로 끝나고 있다. 중성리비의 (喙部)折盧(智王)은 눌지왕을 가리키는 것으로 보인다. 눌지왕의 경우 (喙部)折盧(智王)과 乃智王의 두 가지 왕명의 사용이 가능할까? 법흥왕의 경우 524년 봉평비에서 牟卽智寐錦王, 535년의 울주 천전리서석 을묘명에서 法興太王, 539년의 울주 천전리서석 추명에서 另卽知太王으로 왕명이 두 가지로 나온 예가 있어서[30] 가능하다.

此七王等에 근거하여 왕족이나 고급 귀족도 왕을 칭할 수 있는 것으로 보기도 하나 그들의 실제 인명에서는 사탁지도로갈문왕을 제외하고, 전부 △△干支로 끝나고 있다. 이들 7명을 한꺼번에 부를 때, 此七王等말고는 다른 방법이 없을 것이다. 干支가 부족장(왕)을 의미한다.

---

28) 김창호, 앞의 논문, 2013, 628쪽.
29) 524년에 작성된 봉평비와 539년에 작성된 울주 천전리서석 추명에 나온다.
30) 문헌에서는 炤知麻立干이 毗處麻立干으로도 나와서 두 가지의 왕명으로 된 예가 된다. 고구려의 경우 시조 동명성왕과 시조 추모왕의 경우도 두 가지로 불리우고 있다.

『광주천자문』에 임금왕(王)의 훈을 귀ᄎ로[31] 되어 있는 바, 이는 간지를 의미한다.

너사지왕은 금석문이나 문헌 자료에서 王자로 끝난 왕족이나 고위 귀족의 인명이 발견된 예가 없어서 왕명이다. 곧 중성리비의 (喙部)折盧(智王)과 냉수리비의 斯夫智王, 乃智王에 근거할 때, 너사지왕은 왕명임이 분명하다. 그렇다면 어느 왕의 왕명과 동일할까? 奈勿王, 實聖王, 慈悲王, 炤智王(毗處王), 智證王 가운데 누구일까? 尒斯智王(너사지왕)의 이름 가운데에서 斯를 반절로 해 ㅅ으로 보면 넛지왕이 된다. 이렇게 斯자를 ㅅ으로 줄인 유사한 예가 있는지 궁금하다. 568년의 마운령비의 及伐斬典喙部夫法知吉之가[32] 568년의 마운령비에 及伐斬典喙部分知吉之로[33] 나오고 있다. 여기에서 부법지와 분지는 동일인이 되고, 부법지(=붑지)와 분지는 같은 사람이 된다.[34]

이렇게 되면 금관총은 눌지왕(=넛지왕)의[35] 무덤이[36] 된다.[37] 그렇다

---

31) 어떻게 귀ᄎ라는 훈이 생겼는지는 알 수 없다.

32) 김창호, 앞의 책, 2007, 90쪽.

33) 김창호, 앞의 책, 2007, 94쪽.

34) 尒자, 十자, 八자의 의미에 대해서는 미쳐 규명하지 못했다. 이에 대해서는 후고를 기다리기로 한다.

35) 지명, 인명, 시호명, 왕명에서 한자가 다르거나 한자의 음이 다른 예가 많다. 한 가지의 예만을 든다면 남산신성비 제2비에서 阿大兮村과 阿旦兮村, 沙刀城과 沙戶城으로 같은 지명을 다르게 표기하고 있다.

36) 넛지왕이 눌지왕이 되면 고대동아시아 역사고고학 편년에 있어서 가장 중요한 위치에 서게 된다. 일본의 이나리야마고분의 신해년 철검은 471년이나 6세기 전반까지 전세되었고, 백제 무령왕릉에서는 백제 토기가 나오지 않아서 절대 연대의 결정에 도움이 되지 못한다. 눌지왕=넛지왕은 458년의 눌지왕 무덤이 되어 동아시아에서 가장 중요한 잣대가 된다.

37) 『연합뉴스』, 2013년 7월 4일자에서는 금관총의 3자루의 3루환두대도가 착장하지 않

면 금관총은 458년이란 절대 연대를 가지게 된다.[38)]

신라에서 금관이 나온 금관총의 절대 연대가 458년임을 근거로 금관이 나온 고분을 중심으로 적석목곽묘의 편년에 관한 소견을 밝혀 보고자 한다. 신라에서 금관이 나온 고분으로 6기가 있다. 전 교동, 98호 북분, 금관총, 서봉총, 금령총, 천마총이 그것이다.[39)] 이 가운데 전 교동 고분의 금관은 도굴품이라 상세한 것은 알 수가 없다.[40)] 98호 북분에서

는 상태에서 출토되어 왕비의 무덤으로 본 가설을 소개하고 있다. 그러나 여성임을 나타내는 환상용수철가위나 熨斗가 출토되지 않아서 금관총의 피장자를 왕비릉(江介也, 「고대 동아시아 熨斗와 환상용수철가위」 『한일 고대·삼국시대의 연대관(Ⅱ)』, 2007, 210쪽)이라고 단정할 수는 없다. 따라서 왕비릉으로 볼 때에는 넛지왕(눌지왕)보다 왕비가 먼저 죽어서 3루환두대도를 묻은 것이 된다. 그렇다면 금관총의 연대는 458년보다 앞서게 된다. 넛지왕이 먼저 죽어서는 생전에 가졌던 모든 3루환두대도를 넛지왕릉에 묻었을 것이다. 나중에 죽은 왕비릉에는 왕명이 새겨진 3루환두대도를 묻을 수가 없을 것이다. 왜냐하면 넛지왕이 먼저 죽을 때에는 자기 이름이 새겨진 1점을 포함하여 3루환두대도를 가지고 무덤에 묻혔기 때문이다. 왕비릉이라고 하더라도 458년의 절대 연대는 변함이 없다. 또 『신한국문화신문』, 2015, 7, 31자에 국립중앙박물관과 국립경주박물관의 합동조사단에 의해 금관총의 재발굴로 3루환두대도가 나왔는데, 여기에는 尒斯智王刀란 명문이 발견되었다. 이는 넛지왕의 칼로 풀이되어 금관총이 넛지왕의 왕비 무덤이 아닌 넛지왕=눌지왕의 무덤임을 말해주고 있다. 尒斯智王명과 尒斯智王刀명이 있는 3두환두대도는 왕비릉이라면 두 자루나 묻힐 수가 없을 것이다. 이는 금관총이 넛지왕(=눌지왕)의 무덤으로 458년의 절대 연대를 갖게 된다는 것을 웅변해 주고 있다. 尒斯智王刀에서 刀는 單刃이고 劍은 兩刃인데, 정확하게 尒斯智王刀라고 되어있는 점도 주목된다.

38) 신라 금석문 연구에 있어서 황남대총(98호분) 북분 출토의 夫人帶(5세기 전반)를 제외하고, 이용 가능한 신라의 5세기 금석문 자료가 신라 계로는 없었다. 이 尒斯智王이 訥祇麻立干과 동일인이 되어, 확실한 5세기의 왕명이 추가되어 중성리비와 냉수리비가 5세기에 건립되었음을 뒷받침해준다. 신라 고고학에서 확실한 절대 연대를 가진 고고학 자료의 출현으로 이 부분의 연구가 활성화될 것이다.

39) 금관이 출토될 수 있는 고분으로는 봉황대 등 많은 고분이 지금도 처녀분으로 많이 남아 있다.

40) 98호 남분에서 전형적인 山자형 금동관이 출토된 것으로 보면, 4세기 후반에 제작

는 금관이 나왔으나 여자의 무덤이다.[41] 98호 남분에서는 피장자가 금동제관을 착장하고 있었으며, 부장곽에서 山자형 금동관이 여러 개가 나왔다. 서봉총에서는 금관이 나왔으나 환두대도를 착장하지 않아서 왕비릉으로 추정된다. 금령총에서는 환상용수철가위가 나와서[42] 공주 무덤일[43] 가능성도 있다. 천마총에서는 착장 환두대도가 있으나 여자의 신분을 나타내는 熨斗가 출토되어[44] 왕비릉일 가능성이 있다. 6기 금관 출토 고분 가운데 왕릉은 금관총과 황남대총(98호분)뿐이다. 금관총이 눌지왕릉이므로 98호 남분은 이보다 고고학적인 편년에서 볼 때 앞선다. 내물왕(356~402년)과 실성왕(402~417년)이 그 대상이 된다. 『삼국사기』, 눌지마립간 즉위조에 실성왕을 시해하고 눌지왕이 즉위했다는 기사가 나오므로 실성왕은 후장이 어려워 98호 남분을 내물왕릉(402년)으로 본다.[45]

IV. 적석목곽묘의 편년

적석목곽묘는 일찍이 서봉총 은합 명문에 나오는 연간지인 辛卯年을 511년(지증왕12년)으로 보고,[46] 적석목곽묘를 5~6세기로 편년하였다.

된 것으로 추정된다.

41) 단금구에 夫人帶란 명문이 나와서 여자의 무덤임이 분명하게 되었다.

42) 江 介也, 앞의논문, 2007, 210쪽.

43) 시체의 길이가 1m 미만으로 여자 어린이 무덤으로 추정된다.

44) 江 介也, 앞의 논문, 2007, 208쪽.

45) 내물왕과 실성왕 사이의 시기 차이는 불과 15년이 있을 뿐이다.

46) 발견 당시에는 511년으로 신라에서 제작된 것으로 보았으나 지금은 451년에 고구

1972년 연계금구 형식 분류에 의한 귀걸이(이식)를 중심으로 해 통계학적 방법으로 신라 적석목곽묘를 편년하였다.[47] 황남동109호3·4곽, 황오동14호분을 4세기 후반으로, 서봉총, 금령총, 금관총, 황남동109호1·2곽, 황남동83호분을 5세기 후반으로, 호우총을 6세기 전반으로, 보문리 부부총을 6세기 후반으로 각각 보았다.

1979년 토기 편년에 의한 신라 적석목곽묘의 서열을 정하는 논문이 나왔다.[48] 황남동109호3·4곽, 미추왕릉지구6호를 400~420년 사이로, 황오동14호분, 황남동110호분을 420~440년 사이로, 98호 남분을 440~460년 사이로, 황남동109호1·2곽을 460~480년 사이로, 금관총, 식리총을 480~500년 사이로, 82호 동곽, 천마총, 금령총을 6세기 1/4분기로, 호우총을 6세기 2/4분기로, 보문리 부부총을 6세기 4/4분기로 보았다.

1992년 묘곽의 변천을 중심을 한 적석목곽묘의 편년이 제시되었다.[49] 여기에서는 월성로 가30호, 월성로 가29호를 4세기 1/4분기로, 월성로 가5·6호, 황남동109호3·4곽, 월성로 가13호, 미추왕릉5지구1호를 4세기 3/4분기로, 98호 남분을 4세기 4/4분기로, 서봉총을 5세기 전반으로, 금관총, 금령총, 식리총, 은령총을 450~480년 사이로, 호우총, 보

려에서 제작된 것으로 보고 있다.

47) 伊藤秋男, 「이식의 형식학적연구에 기초한 한국고신라시대의 고분 편년에 관한 일시안」 『朝鮮學報』64, 1972.

48) 藤井和夫, 「慶州古新羅古墳編年試案」 『神奈川考古』6, 1979. 고분의 편년 서열은 고배와 장경호에 의해 잘 잡았지만 그 시기를 너무 늦게 잡았다는 비판이 있다.

49) 최병현, 『신라고분연구』, 1992. 논문은 묘곽의 구조에 대한 연구를 했으나 신분제와 연결되지 못해 아쉬움이 있고, 당시로서는 너무 빨리 연대를 설정했다는 비판을 받았다.

문리 부부총을 6세기 전반으로, 충효리1~3호분을 6세기 중엽으로, 황성동 석실분을 6세기 말로 각각 보았다.

1998년 토기에 의한 적석목곽묘 편년이 나왔다.[50] 여기에서는 월성로 가8호, 월성로 가29호, 월성로 가5·6호는 4세기 전반으로, 월성로 가13호, 황남동109호3·4곽은 4세기 3/4분기, 미추왕릉5지구1·6호, 황남동110호, 월성로 나13호는 4세기 4/4분기로, 98호 남분(내물왕릉)은 5세기 1/4분기로, 월성로 나12호는 5세기 2/4분기로, 월성로 가4호는 5세기 3/4분기로, 월성로5호는 5세기 4/4분기로, 호우총은 6세기 1/4분기로 각각 보았다.

1998년 경산 임당 고분의 발굴 경험을 토대로 신라 적석목곽묘를 편년한 가설이 나왔다.[51] 여기에서는 월성로 가30호, 월성로 가31호를 4세기 1/4분기로, 월성로 가29호, 월성로 가8호를 4세기 2/4분기로, 월성로 가5·6호를 4세기 3/4분기로, 월성로 나13호, 미추왕릉5지구1호를 5세기 1/4분기로, 미추왕릉5지구6호를 5세기 2/4분기로, 황남동110호, 98호 남분(눌지왕릉), 98호 북분, 금관총을 5세기 3/4분기로, 천마총을 5세기 4/4분기로, 호우총을 6세기 1/4분기로, 보문리 부부총을 6세기 4/4분기로 각각 보았다.

2000년 신라 고분을 8기로 나누어서 연대를 부여한 견해가 나왔다.[52] 여기에서는 미추왕릉5지구1·21호분, 황남동109호3·4곽, 미추왕릉5지구6호분을 4세기 말에서 5세기 1/4분기로, 미추왕릉1지구E호분, 황남동110호분, 황오동14호2곽, 황남대총을 5세기 2/4분기로, 미추왕릉

50) 이희준, 「4~5세기 신라의 고고학적연구」, 서울대학교 박사학위논문, 1998.
51) 김용성, 『신라의 고총과 지역집단』, 1998.
52) 무乙女雅博, 「조선반도의 고고학」, 2000.

5지구14호분, 황남동109호1·2곽, 황오동33호분동곽을 5세기 3/4분기로, 황남동82호분동곽, 황남동83호분, 금관총, 식리총을 5세기 4/4분기로, 황남동82호분서곽, 천마총, 금령총, 서봉총을 6세기 1/4분기로, 미추왕릉5지구2호분, 황남동151호석실분, 미추왕릉5지구20호분, 보문리부부총, 동천동와총을 6세기 후반으로, 서악동석실분, 충효동9호분, 쌍상총을 7세기로 각각 편년하고 있다.

2004년 금공품을 대상으로 한 신라 고분의 편년안이 나왔다.[53] 여기에서는 황남동109호3·4곽을 4세기 4/4분기로, 황오동14호분(1곽)을 5세기 1/4분기로, 황남동110호분, 98호 남분을 5세기 2/4분기로, 98호 북분을 5세기 3/4분기로, 금관총, 서봉총, 식리총을 5세기 4/4분기로, 금령총, 천마총을 500~517년경 사이로, 부부총(석실)을 534~550년 사이로 각각 편년하고 있다.

2006년 신라와 가야에 대한 고분 편년안이 나왔다.[54] 여기에서는 신라 부분만을 소개하기로 한다. 월성로 가6호, 월성로 가8호, 임당동 G5·G6호은 4세기 3/4분기로, 월성로 가13호, 황남동109호3·4곽은 4세기 4/4분기로, 월성로 나13호, 황남동110호분은 5세기 1/4분기로, 황남대총남분(눌지왕릉, 458년)은 5세기 2/4분기로, 황남대총(98호분) 북분은 5세기 3/4분기로, 금관총은 5세기 4/4분기로, 천마총은 6세기 1/4분기로, 보문리 부부총은 6세기 2/4분기로 각각 보았다.

2007년 신라와 가야의 중요 고분에 대한 편년안이 제시되었다.[55] 여

---

53) 이한상, 『황금의 나라-신라-』, 2004.

54) 박천수, 「신라·가야고분의 편년」 『일한고분시대의 연대관』, 2006.

55) 김두철, 「삼국·고분시대의 연대관(Ⅱ)」 『한일 삼국·고분시대의 연대관(Ⅱ)』, 2007.
　여기에서는 이나리야마고분의 연대에 대해 언급하고 있다. 일본 고고학에서는 검

기에서는 신라 쪽만 소개하기로 한다. 황오동백18·19호는 5세기 1/4분기로, 월성로 가6호, 임당동G5·G6, 황남동109호3·4곽, 월성로 가13호는 5세기 2/4분기로, 황남동110호, 황남대총남분은 5세기 3/4분기로, 황남대총북분, 금관총, 식리총은 5세기 4/4분기로, 천마총, 금령총은 6세기 1/4분기로, 호우총은 6세기 2/4분기로 각각 보았다.

이상의 선학들의 가설들을 참조하고,[56] 넛지왕이 눌지왕으로 금관총의 연대가 458년인 점과 황남대총(98호)의 피장자가 내물왕으로 그 연대가 402년인 점에 근거할 때, 신라 중요 고분의 편년은 다음과 같다.[57]

룽형행엽과 f자형표가 세트를 이루면 6세기 전반이 상식이다. 이나리야마고분에서 출토된 이나리야마철검의 獲加多支鹵大王은 雄略天王으로 본 기시 도시오의 견해는 타당하다. 그래서 철검의 辛亥年은 471년이 맞다. 고고학적인 편년인 6세기 전반과 471년이란 절대 연대가 차이가 나는 것은 철검을 傳世로 보아야 문제점이 해결된다. 따라서 礫槨의 토기를 비롯한 다른 유물들의 연대는 모두 6세기 전반임은 재언을 요하지 않는다.

56) 황남동109호3·4곽→황남동110호→98호 남분→금관총→천마총→호우총→보문리 부부총의 상대 서열은 의견의 일치를 보이고 있다. 다만 절대 연대 부여에서는 의견의 차이가 있다.

57) 최병현, 「고신라 적석목곽분 연구(하)」『한국사연구』32, 1981년에서는 적석목곽묘와 신분제의 관계를 다음과 같이 연결시키고 있다. 聖骨로는 표형분으로 황남대총과 서봉총, 단일원묘로 천마총, 금관총, 금령총, 식리총, 호우총, 은령총, 노서리138호분이고, 眞骨로는 표형분으로 황오리14호, 황오리1호, 황오리고분, 황오리54호을총, 보문리부부총, 단일원분으로 황남동110호분, 황오리54호갑총, 황오리4호분, 황오리 5호분으로 보았다.

毛利光俊彦, 「朝鮮古代の冠」『西谷眞治先生古稀記念論文集』, 1995에서 98호분을 눌지왕릉(458년), 금관총를 479년에 죽은 자비왕릉, 천마총을 500년에 죽은 소지왕릉 또는 514년에 죽은 지증왕릉으로 각각 보았다.

그런데 신라 성골은 『삼국유사』의 왕력에 따르면 법흥왕, 진흥왕, 진지왕, 진평왕, 선덕여왕, 진덕여왕의 6명의 왕이 이에 해당된다. 법흥왕은 539년 7월 3일에 죽었으므로 이때는 적석목곽묘 시대가 끝나고 횡혈식석실분의 시대라 성골은 적석목곽묘에 존재할 수 없다. 또 중성리비(441년)와 냉수리비(443년)에 진골에 해당되는 관

4세기 중반 - 황남동109호3·4곽[58]

4세기 후반 - 황오동14호

황남동110호

5세기 전반 - 98호 남분(402년)[59]

98호 북분

5세기 후반 - 금관총(458년)

서봉총(5세기 중엽)

식리총[60]

등명이 없다. 적석목곽묘가 있던 황남동, 황오동, 노서동, 노동동은 탁부와 사탁부의 무덤이고, 금척리 고분은 본피부의 무덤이다. 지금까지 발굴된 무덤 가운데 황남대총은 내물왕릉, 금관총은 눌지왕릉이다. 금관이 나온 나머지 무덤인 서봉총, 천마총은 왕비릉으로, 금령총은 공주릉으로, 교동 출토관은 공주릉이나 왕자릉에서 나온 것으로 보인다.

58) 이렇게 보면 415년의 절대 연대를 가진 풍소불묘 등자가 문제가 된다. 풍소불묘 출토 등자보다 앞서는 등자로 광개토태왕릉인 태왕릉(414년) 등자가 있다. 이 등자는 장병에 금동제라 태왕릉 등자이전에 많은 등자가 있었음을 암시해주고 있다. 누구도 풍소불 등자이전에 금동장병투조목심등자의 출현을 예견하지 못했고, 이는 완성된 형태의 등자라 앞서 이에 앞서는 등자가 나올 가능성이 있다. 고구려의 출토 유물이 지극히 부족한 현재 풍소불의 등자 예서와 같이 한 두 가지 자료로 전체를 보는 것은 잘못이다. 태왕릉의 주인공에 대해서는 고국원왕설이 우세했으나 집안 고구려비가 발견되어 광개토태왕이 옳다. 이에 대해서는 김창호, 「집안고구려비를 통해 본 麗濟 王陵 비정 문제」『고고학탐구』17, 2015 참조.

59) 풍소불의 관과 98호 남분의 관에서는 5각형매미가 있어서 신선사상과 관련됨을 알 수가 있다. 남분에서는 금동으로 된 山자형 관도 다수 출토되고 있어서 풍소불과 98호 남분 사이가 시기 차이가 있다. 곧 풍소불의 5각형 관→98호 남분의 은제 관→98호 남분의 山자형 관의 순서로 변천했다. 풍소불 관의 연대는 415년이고, 98호 남분의 관 연대는 402년이다. 금속기에서는 전세 시기가 있으므로 98호 남분의 연대를 문헌에 의해 402년으로 보고자 한다. 이는 문자 자료가 형식론에 앞선다는 것임에 근거한다.

60) 식리총을 5세기 4/4분기로 보는 馬目順一,「慶州飾履塚古墳新羅墓の研究-非新羅系

금령총

천마총

6세기 전반 – 호우총[61]

보문리 부부총

V. 맺음말

먼저 금관총에서 있어서 1921년에 발굴 조사되어 2013년에 알려진 3루환두대도 검초 단금구에서 발견된 명문인 尒斯智王을 소개하였다.

다음으로 금관총의 편년이 5세기 4/4분기인 점을 근거로 이 시기의 신라 왕호인 麻立干을 검토하였다. 신라에 있어서 마립간의 사용 시기에 대해서는 『삼국사기』와 『삼국유사』이 서로 다르지만 광개토태왕비 등 금석문 자료의 대비로 후자가 옳다고 보았다. 중성리비와 냉수리비의 대비로 너사지왕이 왕명으로 해석하였다. 그래서 너사지왕을 반절로 읽어서 넛지왕으로 읽고 이를 눌지왕으로 보았다. 그러면 금관총은 458년에 죽은 눌지왕의 무덤이 된다. 6기의 금관이 출토된 고분 가운데 다른 고분의 금관들은 출토 유물로 볼 때, 왕비릉 등으로 추정되고, 98호 고분만이 북분에서 금관이 나왔고, 그 봉분 크기나 출토 유물로 볼 때, 왕릉일 가능성이 있다. 금관총보다 그 시기가 앞서는 98호 남분은

遺物の系統と年代–」『古代探叢』1, 1980이란 논문이 유명하다.

61) 호우총에서 출토된 호우의 乙卯年國罡上廣開土地好太王壺杅十(개행)이란 명문에서 乙卯年을 415년으로 보아 왔으나 도교의 벽사 마크인 井마크로 볼 때, 475년이 좋다고 판단된다.

402년에 죽은 내물왕릉일 가능성이 크다.

마지막으로 문헌과 금석문 자료에서 얻은 너사지왕이 넛지왕=눌지왕이고, 98호 남분이 내물왕릉이란 점과 적석목곽묘 편년에 대한 선학들의 견해를 주축으로 중요 적석목곽묘를 편년하였다.

4세기 중반 - 황남동109호3·4곽[62]

4세기 후반 - 황오동14호

황남동110호

5세기 전반 - 98호 남분(402년)

98호 북분

5세기 후반 - 금관총(458년)

서봉총(5세기 중엽)

식리총

금령총

천마총

6세기 전반 - 호우총

보문리 부부총

---

62) 신라 적석목곽묘의 상한은 4세기 중반이 현재까지의 상한이나 300년까지 올라가는 자료도 나올 것으로 판단된다. 영남 지역의 가야, 신라의 여러 지역에서도 4세기로 올라가는 무덤이 나올 것이다. 금관총을 5세기 4/4분기에서 458년으로 소상시키는 것은 약 30년의 고분 편년을 올려다 잡게 된다. 尒斯智王(너사지왕)과 같은 명문의 발견은 세기의 발견으로 판단된다.

1

울진봉평신라비

Ⅰ. 머리말

1988년 4월에 발견된 울진봉평신라비에 대해서는 많은 연구 성과가 나와 있다.[1] 봉평비가 발견된 지 29년이나 되었다. 봉평비의 내용은 율령비로 보기도 했고,[2] 신궁과 관련시켜서 해석하기도 했고,[3] 신라 6부와 노인 사이의 의무 강제 준수 규정으로 보기도 했다.[4] 이렇게 비문의 해석에는 의견의 일치를 보지 못해 수수께끼의 비문으로 남게 되었다. 1998년부터 공개되기 시작한 함안 성산산성 목간에서도 奴人이 많이

---

1) 봉평비의 연구 성과에 대해서는 손환일·심현용, 『울진봉평신라비』, 2010, 98쪽 참조.
2) 주보돈, 「蔚珍鳳坪新羅碑와 法興王代 律令」 『한국고대사연구』2, 1989.
3) 최광식, 「蔚珍鳳坪新羅碑의 釋文과 內容」 『한국고대사연구』2, 1989.
4) 이문기, 「蔚珍鳳坪新羅碑와 中古期 六部 問題」 『한국고대사연구』2, 1989.

나와서 봉평비의 중핵인 別敎 부분 제④·⑤행의 해석이 어느 정도 가능하게 되었다.

여기에서는 먼저 명문의 판독을 하겠으며, 다음으로 비문의 단락을 검토하겠으며, 그 다음으로 인명의 분석을 하겠으며, 그 다음을 명문을 해석하겠으며, 그 다음으로 노인을 성산산성의 목간 자료를 통해 검토하겠고, 마지막으로 신라 관등제에 대한 소견을 밝혀 보고자 한다.

Ⅱ. 명문의 판독

제①행은 모두 34자이다. 34번째에 글자가 없는 것으로 본 견해가 있다.[5] 15번째에는 원래부터 글자가 없었다. 30번째 글자를 巫자로 읽기도 하나[6] 자획이 불확실해 모르는 글자로 본다. 34번째 글자는 새로 발견된 비편과 본체 쪽의 연결되는 부분에 해당되어 글자가 있었다고 판단된다.

제②행은 모두 43자이다. 6번째 글자는 異자[7] 또는 美자로 읽고 있으나[8] 글자 자체로 보면 후자가 타당하다. 16번째 글자는 모르는 글자로 보아 왔으나,[9] 粘자이다.[10] 29번째 글자는 毒자[11] 또는 羞자로 읽고

---

5) 최광식, 「蔚珍 鳳坪 新羅碑의 構文과 構造」 『蔚珍 鳳坪 新羅碑의 綜合的 檢討』, 1988 등.

6) 최광식, 앞의 논문, 1988.

7) 최광식, 앞의 논문, 1988, 41쪽.

8) 임세권, 「蔚珍鳳坪 新羅碑에 대한 金石學的 考察」 『蔚珍 鳳坪 新羅碑의 綜合的 檢討』, 1988, 37쪽.

9) 김창호, 『삼국시대 금석문 연구』, 2009, 127쪽.

10) 손환일·심현용, 앞의 논문, 2010, 29쪽.

11) 김창호, 「蔚珍鳳坪 新羅碑의 檢討」-제31회 전국역사학대회발표요지(油印物)-,

있으나[12] 글자 자체는 毒자가 옳다.

제③행은 모두 42자이다. 판독에 이견이 없다.

제④행은 모두 43자이다. 3번째 글자는 슈자로 읽고 있으나,[13] 今자가 분명하다. 냉수리비(443년) 전면 제⑨행에 別敎란 구절이 나오고, 적성비 제⑮행에도 別敎란 구절이 나온다.[14] 今자로 보아도 될 것이다. 15번째 글자를 모르는 글자로 보았으나[15] 雖자의 이체이다. 38번째 글자는 村자로 읽기도 하나[16] 我자이다.[17]

제⑤행은 모두 25자이다. 4번째 글자를 巡자로 읽기도 하고,[18] 誓자로 읽기도 하나,[19] 여기에서는 모르는 글자로 본다. 7번째 글자는 侮자로 읽기도 하나[20] 備자의 이체이다.[21] 8번째 글자는 主자로 읽기도 하나,[22] 土자이다.[23] 8번째 글자는 鹽자이다.[24] 14번째 글자는 質자로 읽

1988, 6쪽.

12) 최광식, 앞의 논문, 1988, 40쪽.

13) 남풍현, 「蔚珍鳳坪 新羅碑에 대한 語學的 考察」『蔚珍鳳坪 新羅碑의 綜合的 檢討』, 1988, 26쪽에서 字形上으로는 今자가 분명하나 문맥상에 있어서 슈자로 보며, 오각이나 탈각으로 돌리고 있다.

14) 냉수리비에도 別敎가 두 번이나 나온다.

15) 김창호, 앞의 책, 2009, 111쪽.

16) 최광식, 앞의 논문, 1988, 40쪽.

17) 손환일·심현용, 앞의 책, 2010, 31쪽.

18) 최광식, 앞의 논문, 1988, 42쪽.

19) 손환일·심현용, 앞의 책, 2010, 32쪽.

20) 최광식, 앞의 논문, 1988, 41쪽.

21) 손환일·심현용, 앞의 책, 2010, 32쪽.

22) 손환일·심현용, 앞의 책, 2010, 32쪽.

23) 문경현, 「居伐牟羅男弥只碑의 새 檢討」『朴永錫華甲記念 韓國史論叢』上, 1992.

24) 김창호, 『삼국시대 금석문 연구』, 2009, 113~114쪽.

기도 하나,[25] 負자이다.[26] 17번째 글자는 二자[27] 또는 五자로[28] 읽고 있으나 여기에서는 五자로 읽는다.

제⑥행은 모두 46자이다. 9번째 글자를 評자로 읽기도 하나,[29] 여기에서는 모르는 글자로 본다. 10번째 글자는 處자로 읽기도 하나,[30] 麥자이다.[31] 31번째 글자와 39번째 글자를 邢자로 읽는 견해도 있으나,[32] 邪자이다.[33]

제⑦행은 모두 45자이다. 28번째 글자는 你자로 읽기도 하나,[34] 弥자이다.[35] 41번째 글자를 尺자로 읽기도 하나,[36] 大자이다.[37]

제⑧행은 모두 44자이다. 9번째 글자인 條자로 이체로 되어 있는데, 그 예로는 고구려 장수왕릉인[38] 장군총의 마구에 새겨진 것이 있다. 16

---

25) 이기백, 「蔚珍鳳坪 新羅碑에 대한 考察」『蔚珍鳳坪 新羅碑 調査報告書』, 1988, 46쪽.

26) 손환일·심현용, 앞의 책, 2010, 32쪽.

27) 문경현, 앞의 논문, 1992.

28) 손환일·심현용, 앞의 책, 2010, 32쪽.

29) 손환일·심현용, 앞의 책, 2010, 33쪽.

30) 최광식, 앞의 논문, 1988, 41쪽.
   손환일·심현용, 앞의 책, 2010, 33쪽.

31) 문경현, 앞의 논문, 1992.
   김창호, 앞의 책, 2009, 127쪽.

32) 임창순, 「蔚珍鳳坪 新羅碑 調査研究」『蔚珍鳳坪 新羅碑 調査報告書』, 1988, 30쪽.
   손환일·심현용, 앞의 책, 2010, 33쪽.

33) 문경현, 앞의 논문, 1992.

34) 최광식, 앞의 논문, 1988, 41쪽.

35) 손환일·심현용, 앞의 책, 2010, 34쪽.

36) 최광식, 앞의 논문, 1988, 41쪽.

37) 김창호, 앞의 책, 2009, 127쪽.
   손환일·심현용, 앞의 책, 2010, 34쪽.

38) 김창호, 「집안고구려비를 통해 본 麗濟 王陵 비정 문제」『考古學探究』17, 2015, 37쪽.

번째 글자는 居자[39] 도는 阿자로 읽고 있으나[40] 글자 자체는 尸안에 입구(口)한 글자로 제②행의 19번째와 25번째의 阿와 비교할 때, 阿를 잘못 쓴 것으로 판단된다. 17번째는 글자가 없다.[41] 25번째 글자는 異자로 읽기도 하나,[42] 翼자이다. 26번째 글자는 糸자[43] 또는 系자로 보아 왔으나,[44] 戾자이다.[45]

제⑨행은 모두 40자이다. 刻자로 읽기도 하고,[46] 親자로 읽기도 하나,[47] 新자이다.[48]

제⑩행은 모두 46자이다. 16번째 글자를 者자로 읽기도 하나,[49] 省자의 경우도 漢 劉熊碑 등에서 者와 비슷한 이체의 예가 있어서 省자로 읽는다. 41번째 글자는 牽자,[50] 子자,[51] 등으로 읽어 왔으나 여기에서는 모르는 글자로 본다.

---

39) 손환일·심현용, 앞의 책, 2010, 50쪽.

40) 문경현, 앞의 논문, 1992.

41) 윤선태, 「한국 고대목간의 연구현황과 과제」『신라사학보』38, 2016, 379쪽에서 이 부분을 居伐尺으로 읽고, 함안 성산산성 218호 목간의 及伐尺과 함께 문헌에 나오지 않는 동일한 외위로 보았다.

42) 이명식,『譯註 韓國古代金石文』Ⅱ, 1992.

43) 남풍현, 앞의 논문, 1988, 26쪽.

44) 문경현, 앞의 논문, 1992.

45) 최광식, 앞의 논문, 1988, 41쪽.
    손환일·심현용, 앞의 책, 2010, 35쪽.

46) 이기백, 앞의 논문, 1988, 52쪽.

47) 손환일·심현용, 앞의 책, 2010, 36쪽.

48) 김창호, 앞의 책, 2009, 127쪽.

49) 이기백, 앞의 논문, 1988, 39쪽.

50) 최광식, 앞의 논문, 1988, 41쪽.

51) 남풍현, 앞의 논문, 1988, 26쪽.

지금까지 판독 결과의 전문을 제시하면 다음과 같다.

⑩	⑨	⑧	⑦	⑥	⑤	④	③	②	①	
	麻	奈	使	新	者	別	愼	干	甲	1
立	節	尒	卒	羅	一	敎	·	支	辰	2
石	書	利	次	六	行	今	宋	岑	季	3
碑	人	杖	小	部	△	居	智	㖨	正	4
人	牟	六	舍	煞	之	伐	居	部	月	5
㖨	珎	十	帝	斑	人	牟	伐	美	十	6
部	斯	葛	智	牛	備	羅	干	昕	五	7
博	利	尸	悉	△	土	男	支	智	日	8
士	公	條	支	△	鹽	弥	一	干	㖨	9
于	吉	村	道	麥	王	只	夫	支	部	10
時	之	使	使	事	大	卒	智	沙	牟	11
敎	智	人	烏	大	奴	是	太	㖨	卽	12
之	沙	奈	婁	人	村	奴	奈	部	智	13
若	㖨	尒	次	㖨	負	人	麻	而	寀	14
此	部	利	小	部	共	雖	一	·	·	15
省	善	阿	舍	内	値	·	尒	粘	錦	16
獲	文	·	帝	沙	五	是	智	智	王	17
罪	吉	尺	智	智	其	奴	太	太	沙	18
於	之	男	居	奈	餘	人	奈	阿	㖨	19
天	智	弥	伐	麻	事	前	麻	干	部	20
·	新	只	牟	沙	種	時	牟	支	徙	21
·	人	村	羅	㖨	種	王	心	吉	夫	22
·	㖨	使	尼	部	奴	大	智	先	智	23
居	部	人	牟	一	人	敎	奈	智	葛	24
伐	述	翼	利	登	法	法	麻	阿	文	25
牟	刀	㠰	一	智		道	沙	干	王	26
羅	小	杖	伐	奈		俠	㖨	支	本	27
異	烏	百	弥	麻		阼	部	一	波	28
知	帝	於	宜	莫		陥	十	毒	部	29

巴	智	卽	智	次	禾	斯	夫	△	30
下	沙	斤	波	邪	耶	智	智	夫	31
干	喙	利	旦	足	界	奈	一	智	32
支	部	杖	組	智	城	麻	吉	△	33
辛	牟	百	只	喙	失	悉	干	△	34
日	利	悉	斯	部	火	尒	支		35
智	智	支	利	比	遠	智	喙		36
一	小	軍	一	須	城	奈	勿		37
尺	烏	主	全	妻	我	麻	力		38
世	帝	喙	智	邪	大	等	智		39
中	智	部	阿	足	軍	所	一		40
△		尒	大	智	起	教	吉		41
三		夫	兮	居	若	事	干		42
百		智	村	伐	有		支		43
九		奈	使	牟					44
十			人	羅					45
八				道					46

Ⅲ. 비문의 단락

비문은 비문 자체의 문장의 배치에서 6개의 단락으로 나누어진다. 제①행만으로 제1단락이고, 喙部牟卽智寐錦王沙喙部徙夫智葛文王夲波部△夫智△△에서 喙部牟卽智寐錦王, 沙喙部徙夫智葛文王, 夲波部△夫智△△(干支)으로 나누어지며, 각각 탁부, 사탁부, 본피부의 장이다.[52] 신라 6부 가운데 유력한 3부인 탁부, 사탁부, 본피부의 장임이 분

---

52) 沙喙部徙夫智葛文王이 입종갈문왕이 아니고, 사탁부의 장으로서 갈문왕이 된 점에

명하다. 냉수리비 전면 제⑦행에 此七王等共論教用이라고 되어 있어서 沙喙部至都盧葛文王을[53] 비롯한 6명의 경위를 가진 자를 합쳐서 교를 쓰고 있다. 喙部牟卽智寐錦王과 沙喙部徒夫智葛文王과 夲波部△夫智 △△(干支)의 3인이 교를 내린 주체로 판단된다.

비문 제②행 첫머리에는 干支岑이란 구절이 나온다. 이 가운데 干支 를 제①행의 마지막 인명에 붙는 경위명의 일부로 보고, 그 다음의 喙 部와 연결시켜서 岑喙部를 漸梁部로 본 견해가 있다.[54] 이렇게 보면 2 가지의 문제가 생긴다. 첫째로 제①행의 끝부분에 9자 이상의 글자 새 길 공간을 비워 두고, 관등명의 일부인 干支만 따로 떼어서 제②행의 첫부분에 쓴 점이다. 둘째로 제①·②·③행을 연결된 단락으로 보게 되 면, 법흥왕 자신도 제③행의 끝에 나오는 所教事[55] 때문에 教事를 받는 모순이 생긴다.

岑喙部를 점량부와 동일한 것으로 보게 되면 고신라 국가 차원의 금 석문에서 나오는 유일한 예가 된다. 漸梁部 곧 牟梁部가 남산신성비 제 2비(591년)의 인명 표기에 荅大支村道使의 출신부가 牟喙로 나온 것이 유일하다. 이 牟喙의 牟자는 세모(△) 밑에 열십(十)의 합자로 되어 있 어서 6부의 명칭 가운데에서 牟자의 이체에 가장 가깝다. 牟의 이체는 세모(△)밑에 열십(十)에 옆으로 한 줄 더 그은 기호(卄)의 합자이다. 종 래에는 이를 대개 沙喙로 잘못 판독해 왔다. 모량부가 금석문에서 나온

대해서는 따로 필자의 견해를 밝힐 예정이다.

53) 沙喙部至都盧葛文王이 지증왕이 아니고, 사탁부의 장으로서 갈문왕이 된 것으로 판 단되는 바, 이에 대해서는 따로 필자의 견해를 밝힐 예정이다.

54) 이기백, 앞의 논문, 1988, 44쪽.

55) 所教事는 教事와는 다르게 피동의 뜻이다.

다면 牟喙(部)로 나올 것이다.[56] 岑喙部는 부명이 아니라고 판단된다.

제①행이 하나의 단락이 되기 위해서는 제②행의 첫 부분인 干支岑을 끊어서 직명으로 볼 수밖에 없다. 干支岑에서 干支는 『光州千字文』에 나오는 임금왕(王)의 訓인 귀ㅊ와 통한다. 이 귀ㅊ는 『송서』, 백제전에 나오는 鞬吉支의 吉支나 신라 왕호 居西干의 居西와 통한다.[57] 봉평비와 비문 구성이 유사한 적성비에 있어서, 봉평비의 干支岑과 적성비의 大衆等은 서로 대비가 된다. 干의 음은 大의 훈과 같고, 支는 杖과 같으므로[58] 支(杖)은 衆과 音相似이고, 岑은 等과 음상사이다. 따라서 干支岑=大衆等이고, 干支岑은 직명이 된다.

제①행만으로 제1단락이 된다.

제2단락은 제②행과 제③행이고, 제3단락은 제④행과 제⑤행으로 보는 데에는 지금까지 의견의 일치를 보이고 있다.

제4단락을 나누는 데에는 조금 어려움이 따른다. 제⑧행의 悉支軍主喙部介夫智奈麻節로 끊어서 悉支軍主喙部介夫智奈麻가 節하였다로 해석한 견해가 있다.[59] 여기에서는 節자를 總指揮·總監督하였다고 주장하였다. 節자를 指揮·監督으로 본 것은 고구려 평양석각에 丙戌二月漢城下後部小兄文達節自此西北行涉之(전문 개행)란 구절의 해석에서 비

---

56) 고신라 국가 차원의 금석문에 있어서 喙部 82예, 沙喙部 56예, 本彼(波)部 10여 예가 각각 나오는데 喙部, 沙喙部, 本彼(波)部로 나올 뿐, 다른 것으로는 나온 예가 없다. 모량부도 남산신성비 제2비에서와 같이 牟喙部(牟자는 이체인 △ 밑에 丰한 글자)로 나올 것이다.

57) 安秉禧, 「語學篇」 『韓國學基礎資料選集』-古代篇-, 1987, 1001쪽.

58) 『삼국사기』, 지리지에 三歧縣 本三支縣 一云麻杖 景德王改 今因之라고 되어 있다. 支=杖이 된다.

59) 최광식, 앞의 논문, 1988, 49쪽.

롯되었다.[60] 신라에서도 고구려의 예처럼 節자가 과연 지휘·감독의 뜻을 나타내는 지를 조사해 보자. 우선 관계 금석문을 제시하면 다음과 같다.

乙卯年八月四日聖法興太王節~(535년 울주 천전리서석 을묘명)
~節敎事赤城也尒次~(545년 이전, 적성비)
辛亥年二月卄六日南山新城作節如法以作後三年崩破者敎事爲聞敎令
誓事之(591년 남산신성비)

울주 천전리서석 을묘명은 乙卯年八月四日 聖法興太王의 節(때)라고 해석된다. 여기에서의 節자는 때란 뜻이다.

적성비에 있어서 節敎事의 節은 처음에 지휘·감독의 뜻으로 보았다.[61] 그 뒤에 때의 뜻으로 수정되었다.[62] 節敎事의 節자를 때로 보지 않고서는 節敎事를 해석할 수가 없다.

남산신성비의 서두에 나오는 誓約 부분에 대서는 현재까지 두 가지의 해석 방법이 나와 있다.[63] 어느 견해에서나 節자가 때를 나타내는 것으로 이해하고 있다. 봉평비의 節자도 지휘·감독의 뜻이 아니라 때의 뜻이다. 節자는 단락의 구분과는 관계가 없이 그저 때란 뜻이다.

제4단락은 제⑥·⑦·⑧·⑨행이다.

---

60) 鮎貝房之進,「高句麗城壁石刻文」『雜攷』6의 上, 1943, 364~372쪽.

61) 남풍현,「丹陽赤城碑 解讀 試考」『사학지』12, 1978, 18쪽.

62) 남풍현,「丹陽赤城碑의 言語學的인 考察」『檀國大 論文集』13, 1979, 20~22쪽.

63) 河野六郎,「古事記に於ける漢字使用」『古事記大成』3, 言語文字篇, 192~193쪽.
   남풍현,「古代國語의 吏讀表記」『東洋學』4의 부록, 3~9쪽.

제5단락은 제⑩행의 처음인 立石碑人부터 제⑩행의 若此省獲罪於天까지이다.

제6단락은 나머지 부분이다.

Ⅳ. 인명의 분석

제1단락의 喙部牟卽智寐錦王沙喙部徙夫智葛文王夲波部△夫智△△에서 喙部牟卽智寐錦王이 한 사람의 인명 표기이다. 喙部는 출신부명, 牟卽智는 인명, 寐錦王은 관등명류이다. 牟卽智寐錦王은 울주 천전리서석 추명(539년)에서는 另卽知太王으로 나온다. 울주 천전리서석 을묘명(535년)에서는 法興太王이라고 나온다. 沙喙部徙夫智葛文王에서 沙喙部는 출신부명, 徙夫智는 인명, 葛文王은 관등명류이다. 夲波部△夫智△△에서 夲波部는 출신부명, △夫智는 인명, △△는 관등명이다. △△에는 干支가 복원될 수가 있다. 제1단락은 教事를 내린 주체로서 각각 탁부, 사탁부, 본피부의 장이다. 6부 가운데 유력 3부의 장이 이렇게 나란히 나타나기는 고신라 금석문에서는 처음이다.

干支岑喙部美昕智干支가 한 사람의 인명 표기이다. 干支岑는 직명, 喙部는 출신부명, 美昕智는 인명, 干支는 관등명이다. 沙喙部而粘智太阿干支가 한 사람의 인명 표기이다. 干支岑이란 직명은 앞사람과 같아서 생략되었고, 沙喙部는 출신부명, 而粘智는 인명, 太阿干支는 관등명이다. 吉先智阿干支가 한 사람의 인명 표기이다. 干支岑이란 직명은 앞사람과 같아서 생략되었고, 沙喙部란 출신부명도 앞사람과 같아서 생략되었고, 吉先智가 인명, 阿干支가 관등명이다. 一毒夫智一吉干支가

한 사람의 인명 표기이다. 干支岑이란 직명은 앞사람과 같아서 생략되었고, 沙喙部란 출신부명도 앞사람과 같아서 생략되었고, 一毒夫智가 인명, 一吉干支가 관등명이다. 喙勿力智一吉干支가 한 사람의 인명 표기이다. 干支岑이란 직명은 앞사람과 같아서 생략되었고, 喙은[64] 출신부명, 勿力智는 인명, 一吉干支는 관등명이다. 愼宍智居伐干支가 한 사람의 인명 표기이다. 干支岑이란 직명은 앞사람과 같아서 생략되었고, 喙部란 부명도 앞사람과 같아서 생략되었고, 愼宍智가 인명, 居伐干支가 관등명이다. 一夫智太奈麻가 한 사람의 인명 표기이다. 干支岑이란 직명은 앞사람과 같아서 생략되었고, 喙部란 부명도 앞사람과 같아서 생략되었고, 一夫智가 인명, 太奈麻가 관등명이다. 一介智太奈麻가 한 사람의 인명 표기이다. 干支岑이란 직명은 앞사람과 같아서 생략되었고, 喙部란 부명도 앞사람과 같아서 생략되었고, 一介智가 인명, 太奈麻가 관등명이다. 牟心智奈麻가 한 사람의 인명 표기이다. 干支岑이란 직명은 앞사람과 같아서 생략되었고, 喙部란 부명도 앞사람과 같아서 생략되었고, 牟心智가 인명, 奈麻가 관등명이다. 沙喙部十斯智奈麻가 한 사람의 인명 표기이다. 干支岑이란 직명은 앞사람과 같아서 생략되었고, 沙喙部가 출신부명, 十斯智가 인명, 奈麻가 관등명이다. 悉介智奈麻가 한 사람의 인명 표기이다. 干支岑이란 직명은 앞사람과 같아서 생략되었고, 沙喙部란 출신부명도 앞사람과 같아서 생략되었고, 悉介智가 인명, 奈麻가 관등명이다.

제4단락의 인명을 분석할 차례가 되었다. 事大人喙部內沙智奈麻가 한 사람의 인명 표기이다. 事大人은 직명, 喙部는 출신부명, 內沙智는

---

64) 喙部를 잘못 쓴 것이다.

인명, 奈麻는 관등명이다. 沙喙部一登智奈麻가 한 사람의 인명 표기이다. 事大人은 직명이란 앞사람과 같아서 생략되었고, 沙喙部가 출신부명, 一登智가 인명, 奈麻가 관등명이다. 具次邪足智가 한 사람의 인명표기이다. 事大人은 직명이란 앞사람과 같아서 생략되었고, 沙喙部란 출신부명도 앞사람과 같아서 생략되었고, 具次가 인명, 邪足智가 관등명이다. 喙部比須婁邪足智가 한 사람의 인명 표기이다. 事大人은 직명이란 앞사람과 같아서 생략되었고, 喙部가 출신부명, 比須婁가 인명, 邪足智가 관등명이다. 居伐牟羅道使卒次小舍帝智가 한 사람의 인명 표기이다. 居伐牟羅道使가 직명, 卒次가 인명, 小舍帝智가 관등명이다.[65] 悉支道使烏婁次小舍帝智가 한 사람의 인명 표기이다. 悉支道使가 직명, 烏婁次가 인명, 小舍帝智가 관등명이다. 居伐牟羅尼牟利一伐가 한 사람의 인명 표기이다. 居伐牟羅가 출신지명, 尼牟利가 인명, 一伐가 외위명이다. 弥宜智波旦이 한 사람의 인명 표기이다. 居伐牟羅가 출신지명은 앞사람과 같아서 생략되었고, 弥宜智가 인명, 波旦이 관등명이다.[66] 組只斯利가 한 사람의 인명 표기이다. 居伐牟羅가 출신지명은 앞사람과 같아서 생략되었고, 組只斯利가 인명이다. 외위는 없다. 一全智가 한 사람의 인명 표기이다. 居伐牟羅가 출신지명은 앞사람과 같아서 생략되었고, 一全智가 인명이고, 외위는 갖지 않았다. 阿大兮村使人奈尒利杖六十이 한 사람의 인명표기이다. 阿大兮村使人은[67] 직명, 奈尒利는 인명, 杖六十은[68] 杖刑과 관련된 것이다. 葛尸條村使人奈尒利阿尺

---

65) 이 인명에서 출신부명은 밝히지 않고 있다.

66) 波旦은 波日을 잘못 쓴 것으로 판단된다.

67) 阿大兮村은 남산신성비 제2비(591년)에도 나온다.

68) 김창호, 앞의 책, 2009, 124~125쪽에서 杖六十과 뒤에 나오는 杖百을 彼日이란 외

이 한 사람의 인명 표기이다. 葛尸條村使人은 직명, 奈尒利는 인명, 阿尺은 외위명이다. 男弥只村使人翼昃杖百이 한 사람의 인명 표기이다. 男弥只村使人은 직명, 翼昃은 인명, 杖百은 杖刑과 관련되는 것이다. 於卽斤利杖百이 한 사람의 인명 표기이다. 男弥只村使人은 직명은 앞 사람과 같아서 생략되었고, 於卽斤利가 인명, 杖百은 杖刑과 관련된 것이다. 悉支軍主喙部尒夫智奈麻가 한 사람의 인명 표기이다. 悉支軍主가 직명, 喙部가 출신부명, 尒夫智가 인명, 奈麻가 관등명이다. 書人牟珎斯利公吉之智이 한 사람의 인명 표기이다. 書人은 직명, 牟珎斯利公이 인명, 吉之智가 관등명이다. 沙喙部善文吉之智가 한 사람의 인명 표기이다. 書人이란 직명은 앞사람과 같아서 생략되었고, 沙喙部는 출신부명, 善文은 인명, 吉之智는 관등명이다. 新人喙部述刀小烏帝智가 한 사람의 인명 표기이다. 新人은 직명, 喙部는 출신부명, 述刀는 인명, 小烏帝智는 관등명이다. 沙喙部牟利智小烏帝智가 한 사람의 인명 표기이다. 新人이란 직명은 앞사람과 같아서 생략되었고, 沙喙部가 출신부명, 牟利智가 인명, 小烏帝智가 관등명이다.

제5단락에는 인명 표기가 없고, 제6단락의 인명을 분석해 보기로 하자.

居伐牟羅異知巴下干支가 한 사람의 인명 표기이다. 직명은 없고, 居伐牟羅는 출신지명, 異知巴는 인명, 下干支는 관등명이다. 辛日智一尺이 한 사람의 인명 표기이다. 居伐牟羅란 출신지명은 앞사람과 같아서 생략되었고, 辛日智는 인명, 一尺은 외위명이다. 이상의 인명 분석 결과를 제시하면 다음의 〈표 1〉과 같다.

위명으로 해석했으나 이는 잘못된 것이다. 波旦이 彼日이므로 杖六十과 杖百이 외위일 수가 없다.

〈표 1〉 봉평비의 인명 분석표

직 명	출신지명	인 명	관등명	비 고
	喙部	牟卽智	寐錦王	法興王
	沙喙部	徙夫智	葛文王	沙喙部의 長
	夲波部	△夫智	△△(干支)	本波部의 長
干支岑	喙部	美昕智	干支	
위와 같음	沙喙部	而粘智	太阿干支(경 5)	
위와 같음	위와 같음	吉先智	阿干支(경 6)	
위와 같음	위와 같음	一毒夫智	一吉干支(경 7)	
위와 같음	喙(部)	勿力智	一吉干支(경 7)	
위와 같음	위와 같음	愼宍智	居伐干支(경 9)	
위와 같음	위와 같음	一夫智	太奈麻(경 10)	
위와 같음	위와 같음	一尒智	太奈麻(경 10)	
위와 같음	위와 같음	牟心智	奈麻(경 11)	
위와 같음	沙喙部	十斯智	奈麻(경 11)	
위와 같음	위와 같음	悉尒智	奈麻(경 11)	
事大人	喙部	内沙智	奈麻(경 11)	
위와 같음	沙喙部	一登智	奈麻(경 11)	
위와 같음	위와 같음	具次	邪足智(경 17)	
위와 같음	喙部	比須婁	邪足智(경 17)	
居伐牟羅道使		卒次	小舍帝智(경13)	
悉支道使		烏婁次	小舍帝智(경13)	
	居伐牟羅	尼牟利	一伐(외 8)	
	위와 같음	弥宜智	波旦(외 10)	彼日로 보임
	위와 같음	組只斯利		
	위와 같음	一全智		
阿大兮村使人		奈尒利		杖六十의 杖刑
葛尸條村使人		奈尒利	阿尺(외 11)	
男弥只村使人		翼糸		杖百의 杖刑
위와 같음		於卽斤利		杖百의 杖刑
悉支軍主	喙部	尒夫智	奈麻(경 11)	
書人		牟珎斯利公	吉之智(경 14)	
위와 같음	沙喙部	善文	吉之智(경 14)	
新人	喙部	述刀	小烏帝智(경16)	
위와 같음	沙喙部	牟利智	小烏帝智(경16)	
	居伐牟羅	異知巴	下干支(외 7)	
	위와 같음	辛日智	一尺(외 9)	

V. 명문의 해석

　제1단락은 甲辰年正月十五日에 喙部牟卽智寐錦王, 沙喙部徙夫智葛
文王, 夲波部△夫智△△가 탁부, 사탁부, 본피부의 각각에 해당되는 장
으로서 教事를 내린 主體이다. 경주 월성해자 목간 153번 제1면에 四月
一日典大等教란 구절이 나와 국왕만이 교사한 것이 아니다. 냉수리
비 전면 제⑦행에 此七王等共論教用이라고 되어 있어서 沙喙部至都盧
葛文王을 비롯한 6명의 경위를 가진 자가 교를 쓰고 있다. 봉평비의 제
③행의 끝부분에 ～悉尒智奈麻等所教事란 구절이 나오는데, 이는 11명
의 干支岑이 喙部牟卽智寐錦王, 沙喙部徙夫智葛文王, 夲波部△夫智
△△로부터 教事를 받은 바란 뜻이다.

　제2단락을 해석할 차례가 되었다.

　干支岑인 喙部 美昕智 干支와 沙喙部 而粘智 太阿干支와 吉先智 阿
干支와 一毒夫智 一吉干支와 喙(部) 勿力智 一吉干支와 愼宍智 居伐干
支와 一夫智 太奈麻와 一尒智 太奈麻와 牟心智 奈麻와 沙喙部 十斯智
奈麻와 悉尒智 奈麻 등이 教事를 (喙部牟卽智寐錦王, 沙喙部徙夫智葛文王,
夲波部△夫智△△으로부터) 받았다란 뜻이다.

　제3단락을 해석할 차례가 되었다.

　別教 今居伐牟羅男弥只夲是奴人 雖是奴人前時王大教法 道俠阼隘
禾耶界城失火遶城我大軍起 若有者一行△之 人備土鹽 王大奴村共値五
其餘事種種奴人法

　別教를 내렸다. 냉수리비 전면 제⑨행과 제⑪행에 각각 別教란 구절
이 나오고, 別教는 적성비 제⑮행에도 나오는바 비문의 가장 핵심적인

부분이다. 別敎를 내린다. 이제 居伐牟羅와 男弥只는[69] 본래 노인이다. 비록 노인이었지만 前時에 왕은 大敎法을 내려주셨다. 길이 좁고, 오르막도 험악한 禾耶界城과 失火遺城의 우리 대군을 일으켰다. 若有者인 一行을 ~했다. 사람들이 土鹽을 준비하였다. 왕은 大奴村은 값 5를 부담케 하였다. 그 나머지 일은 여러 가지 奴人法에 따르도록 했다.

제4단락을 해석할 차례가 되었다. 관계 전문을 제시하면 다음과 같다.

新羅六部煞斑牛△△麥事大人喙部內沙智奈麻沙喙部一登智奈麻具次
邪足智喙部比須婁邪足智居伐牟羅道使卒次小舍帝智悉支道使烏婁次
小舍帝智居伐牟羅尼牟利一伐弥宜智波旦組只斯利一全智阿大兮村使
人奈尒利杖六十葛尸條村使人奈尒利阿尺男弥只村使人翼昃杖百於卽
斤利杖百悉支軍主喙部尒夫智奈麻節書人牟珎斯利公吉之智沙喙部善
文吉之智新人喙部述刀小烏帝智沙喙部牟利智小烏帝智

新羅六部에서는 얼룩소를[70] 잡고, 麥으로 ~했다. 事大人인 喙部 內沙智 奈麻와 沙喙部 一登智 奈麻와 具次 邪足智, 居伐牟羅道使 卒次 小舍帝智와 悉支道使 烏婁次 小舍帝智와 居伐牟羅 尼牟利 一伐과 弥宜智 波旦과 組只斯利와 一全智와 阿大兮村使人 奈尒利(杖六十의 杖刑을 맞음)와 葛尸條村使人 奈尒利 阿尺과 男弥只村使人 翼昃(杖百의 杖刑을 맞음)과 (男弥只村使人) 於卽斤利(杖百의 杖刑을 맞음)와 悉支軍主 喙部 尒夫智 奈麻이고, 그 때 書人 牟珎斯利公 吉之智와 沙喙部 善文 吉之智,

---

69) 居伐牟羅와 男弥只는 울진이나 울진 근처의 바닷가에 위치해야 된다. 그래야 소금을 생산할 수 있다. 봉평비가 서있던 곳인 봉평이 거벌모라일 가능성이 클 것이다.
70) 칡소라고도 한다.

新人 喙部 述刀 小鳥帝智와 沙喙部 牟利智 小鳥帝智이다.

제5단락을 해석할 차례가 되었다. 우선 관계 전문을 제시하면 다음과 같다.

立石碑人喙部博士于時敎之若此省獲罪於天

立石碑人은 喙部의 博士이다. 때에 敎를 내렸다. 만약에 이를 생략하면 하늘에 죄를 얻을 것이다.

제6단락을 해석하기 위해 관계 전문을 제시하면 다음과 같다.

居伐牟羅異知巴下干支辛日智一尺世中△三百九十八

居伐牟羅의 異知巴 下干支와 辛日智 一尺 등 世中(누리에, 모두) (축제에 참가한 사람은) 398명이다.

VI. 奴人

신라의 奴(人)은 1988년 봉평비(524년)의 발견으로 처음으로 알려지게 되었다. 일반 신민, 새로 편입된 복속민, 차별 편재한 특수 지역민, 지방민 일반, 구고구려민 등의 다양한 가설이 나왔다.[71] 대체로 노(인)

---

71) 한국고대사학회편, 『한국고대사연구』2, 1989.
   울진군·한국고대사학회, 『울진 봉평신라비와 한국 고대 금석문』, 2011.

은 신라 지역에 새로 편입된 지역의 복속민으로 보고 있다.[72)]

그런데 1998년 공개되기 시작한 함안 성산산성 목간에 奴(人)이 확인되면서 이들 노(인)을 어떻게 해석할 것 인지하는 문제가 새로 제기되었다. 그래서 성산산성 목간의 노인을 봉평비의 노인과 어떻게 연결시키는지 하는 문제가 대두되었다. 처음의 성산산성 목간의 연구에서는 私奴婢일 가능성이 언급되었다.[73)] 대체로 봉평비에서 나온 결론을 성산산성 목간에 적용하여 노인을 구고구려계 복속민으로 보았다.[74)] 이후 새로운 목간 자료의 발굴이 증가되자 노인이 기재된 목간을 해석하면서, 奴人=私奴婢說의 주장이 나왔다.[75)] 이를 비판하면서 봉평비의 노인을 중심으로 목간의 노인을 이해를 강조하는 연구도 나왔다.[76)] 노인은 기본적으로 복속민의 성격을 지녔지만, 6세기 중반에 그들을 구리벌에 사는 개인에게 각기 예속시켜 관할, 통제하도록 하였고, 이후 그들을 점차 공민으로 포섭하였다고 보았다.[77)] 노인을 세금을 내는 주체로서 수취의 대상이 된 奴婢로 보기도 했다.[78)] 또 성산산성의 노인을 봉평비의 노인과 함께 隸民的 상황 집단적 지배를 받던 존재로부터 개인적 人身 지배에 기반한 公民으로 전화해 가는 道程에 있는 사람으로 보

---

72) 武田幸男, 「新羅·蔚珍鳳坪碑の敎事主體と奴人法」『朝鮮學報』187, 2003.

73) 윤선태, 「咸安 城山山城 出土 新羅 木簡의 用途」『震檀學報』88, 1999, 16쪽.

74) 이성시, 「한국목간연구의 현황과 함안성산산성 출토의 목간」『한국고대사연구』19, 2000, 99~100쪽.
    朴宗基, 「韓國 古代의 奴人과 部曲」『한국고대사연구』43, 2006.

75) 이수훈, 「咸安 城山山城 出土 木簡의 稗石과 負」『지역과 역사』15, 2004.
    전덕재, 「함안 성산산성 목간과 중고기 신라의 수취체계」『역사와 현실』65, 2007.

76) 이용현, 「함안성산산성 출토 목간의 負, 本波, 奴人 시론」-신라사학회발표문-, 2007.

77) 김창석, 「신라 中古期의 奴人과 奴婢」『한국고대사연구』54, 2009.

78) 윤선태, 「咸安 城山山城 出土 新羅 荷札의 再檢討」『사림』41, 2012.

았다.[79]

함안 성산산성 목간에 나오는 奴(人)을 검토하기 위해 奴(人)이 묵서
된 목간을 제시하면 다음과 같다.[80]

26번 仇利伐△德知一伐奴人 塩

36번 仇利伐 只卽△奴/於△支 (負)(/는 할서 표시)

121번 仇利伐 比夕須 奴 先能支 負

143번 (仇利)伐 △△只(奴)/△伐支 (負)

152번 仇利伐 郝豆智 奴人/ △支 負

156번 仇利伐 仇阤知一伐奴人 毛利支 負

仇利伐 목간에서 152번 목간의 仇利伐 郝豆智 奴人/ △支 負를[81] 仇
利伐에 사는 郝豆智(奴人)와 △支가 납부한 짐(負)이다로[82] 해석하고 있
으나 仇利伐에 사는 郝豆智 奴人의 △支의 짐(負)이다로 해석된다. △

---

79) 이경섭,「新羅의 奴人-城山山城 木簡과 〈蔚珍鳳坪碑〉를 중심으로-」『한국고대사연
구』68, 2012.
80) 이 자료 이외에 구리벌 목간으로 추정되는 것에서 노인 또는 노의 5예가 더 있다.
이경섭, 앞의 논문, 2012, 206쪽에서 전제하였다.
  35번 內恩知奴人 居助支 負
  37번 內只次奴 須礼支(負)
  38번 比夕須奴/尒先(利)支 (負)
  104번 △△奴△△△支 負/(仇)△△
  133번 仇(阤)△一伐奴人 毛利支 負
81) 負는 여러 가설이 있어 왔으나 219번 목간의 方△日七村冠(앞면) 此負刀寧負盜人
有(뒷면)에서 此負刀寧負盜人有를 이 짐은 刀寧의 짐이고, 盜人이 있었다로 해석되
어 짐이 분명하다.
82) 이경섭, 앞의 논문, 2012, 216쪽.

支는 邾豆智 奴人의[83] 짐꾼이다란 뜻이다. 짐의 주인은 邾豆智 奴人이다. 156번 仇利伐 仇阤知一伐奴人 毛利支 負에서도 仇利伐에 사는 仇阤知 一伐인 동시에 奴人이고, (구타지의 부하인) 毛利支의 짐(負)이다로 해석된다. 156번 목간에서 짐(負)의 주인은 물론 仇阤知一伐奴人이다.

목간에 나오는 奴(人)의 신분에 대해 집중적으로 연구되어 왔다. 奴(人)이 기록된 목간은 仇利伐에서만 나오고 있다는 점이다. 구리벌 목간은 그 크기가 크고, 割書[두 줄로 쓰기]가 특징이다. 왜 구리벌 목간에만 奴(人)이 나올까? 고구려 옛 주민이라면 고구려의 옛 영토이었던 及伐城(영주시 순흥면), 買谷村(안동시 도산면과 예안면)에서 노인이 나와야 하지 않을까? 그런데 급벌성과 매곡촌에서는 나오지 않고, 구리벌에서만 나오고 있다. 구리벌의 위치가 소금과 관련되는 26번 목간의 仇利伐 △德知一伐塩이다. 이는 구리벌의 위치가 소금이 생산되는 바닷가임을 보여 준다. 우리나라에서는 바닷가가 아니면 소금을 생산할 수가 없다. 26번 목간의 仇利伐△德知一伐塩에서 △德知一伐이 직접 소금이란 짐(負)을[84] 담당할 수가 있느냐하는 것이 문제이다. 29번 목간 古阤新村 智利知一尺△村(앞면) 豆兮利智稗石(뒷면)에서 智利知一尺이 피 1석의 일부를 몸소 내고 있고, 72번 목간 △一伐稗의 예에서 보면 외위를 가진 자도 稗를 부담하고 있다. 26번 목간에서 仇利伐△德知一伐塩에서 다른 예에서와 같이 아랫사람이 없어도 문제가 없다. 구리벌 목간에서만 나오는 노(인)에 주목할 때, 소금과의 관련은 중요하다. 소금은 우리

---

83) 노(인)은 인명 표기에서 보면, 관등명류에 해당된다. 소금을 생산하는 신분으로 외위도 가질 수 있는 신분이다.
84) 26번 목간에서 파실된 부분이 문제가 되어 인명의 일부로 보기도 하나(이경섭, 앞의 논문, 2011, 541쪽), 負자가 없어진 것으로 보인다.

나라에서는 巖鹽, 鹽湖, 塩井 등이 없으므로 바다에서만 나온다. 구리 벌은 충북 옥천이[85] 아닌 바닷가로 비정해야 된다. 노(인)은 소금을 생산하는 사람으로 외위도 받을 수 있는 계층인 公民으로 판단된다. 1번 목간의 仇利伐 上彡者村乞利, 3번과 34번 목간(쌍둥이 목간)의 仇利伐 上彡者村波婁에서 上彡者村은『삼국사기』, 지리지의 康州 咸安郡 領縣인 召彡縣이다. 구리벌은 함안군에서 바닷가인 마산 지역에 이르는 지역이다. 노(인) 목간에서 노(인)은 구리벌 소속이지, 구리벌 아래의 행정촌 출신자는 없다. 소금을 만드는 데에 있어서 개인이 생산하는 것이 아니라 국가의 감독하에 郡 단위에서[86] 생산되었음을 알 수 있다.

봉평비에 나오는 노인도 함안 성산산성 출토의 목간 자료에 의하면 외위를 가질 수 있는 계층으로 私奴婢는 아니다. 그렇다고 구고구려 땅에 살던 복속민도 아니다. 재래식 소금인 토염의 생산자로 외위까지도 가질 수 있는 公民이다. 함안 성산산성의 구리벌 목간에서 26번과 156번에서 一伐이란 외위를 노인이 가지고 있다. 제3단락은 소금 생산자인 노인에 대한 것이다. 길이 좁고, 오르막도 험악한 禾耶界城과 失火遺城의 군대를 동원하고, 토염, 대노촌, 노인법 등의 노인과 관련된 용어가 나온다. 함안 성산산성 목간에서는 가장 많이 나오는 지명으로 알려진 仇利伐 목간에서만 노인이 나오고, 다른 목간에서는 노인이 나오지 않고 있다. 이는 26번 목간으로 보면 구리벌이 소금 생산지로 바닷가에 있다는 것을 의미한다. 그렇게 보지 않고서는 구리벌 목간에서만

---

85) 주보돈,「함안 성산산성 출토 목간의 기초적 검토」『한국고대사연구』19, 2000, 56쪽.

86) 이경섭,「성산산성 출토 신라 짐꼬리표[荷札] 목간의 地名 문제와 제작 단위」『新羅史學報』23, 2011, 568쪽에서 仇利伐, 古阤, 仇伐, 鄒文, 甘文 등을 郡(혹은 郡 단위)로 보고 있다.

노인이 나오는 이유를 설명할 수가 없다. 봉평비도 바닷가에서 발견되었다. 거벌모라와[87] 남미지의 위치가 울진 근처의 바닷가로 판단된다. 그래야 소금을 생산할 수가 있다. 이 점은 구리벌 목간에서만 노인이 나오는 점과 함께 주목해야 될 것이다. 구리벌의 위치가 함안 곧 안라국의 왕경의 중요한 지역으로 마산시를 포함한 함안군 일대로 판단된다. 거벌모라와 남미지는 울진 지역의 중요한 소금 생산지로 보인다. 그래서 居伐牟羅와 男弥只는[88] 본래 奴人이라고 명기하고 있다. 일상생활에 없어서는 안 될 소금은 중요하기 때문에 제3단락이 봉평비의 핵심적인 내용이 적혀 있다. 그래서 노인에 관한 법이 나온다.

Ⅶ. 관등제

신라 관등제는 왕경인(6부인)에게 주는 경위 17관등제와 지방민에게 주는 외위 11관등제로 구성되어 있다.[89] 중성리비(441년)에서 경위로는

---

87) 居伐牟羅의 위치는 소금 생산으로 이름 있는 바닷가인 현재의 울진 봉평리 일대로 판단된다.

88) 이경섭, 앞의 논문, 2012, 223쪽에서는 居伐牟羅男弥只를 居伐牟羅의 男弥只로 보고 있다. 居伐牟羅男弥只夲是奴人을 居伐牟羅와 男弥只는 본래 奴人이다로 해석된다. 이 구절을 거벌모라의 남미지는 본래 노인이다가 되어 남미지만이 노인일 수는 없다.

89) 최근에 들어와 나온 신라 관등제에 대한 중요한 성과는 다음과 같다.
노태돈, 「蔚珍 鳳坪新羅碑와 新羅의 官等制」『韓國古代史研究』2, 1989.
김희만, 「영일 냉수리비와 신라의 관등제」『경주사학』9, 1990.
김희만, 「함안 성산산성 출토 목간과 신라의 외위제」『경주사학』26, 2007.
하일식, 「포항중성리비와 신라 관등제」『韓國古代史研究』56, 2009.
노태돈, 「포항중성리신라비와 外位」『韓國古代史研究』59, 2010.

阿干支(6관등), 奈麻(11관등), 干支,[90] 壹伐,[91] 沙干支(8관등) 등이 있다. 외위로는 경위와 미분화된 干支밖에 없다. 냉수리비(443년)에서는 阿干支(6관등), 居伐干支(9관등), 壹干支(一吉干支 7관등 ?), 干支, 奈麻(11관등) 등이 있다.[92] 외위로는 경위와 미분화된 干支밖에 없다. 위의 자료에서 보면 경위가 먼저 만들어지기 시작했음을 알 수 있다. 봉평비에 나오는 관등명을 경위 17관등과 외위 11관등과 비교해 도시하면 다음의 〈표 2〉와 같다.

경위가 대부분 완성된 봉평비에는 경위에 외위와 미분화된 干支가 나온다. 干支가 봉평비보다 늦은 금석문 자료에서 외위로 나온다. 영천 청제비 병진명(536년)에 외위가 一支△人 只尸△利 干支의 인명 표기로 나오고, 536년을 상한으로 하는[93] 안압지 출토비에 匠尺 乇婁知 干支로 나온다.[94] 안압지 출토비의 연대를 536~540년으로 볼 수가 있다. 545

박남수, 「〈포항 중성리신라비〉에 나타난 신라 6부와 관등제」『사학연구』100, 2010.
이부오, 「智證麻立干代 新羅六部의 정치적 성격과 干支-포항 중성리비를 중심으로-」『신라사학보』28, 2013.
이부오, 「신라 非干 外位 편성 과정과 壹金知」『한국고대사탐구』21, 2015.
윤선태, 「신라 외위제의 성립과 변천-신출 자료를 중심으로-」『제8회 한국목간학회 학술회의 신라의 관등제와 골품제』, 2015.
이부오, 「6세기 초중엽 新羅의 干群 外位 재편과 村民의 동원」『신라사학보』36, 2016.

90) 어느 관등명(경위)와 같은 것인지는 알 수가 없다. 중성리비에서는 奈麻보다 뒤에 나오고, 냉수리비에서는 居伐干支에 뒤에 나오고, 봉평비에서는 가장 앞서서 나온다.
91) 경위 壹伐이 두 번 중성리비에서 나온 것이 유일하다. 경위 가운데 어느 관등과 같은지는 알 수가 없다. 壹伐이란 관등명은 지방민인 使人 祭智도 갖고 있다.
92) 중성리비와 냉수리비에서는 진골과 4두품에 해당되는 관등이 나오지 않고 있다.
93) 영천 청제비 병진명에는 길이를 나타내는 하나치로 신라 고유의 得이 사용되고 있으나, 안압지 출토비에서는 步가 사용되고 있기 때문이다.
94) 김창호, 『고신라 금석문의 연구』, 2007, 183쪽.

〈표 2〉 봉평비의 관등명

봉평비	京位名	外位名	봉평비
	1. 伊伐飡		
	2. 伊飡		
	3. 迊飡		
	4. 波珍飡		
太阿干支	5. 大阿飡		
阿干支	6. 阿飡		
一吉干支	7. 一吉飡	1. 嶽干	
	8. 沙飡	2. 述干	
居伐干支	9. 級伐飡	3. 高干	
太奈麻	10. 大奈麻	4. 貴干	
奈麻	11. 奈麻	5. 撰干	
	12. 大舍	6. 上干	
小舍帝智	13. 舍知	7. 干	下干支
吉之智	14. 吉士	8. 一伐	一伐
	15. 大烏	9. 一尺	一尺
小烏帝智	16. 小烏	10. 彼日	波旦(彼日)
邪足智	17. 造位	11. 阿尺	阿尺

년 직전에 새워진 적성비에서는 경위로 伊干支(2관등), 波珍干支(4관등), 大阿干支(5관등), 阿干支(6관등), 及干支(9관등), 大舍(12관등), 大烏之(15관등)이 나오고, 외위로 撰干支(5관등),[95] 下干支(7관등), 阿尺(11관등)이

---

95) 국립경주박물관 소장 유개고배 뚜껑 안쪽(이양선기증품)에 다음과 같은 묵서명이 있다.
제①행 上撰干徒
제②행 忙叱丁次
토기의 시기는 6세기 후엽으로 늦어도 7세기 초를 내려가지 않을 것이다. 경주계 토기로 울산 지역 고분에서 비슷한 출토 예가 있다고 한다.(윤선태, 「新羅 中古期의

각각 나온다. 적성비에서는 경위나 외위의 干支가 나오지 않는다. 적성
비 단계에서는 경위와 외위가 모두 완성되었음을 의미한다.

신라 경위 성립에 중요한 자료가 성산산성 목간에서 최근에 두 자료
가 함안 성산산성 목간에서 나왔다.

먼저 218번 목간으로 正月中比思(伐)古尸沙阿尺夷喙(앞면) 羅兮△ 及
伐尺幷作前△酒四△瓮(뒷면)을 해석하면, 正月에 比思(伐)의 古尸沙 阿
尺(외위)의 夷(무리)와 喙(部)의 羅兮△ 及伐尺이 함께 만든 前△酒의 四
△瓮이다가 된다.

村과 徒」『한국고대사연구』, 2002, 161쪽) 上撰干徒를 上撰干이라는 재지 세력을 중
심으로 조직된 왕경의 花郎徒와 유사한 결사체로 보았다. 곧 上撰干의 上을 上人의
준말로, 撰干을 외위로 보았다.(박방룡, 「伝嶺南地方 出土 墨書銘有蓋高杯」『碩吾尹
容鎭敎授停年退任紀念論叢』, 1996, 497~502쪽) 이 徒와 관련하여서는 묵서명의 忼
叱丁次가 토기에 묻혀있던 무덤 피장자의 이름이라는 점을 상기할 필요가 있다. 인
명 앞의 上撰干徒는 그의 출신지 표시일 가능성이 가장 높다고 생각된다. 이 경우
에 上撰干의 무리라는 표현에는 上撰干의 무리가 거주하는 지역의 의미가 내포되
어 있다고 할 수 있다.(윤선태, 앞의 논문, 2002, 163쪽)
上撰干徒의 撰干을 외위명으로 본 견해와 그렇지 않은 견해가 있다. 나아가서 上撰
干을 외위명으로 보아서 6세기 후엽에도 외위가 완성되지 못했다고 주장하지는 않
고 있다. 上撰干徒를 忼叱丁次의 출신지 표시로 볼 수가 없다. 撰干은 외위명이다.
上撰干徒의 上은 중원고구려비(449년 이후)에 나오는 寐錦忌, 古鄒加共, 太子共처
럼 외자 인명 표기이다. 寐錦忌의 경우 訥祇(눌기; 祇林寺을 祇林寺로 읽기도 한
다.)의 두 글자의 인명 가운데 뒤의 글자인 祇(忌)를 따온 것이다. 上撰干徒忼叱丁
次는 上(인명) 撰干(외위)의 무리인 忼叱丁次(인명)이 된다. 忼叱丁次가 무덤의 주
인공이 된다. 이 6세기 후엽이므로 빈장인 석실분의 시대이다. 이 무덤에서는 山자
형 금동관의 출토하지는 않았을 것이다.
上撰干徒의 徒처럼 무리를 나타내는 것으로 夷가 있다. 夷는 『禮記』의 在醜夷不爭
처럼 무리, 동료를 나타낸다. 함안 성산산성 218번 목간에 正月中比思(伐)古尸沙阿
尺夷喙(앞면) 羅兮△ 及伐尺幷作前△酒四△瓮(뒷면)을 해석하면, 正月에 比思(伐)의
古尸沙 阿尺(외위)의 夷(무리)와 喙(部)의 羅兮△ 及伐尺이 함께 만든 前△酒의 四
△瓮이다란 뜻이 된다.

다음으로 2017년 1월 4일자·『연합뉴스』, 인터넷 판에 목간 내용이 판독되어 실려 있다.

제1면 三月中眞乃滅村主農怖白
제2면 伊他罹及伐尺寀言△法卅代告今卅日食去白之
제3면 卽白先節六十日代法稚然
제4면 △城在弥卽尒智大舍下智前去白之

이를 中, 白, 食去, 稚然 등의 이두에 주목하여 해석하면 다음과 같다.

3월에 眞乃滅村主인 農怖가 伊他罹 及伐尺에게 아룁니다.(眞乃滅村主인 農怖가 伊他罹 及伐尺에게 아뢴 내용은 이 목간의 끝까지이다.) 寀(祿俸)에 말하기를 △法 30代를 고하여 30일을 먹고 가게 아뢰었습니다. 곧 먼저 때에 六十日代法이 稚然하여(덜 되어서) △城(此城으로 성산산성을 의미?)에 있는 弥卽尒智 大舍下智(경위 12관등)의 앞에 가서 아뢰었습니다.

여기에서 大舍下智란 경위명은 525년의 울주 천전리서석 원명에 나오는 大舍帝智와 함께 오래된 관등명이다. 218번 목간과 사면으로 된 문서 목간에 나오는 及伐尺은 금석문이나 목간에서 처음으로 나오는 경위명이다. 이 경위명을 통설대로 성산산성 목간 연대를 560년으로 보면 신라에 있어서 경위가 외위보다 늦게 완성된 것이 된다. 급벌척은 안라국의 멸망 시기와 궤를 같이 한다. 안라국의 멸망을 금관가야의 멸망 시기인 532년을 소급할 수가 없다. 『삼국사기』권34, 잡지3, 지리1, 康州 咸安조에 咸安郡 法興王 以大兵 滅阿尸良國 一云阿那加耶 以其地爲

郡家[96] 중요한 근거이다. 阿那加耶(안라국)은 고령에 있던 대가야와 함께 후기 가야의 대표적인 나라이다. 그런 안라국에[97] 대한 신라의 관심은 지대했을 것이다. 성산산성은 539년 안라국(아나가야)가 멸망되자말자 신라인에 의해 석성으로 다시 축조되었다. 신라의 기단보축이란 방법에[98] 의한 성산산성의 석성 축조는 540년경으로 볼 수가 있다.[99] 성산산성 목간의 연대도 540년경으로 볼 수가 있다. 그래야 신라에 있어서 경위의 완성을 적성비의 건립 연대인 545년 직전과 대비시켜서 540년경으로 볼 수가 있다. 그렇지 않고 목간의 연대를 통설처럼 560년으로 보면 신라 경위의 완성을 560년으로 보아야 되고, 540년경에 완성되는 외위보다 늦게 경위가 완성되게 된다. 따라서 성산산성의 목간의 제작 시기는 늦어도 540년경으로 볼 수가 있고,[100] 경위의 완성 시기도 540년경으로 볼 수가 있다.

---

96) 조선 초에 편찬된 편년체 사서인 『東國通鑑』에서는 安羅國(阿尸良國)의 신라 통합 시기를 구체적으로 법흥왕26년(539년)이라고 하였다. 이는 고뇌에 찬 결론으로 판단된다. 법흥왕의 제삿날은 음력으로 539년 7월 3일이다.

97) 414년에 세워진 광개토태왕비의 永樂9年己亥(399년)조에도 任那加羅(金官伽倻)와 같이 安羅人戍兵이라고 나온다. 安羅人戍兵의 安羅는 함안에 있었던 安羅國(阿羅加耶)을 가리킨다.

98) 석성 축조에 있어서 基壇補築은 外壁補强構造物, 補築壁, 補助石築, 城外壁補築 등으로도 불리며, 신라에서 유행한 석성 축조 방식이다. 경주의 명활산성, 보은의 삼년산성, 충주산성, 양주 대모산성, 대전 계족산성, 서울 아차산성, 창녕 목마산성 등 신라 석성의 예가 있다.

99) 성산산성 출토된 목제 유물의 방사선탄소연대 측정 결과는 박종익, 「咸安 城山山城 發掘調査와 木簡」『韓國古代史研究』19, 2000, 10쪽에서 방사선탄소연대 측정 결과를 1992년에는 250~540년으로, 1994년에는 440~640년으로 각각 나왔다. 이경섭, 「함안 성산산성 목간의 연구현황과 과제」『신라문화』23, 2004, 216쪽에 따르면, 250~540년, 440~640년이라고 한다.

100) 이에 대해서는 따로이 소견을 밝힐 예정이다.

540년대 국가 차원의 금석문이 발견되지 않아서 단정할 수는 없지만 540년경에 경위가 완성되었고, 536년 이후 545년 이전에 외위도 경위와 거의 동시에 외위가 완성되었을 것이다. 봉평비(524년)에서 경위 17관등인 邪足智를 비롯한 小烏帝智(16관등), 吉之智(14관등), 小舍帝智(13관등), 奈麻(11관등), 太奈麻(10관등), 居伐干支(9관등), 一吉干支(7관등), 阿干支(6관등), 太阿干支(5관등)이 나와 대부분의 경위가 완성되었다. 경위로 干支가 나와 전부 완성되지는 못했다. 외위는 536년을 상한으로 하는 안압지 출토비에서 干支가 나와[101] 536년 이후에 가서야 외위가 완성된 것으로 볼 수밖에 없다. 외위는 536~540년 사이에 완성된 것으로 보았다. 京位와 外位가 거의 동시에 완성으로 볼 수가 있다. 520년의 율령 공포와 관등제인 경위와 외위의 완성과는 전혀 관련이 없다. 그 단적인 예가 524년 작성의 봉평비에 干支란 경위가 남아 있고, 536년 이후로 보이는 안압지 출토비에 경위와 외위가 아직까지 미분화한 干支가 나오는 점이다. 따라서 540년경에 경위와 외위가 거의 동시에 완성되었다고 볼 수가 있다.

---

101) 안압지 출토비에 匠尺乬奭知干支란 인명 표기가 나온다. 이는 안압지 출토비의 축성의 수작 거리를 步로 표현한데 대해, 536년의 영천 청제비 병진명에서는 거리 단위를 신라 고유의 하나치인 淂을 사용하고 있어서 명활산성비는 536년을 소급할 수 없다. 536년 이후까지도 干支란 경위와 미분화된 외위를 사용하고 있어서 외위제의 완성에 걸림돌이 된다. 干支가 551년의 명활산성비에서는 下干支가 나와서 소멸된 것으로 판단된다. 현재까지 540년경의 금석문 자료가 없지만 신라 금석문에서 외위인 干支의 소멸을 540년경으로 보고 싶다. 또 주보돈,「雁鴨池 出土 碑片에 대한 一考察」『大丘史學』27, 1985에서는 안압지 출토비를 명활산성비로 보았으나, 이 비는 명활산성비보다는 시기상으로 앞선 비석이다. 551년의 명활산성비가 古阤門 근처를 수리한 비(김창호,「명활산성작성비의 재검토」『金宅圭博士華甲紀念文化人類學論叢』, 1989)로 분석되어(그래서 명활산성작성비라 부르지 않고, 명활산성비라 부른다.) 본래의 명활산성을 축조할 때의 비석인지도 알 수 없다.

VIII. 맺음말

지금까지 논의해 온 바를 요약하여 맺음말에 대신하고자 한다.

먼저 탁본과 사진 자료를 통해 전문 가운데 문제가 되는 글자를 중심으로 다시 판독하였다.

비문에서 의도적으로 비문 자체에서 단락을 나누고 있는 점에 근거하여 비문을 6개의 단락으로 나누었다.

비문의 해석을 위해 비문의 인명을 분석하였다. 총 35명의 인명을 인명 표기 방식에 의해 분석하였다.

비문 전체의 해석을 6개의 단락별로 시도하였다.

喙部牟卽智寐錦王, 沙喙部徙夫智葛文王, 夲波部△夫智△△로부터 (干支岑의 11명이 敎事를 받은 바)란 뜻이다.

干支岑인 喙部 美昕智 干支와 沙喙部 而粘智 太阿干支와 吉先智 阿干支와 一毒夫智 一吉干支와 喙(部) 勿力智 一吉干支와 愼宍智 居伐干支와 一夫智 太奈麻와 一尒智 太奈麻와 牟心智 奈麻와 沙喙部 十斯智 奈麻와 悉尒智 奈麻 등이 敎事를 (喙部牟卽智寐錦王, 沙喙部徙夫智葛文王, 夲波部△夫智△△으로부터) 받은 바이다.

別敎를 내린다. 이제 居伐牟羅와 男弥只는 본래 노인이다. 비록 노인이었지만 前時에 왕은 大敎法을 내려주셨다. 길이 좁고, 오르막도 험악한 禾耶界城과 失火遶城의 우리 대군을 일으켰다. 若有者인 一行을 ~했다. 사람들이 토염을 준비하였다. 왕은 大奴村은 값 5를 부담케 하였다. 그 나머지 일은 여러 가지 奴人法에 따르도록 했다.

新羅六部에서는 얼룩소(칡소)를 잡고, 麥으로 ~했다. 事大人인 喙部 內沙智 奈麻와 沙喙部 一登智 奈麻와 具次 邪足智, 居伐牟羅道使 卒次

小舍帝智와 悉支道使 鳥婁次 小舍帝智와 居伐牟羅 尼牟利 一伐과 彌宜智 波旦과 組只斯利와 一全智와 阿大兮村使人 奈尒利(杖六十의 杖刑을 맞음)와 葛尸條村使人 奈尒利 阿尺과 男彌只村使人 翼昃(杖百의 杖刑을 맞음)과 (男彌只使人) 於卽斤利(杖百의 杖刑을 맞음)와 悉支軍主 喙部 尒夫智 奈麻이고, 그 때 書人 牟珎斯利公 吉之智 와 沙喙部 善文 吉之智, 新人 喙部 述刀 小鳥帝智와 沙喙部 牟利智 小鳥帝智이다.

立石碑人은 喙部의 博士이다. 때에 敎를 내렸다. 만약에 이를 생략하면 하늘에 죄를 얻을 것이다.

居伐牟羅의 異知巴 下干支와 辛日智 一尺 등 世中(누리에, 모두) (축제에 참가한 사람은) 398명이다.

노인은 私奴婢나 구고구려의 복속민이 아니라 외위도 갖일 수도 있는 소금 생산자인 公民으로 보았다.

신라 관등제는 540년경에 경위가 먼저 완성되었고, 외위는 경위와 거의 동시에 완성되었다고 해석하였다.

2
울주천전리서석
원명과 추명

Ⅰ. 머리말

    울산광역시 울주군 천전리에 있는 蔚州川前里書石은 1970년 동국대학
교 울산지구 불적조사단에 의해 발견되었다.[1] 울주 천전리서석이라고 명
명된 가로 약 10m, 세로 약 3m의 커다란 거석에는 청동기 시대부터 통일
신라 말까지의 것으로 추정되는 많은 암각화,[2] 선각화,[3] 그리고 명문들이[4]

---

1) 黃壽永,「新羅의 蔚州書石」『東大新聞』, 1971, 5월 10일자.
2) 청동기 시대 전기의 것이다.
3) 6세기에 주로 새겨졌으며, 인물도, 기마행렬도 등의 인물상과 말, 새, 용, 물고기 등
   의 동물상 그리고 배 등이다.
4) 癸巳銘, 乙卯銘, 乙丑銘, 癸亥銘, 甲寅銘, 上元二年銘, 上元四年銘, 開成三年銘 등과 永
   郎, 水品 등 30여 명의 화랑 이름 등등 헤아릴 수 없을 만큼의 명문들이 새겨져 있다.

새겨져 있다. 특히 천전리서석의 오른쪽 아랫부분에는 原銘과 追銘[5]이라고[6] 명명된 약 300자 가량의[7] 명문이 있다. 이들 명문에는 葛文王과 太王妃를 비롯한 많은 인물들이 등장하여 크게 주목되기도 했다.

이 명문들에 대해서는 최초로 화랑 유적과 관련시켜서 보고된[8] 이래로 많은 연구 성과가 나왔다.[9] 신라 관등제의 변천 과정을 보여주는 새로운 자료의 하나로 주목되기도 했고,[10] 葛文王을 명문에서 찾아내어 문헌에 나오는 立宗葛文王과 연결시키는 시도가 최초로 나왔다.[11] 나아가서 신라 중고 왕실의 소속부를 사탁부로 보는 중요한 근거 제시의 자료까지 이용되기도 했다.[12] 그 뒤에 몇몇 연구가 새로 나와서 명문 자체의 판독이나 내용의 해석에 한층 더 깊이를 더하기도 했다.[13]

---

5) 원명의 연대가 525년이고, 추명의 연대가 539임에는 학계에서 의견의 일치를 보이고 있다.

6) 이 천전리서석의 명문에 대해서는 발견자의 한사람인 黃壽永은 原銘·追銘이라고 했으며(黃壽永編著, 『韓國金石遺文』, 1976, 26~27쪽), 武田幸男은 명문에 나타난 干支의 이름에 따라 乙巳銘·己未銘이라고 하였다.(武田幸男, 「金石文からみた新羅官位制」『江上波夫敎授古稀記念論集』, 歷史篇, 1977)
   본고에서는 두 명문이 내용상 서로 연결되기 때문에 원명·추명이라 부른 견해를 따르겠다.

7) 원명 115자(글자가 없이 띄어 쓴 1자 포함), 추명 194자(글자가 없이 띄어 쓴 6자 포함), 총 글자 수 309자이다. 실 글자 수는 302자이다.

8) 黃壽永, 앞의 논문, 1971.

9) 원명과 추명의 연구 성과에 대해서는 본고를 전개하면서 하나씩 열거하기로 하겠다.

10) 武田幸男, 앞의 논문, 1977.

11) 金龍善, 「蔚州 川前里書石 銘文의 硏究」『歷史學報』81, 1979.

12) 李文基, 「新羅中古 六部에 관한 一考察」『歷史敎育論集』1, 1980.
    李文基, 「蔚州 川前里書石 原·追銘의 再檢討」『歷史敎育論集』4, 1983.

13) 任昌淳編, 『韓國金石集成』-先史時代-, 1984.
    許興植編, 『韓國金石全文』-古代篇-, 1984.

위와 같은 여러 연구 성과에도 불구하고, 아직까지 원명과 추명에 대한 정확한 성격 규명이나 해석이 완벽하게 이루어졌다고 단언할 수 는 없다. 여기에서는 선학들의 업적을 토대로 먼저 명문의 판독을 하겠 으며, 다음으로 인명의 분석을 하겠으며, 그 다음으로 명문의 해석을 하겠으며, 마지막으로 沙喙部徙夫知葛文王이 立宗葛文王과 동일인인 지 여부와 夫乞支妃 곧 문헌의 保刀夫人의 소속부가 모량부인지 여부 를 살펴보아, 전고의[14] 미비한 부분을 수정 보완하고자 한다.

II. 명문의 판독

여기에서는 판독에 있어서 문제가 되는 글자를 중심으로 해서 살펴 보기로 하겠다.

먼저 원명부터 살펴보기로 하자.

黃壽永·文明大,『盤龜臺』, 1984.

田中俊明,「新羅の金石文-蔚州川前里書石 己未年追銘(二)-」『韓國文化』7-1, 1985.

문경현,「蔚州 新羅 書石 銘記의 新檢討」『慶北史學』10, 1987.

武田幸男,「蔚州書石谷における新羅葛文王一族」『東方學』85, 1993.

李宇泰,「蔚州 川前里書石 原銘의 再檢討」『국사관논총』78, 1997.

深津行德,「韓半島 出土 金石文에 보이는 親族呼稱에 대하여-川前里書石銘文을 中心으로-」『新羅文化祭學術論文集』23, 2002.

14) 金昌鎬,「新羅中古 金石文의 人名表記(I)」『大丘史學』22, 1983.;『삼국시대 금석문 연구』, 2009, 205~217쪽 재수록.

金昌鎬,「蔚州川前里書石의 解釋 問題」『韓國上古史學報』19, 1995.;『고신라 금석문 의 연구』, 2007, 151~170쪽 재수록.

이 두 논문에서 沙喙部徙夫知葛文王이 立宗葛文王과 동일인이 아니라는 가설을 제 기했으나, 근거 자료의 불충분한 제시로 말미암아 평가의 대상조차 되지 못했다.

제①행은 乙巳年의 3자로 보는 견해와[15] 추명에 근거해 乙巳(年六月
十八日昧)로 복원한 견해가 있다.[16] 3번째 글자를 명문의 전후 관계와
현지 조사에서 얻은 복원 공간에 의해 年자를 복원한다.

제②행은 모두 4자이다. 4번째 글자는 전후 관계로 보아 葛자가 들
어가야 되고, 이 글자를 세밀히 관찰하면, 葛자의 밑 부분이 떨어져 나
간 것 같았다. 여기에서는 葛자를 복원해 넣는다.[17]

제③행은 모두 9자인지[18] 10자인지[19] 불분명하다. 여기에서는 9자설
을[20] 취해 두고자 한다.

제④행은 모두 11자이다. 11번째 글자는 현재로서는 읽을 수가 없
다. 이 글자는 제⑤행의 1번째 글자(ヽ)로 볼 때, 동일한 글자이다.

제⑤행은 모두 11자이다. 11번째 글자를 之자[21] 또는 幸자로 읽는 견
해가[22] 있다. 이 글자 자체의 자획이 불분명해 여기에서는 모르는 글자
로 본다.

제⑥행은 10자이다. 3번째 글자를 愛자로 읽는 견해도 있으나,[23] 종
래의 友자설이[24] 타당하다.

---

15) 문경현, 앞의 논문, 1987, 11쪽.
   김창호, 앞의 책, 2007, 156쪽.
16) 金龍善, 앞의 논문, 1979, 8쪽.
17) 김창호, 앞의 책, 2007, 152쪽.
18) 문경현, 앞의 논문, 1987, 12쪽.
19) 김창호, 앞의 책, 2009, 206쪽.
20) 문경현, 앞의 논문, 1987, 12쪽.
21) 문경현, 앞의 논문, 1987, 13쪽.
22) 武田幸男, 앞의 논문, 1993, 3쪽.
23) 武田幸男, 앞의 논문, 1993, 3쪽.
24) 黃壽永編著, 『增補 韓國金石遺文』, 1978, 26쪽.

제⑦행은 모두 5자이다. 2번째 글자는 종래에 安자로 읽어 왔으나,[25] 女자로[26] 읽는 견해가 나왔다. 여기에서는 安자와 女자가 모두 가능성이 있고, 女자로 읽으면, 3번째 글자인 郎과 함께 女郎이[27] 딸의 뜻이 되어 문맥이 통하지 않는다.[28] 여기에서는 명문 자체의 자형이 安자에 더 가까워서 安자로 읽는다. 4번째 글자는 主자, 王자, 三자 모두 가능성이 있어서 여기에서는 모르는 글자로 본다.

제⑧행은 모두 12자이다. 12번째 글자인 麻자는 11번째 글자인 奈자와 함께 경위명인 奈麻가 오는 점에 의해 복원하였다.[29]

제⑨행은 모두 12자이다. 9번째 글자는 자획이 없다. 12번째 글자는 10번째 글자인 作과 11번째 글자인 食자에 주목하고, 추명 제⑨행의 作食人에 의해 人자를 복원하였다.

제⑩행은 모두 14자이다. 1번째 글자는 榮자로 읽어 왔으나,[30] 자체의 자획에 따를 때, 宋자가 타당하다.

제⑪행은 모두 13자이다. 1번째 글자는 眞자로 읽어 왔으나,[31] 이 글

김창호, 앞의 책, 2007, 156쪽.

25) 黃壽永編著, 앞의 책, 1976, 26쪽에서 安자로 읽어 온 이래 판독자들은 대개 이에 따르고 있다.

26) 문경현, 앞의 논문, 1987, 13쪽.

27) 후설하겠지만, 광개토태왕비의 河伯女郎은 하백의 따님이란 뜻이다.

28) 於史鄒女郎이 여자의 인명이더라도, 어사추의 딸(女郎)이 되어 사탁부사부지갈문왕의 妹와는 동일인일 수가 없다.

29) 奈자만의 이체로 奈麻를 나타낼 수도 있다. 그러나 추명 제⑨행에 奈麻란 관등명이 나와서 奈麻의 복원이 타당하다.

30) 黃壽永編著, 앞의 책, 1978, 26쪽.
김창호, 앞의 책, 2009, 206쪽.

31) 黃壽永編著, 앞의 책, 1978, 26쪽.

자 자체가 貞자일 가능성이 커서 여기에서는 貞자로 읽는다.

제⑫행은 모두 11자이다. 4번째 글자는 慕자[32] 또는 弟자로[33] 읽어 왔으나 적성비 제⑰행의 兄弟가 兄苐로 표기됨과 글자 자체의 자획에 따라 苐자로 읽는다.

다음은 추명의 판독을 검토해 보기로 하자.

제①행은 모두 14자이다. 판독에 있어서 다른 이견이 없다.

제②행은 모두 14자이다. 3번째 글자를 從자로 읽는 견해도 있으나,[34] 본 글자의 서체나 봉평비 제①행 21번째 글자인 徒자와 비교할 때, 徒자가 분명하다. 13번째 글자는 종래에는 安자로 읽어 왔으나,[35] 女자로 읽는 견해가[36] 제기되었다. 여기에서는 자획에 따라 安자로 읽는다.

제③행은 모두 17자이다. 1번째 글자는 三자, 王자, 主자 등의 가능성이 있으나, 文意에 따라 三자로 읽는다. 7번째 글자는 尒자[37] 또는 今자로 읽는 견해가[38] 각각 있어 왔으나, 자획에 따라 六자로 읽는다. 8번째 글자는 무슨 글자인지 알 수가 없다. 9번째 글자는 종래에는 年자로 읽어 왔으나,[39] 여기에서는 十자로 추독한다. 11번째 글자는 巳자로 읽

김창호, 앞의 책, 2009, 206쪽.

32) 黃壽永編著, 앞의 책, 1978, 26쪽.
   김창호, 앞의 책, 2009, 206쪽.

33) 武田幸男, 앞의 논문, 1993, 3쪽.

34) 武田幸男, 앞의 논문, 1993, 3쪽.

35) 黃壽永編著, 앞의 책, 1978, 27쪽 등.

36) 문경현, 앞의 논문, 1989, 9쪽.

37) 黃壽永編著, 앞의 책, 1978, 27쪽.

38) 문경현, 앞의 논문, 1989, 9쪽.

39) 黃壽永編著, 앞의 책, 1978, 27쪽. 그런데 武田幸男, 앞의 논문, 1993, 3쪽에서는 이 글자를 모르는 글자로 보고 있다.

어 왔으나,[40] 원명의 제①행, 추명의 제①행과 제④행에 각각 나오는 巳 자와는 글자의 밑 부분 처리에 많은 차이가 있어서 여기에서는 日자로 읽는다. 16번째 글자는 王자이나[41] 主자로 읽는 견해가[42] 나왔다. 이 主 자설은 잘못된 것이다. 여기에서는 王자로 읽는다.

제④행은 모두 18자이다. 2번째 글자를 主자로 읽는 견해도 있으나,[43] 여기에서는 자획에 따라 王자로 읽는다. 5번째 글자를 丁자로 읽는 견해 도 있으나,[44] 전체적인 내용이나 글자 자체를 자세히 관찰하면 乙자가 타당하다고 판단된다. 15번째 글자를 汶자로 읽는 견해도 있으나[45] 남산 신성비 제1비 제⑥행의 没자와[46] 비교해 보면 没자가 타당하다.

제⑤행은 모두 18자이다. 11번째 글자는 興자로 읽어 왔으나,[47] 其 자가[48] 옳다.

제⑥행은 모두 19자이다. 8번째 글자를 妃자로 읽는 견해도 있으 나,[49] 글자 자체의 자형에 따라 共자로 읽는다. 10번째 글자는 之자로

---

40) 黃壽永編著, 앞의 책, 1978, 27쪽.
　　김창호, 앞의 책, 2009, 206쪽.
41) 黃壽永編著, 앞의 책, 1978, 27쪽.
42) 武田幸男, 앞의 논문, 1993, 3쪽.
43) 武田幸男, 앞의 논문, 1993, 3쪽.
44) 武田幸男, 앞의 논문, 1993, 3쪽.
45) 武田幸男, 앞의 논문, 1993, 3쪽.
46) 没자는 삼(氵) 옆에 갈도(刀, 刀를 아주 작게 쓴다.)하고, 刀밑에 또우(又)를 합친 글 자이다. 그래서 汶자와 구별이 어렵다.
47) 黃壽永編著, 앞의 책, 1978, 27쪽.
48) 문경현, 앞의 논문, 1989, 9쪽.
49) 武田幸男, 앞의 논문, 1993, 3쪽.

읽는 견해도 있으나,[50] 來자이다.

제⑦행은 모두 18자이다. 4번째 글자는 從자로 읽는 견해도 있으나,[51] 徒자이다. 8번째 글 자는 입구(口) 밑에 마디촌(寸)한 합자로 읽어 왔으나,[52] 子자로 읽는 견해에[53] 따른다.

제⑧행은 모두 16자이다. 판독에 있어서 다른 이견이 없다.

제⑨행은 모두 17자이다. 17번째 글자는 眞자로 읽어 왔으나,[54] 이 글자 자체는 마운령비와 황초령비에 나오는 眞興太王의 眞자와 서체상 차이가 있어서 貞자로 읽는다.

제⑩행은 모두 21자이다. 판독에 있어서 다른 이견이 없다.

제⑪행은 모두 22자이다. 10·11번째 글자를 △△로 읽은 적이 있다.[55] 석각의 해당 부분을 자세히 관찰해 보니, 이 부분에 한 글자밖에 들어갈 공간이 없었다. 이 경우에 及자 또는 沙자로 추독할 수 있으나, 글자 자체가 及자 또는 沙자와는 차이가 커서 여기에서는 모르는 글자로 본다.

지금까지 판독 결과를 모아서 서석의 원명과 추명을 제시하면 다음과 같다.

---

50) 문경현, 앞의 논문, 1989, 10쪽.
51) 武田幸男, 앞의 논문, 1993, 3쪽.
52) 黃壽永編著, 앞의 책, 1978, 27쪽.
   김창호, 앞의 책, 2009, 206쪽.
53) 문경현, 앞의 논문, 1989, 21쪽.
54) 黃壽永編著, 앞의 책, 1978, 27쪽.
55) 김창호, 앞의 책, 2009, 206쪽.

⑫	⑪	⑩	⑨	⑧	⑦	⑥	⑤	④	③	②	①	
作	貞	宋	悉	食	鄒	并	ヽ	之	文	沙	乙	1
書	宍	知	淂	多	安	遊	以	古	王	喙	巳	2
人	智	智	斯	煞	郎	友	下	谷	覓	部	(年)	3
茀	沙	壹	智	作	△	妹	爲	无	遊	(葛)		4
ヽ	干	吉	大	切	之	麗	名	名	來			5
尒	支	干	舍	人		德	書	谷	始			6
智	妻	支	帝	尒		光	石	善	淂			7
大	阿	妻	智	利		妙	谷	石	見			8
舍	兮	居		夫		於	字	淂	谷			9
帝	牟	知	作	智		史	作	造				10
智	弘	尸	食	奈			△	△				11
	夫	奚	(人)	(麻)								12
	人	夫										13
		人										14

⑪	⑩	⑨	⑧	⑦	⑥	⑤	④	③	②	①	
一	宋	居	作	支	叱	愛	妹	三	部	過	1
利	知	伐	切	妃	見	自	王	共		去	2
等	波	干	臣		來	思	過	遊	徒	乙	3
次	珎	支	喙	徙	谷	己	人	來	夫	巳	4
夫	干	△	部	夫		未	乙	以	知	年	5
人	支	臣	知	知	此	年	巳	後	葛	六	6
居	婦	丁	禮	王	時	七	年	六	文	月	7
禮	阿	乙	夫	子	月	三	王	△	王	十	8
知	兮	尒	知	郎	三	三	過	十	妹	八	9
△	牟	知	沙	△	來	日	去	八	於	日	10
干	呼	奈	干	△		其	其	日	史	昧	11

支	夫	麻	支	夫	另	王	王	年	鄒		12
婦	人	△	知	郎	与	妃	過	安		沙	13
沙	尒	作	泊	共	知	妹	只	去	郎	喙	14
叉	夫	食	六	來	太	共	沒	妹			15
功	知	人	知	此	王	見	尸	王			16
夫	居	貞		時	妃	書	兮	考			17
人	伐		△	夫	石	妃					18
分	干			乞							19
共	支										20
作	婦										21
之											22

III. 인명의 분석

먼저 원명부터 인명의 분석을 시도해 보기로 하자.

원명의 주인공은 제②·③행에 걸쳐서 나오는 沙喙部葛文王이[56] 한 사람을 가리킴이 분명하다. 원명의 인명 분석에 있어서 중요한 곳은 제⑥·⑦행의 并遊友妹麗德光妙於史鄒安郎△之란 구절이다. 이 부분을 종래에는 대개 麗德光妙가[57] 妹의 인명, 於史鄒安郎을 友의 인명으로 보아 왔다.[58] 그런데 於史鄒安郎의 安자를 女자로 읽고서 고구려 광개

---

56) 추명 제①·②에서는 沙喙部徙夫知葛文王이라고 표기되어 있다.

57) 이 麗德光妙를 友의 인명인 남자 인명으로 보아서, 불교와 관련된 사람으로 본 적이 있다.(김창호, 앞의 책, 2007, 158~159쪽) 이는 잘못된 것이므로 철회한다. 여덕광묘는 사탁부사부지갈문왕의 妹 이름이다.

58) 金龍善, 앞의 논문, 1979, 23쪽.
金昌鎬, 앞의 논문, 1983, 13쪽.

토태왕비문의[59] 母河伯女郞이란 구절과 대비로 여자의 인명으로 보았

---

59) 흔히 광개토태왕비를 이른바 광개토태왕릉비라고 부르고 있으나, 그 확실한 성격은 알 수가 없다. 비문에 적힌 내용의 주류인 수묘인 연호(1802자설)에서 계산하면, 비문 전체 가운데 35% 이상이나 된다. 수묘인 연호를 복원할 때에는 1775자설보다는 1802설이 타당하므로 문제가 된다. 敎遣이나 王躬率이란 표현도 전쟁의 규모로 고구려에 불리하냐 아니냐가(浜田耕策,「高句麗廣開土王陵碑の研究-碑文の構造と使臣の筆法を中心として-」『古代朝鮮と日本』, 1974) 아닌 但敎取나 但取吾躬率로 대비되어 수묘인 연호를 뽑는 것과 관련이 된다. 수묘인 연호가 중요시되는 그러한 성격의 능비의 예가 없다. 태종무열왕릉비의 경우, 능의 바로 앞에 능비가 위치하고 있다. 문무왕의 경우, 능이 없어서(동해의 해중릉에서 산골했음) 특이하게도 사람들이 많이 다니는 중요한 도로(울산에서 서라벌로 가는 도로)의 바로 옆인 사천왕사의 앞에다 문무왕릉비를 세웠다.(김창호, 2006,「문무왕의 산골처와 문무왕릉비」『신라학연구』7) 흥덕왕릉비의 경우도 흥덕왕릉 앞에 세웠다. 광개토태왕의 경우, 태왕릉(광개토태왕릉으로 김창호,「고구려 太王陵 출토 연화문숫막새의 제작 시기」『한국 고대 불교고고학의 연구』, 2007, 133쪽 참조)의 바로 앞에 광개토태왕비가 없다. 광개토왕비의 해결해야 문제로 倭의 실체를 들 수가 있다. 왜는 辛卯年(391년)에 있어서 고고학상의 무기 발달 정도(철기 개발 기술)나 선박 기술의 발달 정도로 볼 때, 일본 열도의 야마도 조정이라고 보기 힘들고, 전남 光州, 咸平, 靈光, 靈巖, 海南 등 지역에서 발견되고 있는 전방후원형 고분(그 축조 시기는 주로 500년 전후, 일본의 전형적인 전방후원분과는 차이가 있다. 그래서 전방후원형 고분이라고 부르기로 한다.)을 주목한다. 전방후원형 고분의 선조들이 4세기 후반(倭가 광개토태왕비에서 최초로 등장하는 것은 391년의 이른바 辛卯年조이다.)에서 5세기 전반까지의 정치체가 왜일 가능성이 있다. 전남 지역은 미륵사의 건립 때까지도 독립된 나라였다. 미륵사 서탑 사리봉안기의 己亥年이 579년으로 판단되는 바, 이에 대해서는 곧 본 책의「미륵사 서탑 사리봉안기」로 볼 때, 미륵사의 건립 당시(579년)에도 백제로부터 독립적인 정치체인 마한이었다.(흔히 마한 땅의 완전 정복을 4세기 근초고왕 때로 보고 있으나 따르기 어렵다.) 미륵사 건립은 사비성(부여)에서 익산 금마저로의 천도(익산 천도설은 익산 지역에 도성제의 기본인 條坊制가 실시되지 않고 있어서 성립될 수가 없다.)가 아니라, 전남 지역의 마한 정치체에게 너희들도 이런 불교 건물인 대사찰을(미륵사는 백제에서 가장 큰 사찰이다.) 건설할 수 있느냐고 묻는 정치적인 승부수였다. 또 익산 쌍릉을 무왕릉으로 보는 가설도 있으나, 왕릉은 삼국 시대에 반드시 수도에 있었다는 점을 참고하면 성립될 수가 없다. 무왕릉은 부여 능산리 고분군 가운데 하나라고 판단된다.

다.[60] 그래서 麗德光妙를 友의 인명으로, 於史鄒安郎을 妹의 인명으로 보았다.[61] 이 가설 자체는 於史鄒安郎의 安자를 女자로 보기 어렵고, 원명의 연구에 있어서 재미있는 것이지만, 뒤에서 설명할 추명에 있어서 원명이 반복되는 추명 제①·②·③행의 沙喙部徙夫知葛文王妹於史鄒安郎三共遊來란 구절로 볼 때 성립되기 어렵다.

沙喙部徙夫知葛文王妹於史鄒安郎에서 이를 沙喙部徙夫知葛文王의 妹인 於史鄒安郎의 1인으로 해석한 견해와[62] 沙喙部徙夫知葛文王과 妹인 於史鄒安郎의 2인으로 해석한 견해가[63] 있다. 沙喙部徙夫知葛文王妹於史鄒安郎만 따로 떼어서 보면 1인설과 2인설은 모두 가능하다고 판단된다. 沙喙部徙夫知葛文王妹於史鄒安郎三共遊來의 三共에 주목하면, 沙喙部徙夫知葛文王, 妹, 於史鄒安郎의 3인이 되어야 한다. 그렇다면 1인설과 2인설은 모두 성립될 수 없고, 沙喙部徙夫知葛文王, 妹(인

---

60) 문경현, 앞의 논문, 1987, 29~29쪽.
　　이 가설에 대해 左袒한 적이 있다.(김창호, 앞의 책, 2007, 158~159쪽) 이는 잘못된 것이므로 여기에서 다음과 같은 이유로 바로 잡는다. 광개토태왕비 제1면 제②행에는 我是皇天之子母河伯女郎이라고 나온다. 이는 "나는 天帝의 아들이고, 어머니는 河伯(水神)의 따님이다."로 해석된다. 河伯女郎은 여자의 인명이 아니고, 河伯의 따님이란 뜻이다. 牟頭婁墓誌(412년 이후) 제③행의 河伯之孫 日月之子, 집안고구려비(491년 이후) 제②행의 (日月之)子 河伯之孫으로 볼 때, 河伯만이 고구려 시조 鄒牟王의 조상이란 뜻이다. 따라서 於史鄒安郎을 於史鄒女郎으로 보더라도 이를 여자의 인명으로 볼 수가 없다. 於史鄒女郎은 於史鄒의 딸(女郎)이 되어 沙喙部徙夫知葛文王의 妹가 될 수가 없다.
61) 만약에 女자설이 타당하여 麗德光妙를 友의 인명으로, 於史鄒安郎을 妹의 인명으로 보더라도 가리키는 인명만 서로 바뀔 뿐, 천전리서석 원명과 추명의 연구에 있어서 근본적인 문제와는 관련이 없다.
62) 문경현, 앞의 논문, 1987, 46쪽.
63) 武田幸男, 앞의 논문, 1993, 18쪽.

麗德光妙), (友인) 於史鄒安郎의 3인이 된다.

따라서 원명 제⑥·⑦행의 友妹麗德光妙於史鄒安郎도 妹인 麗德光妙와 友인 於史鄒安郎으로 풀이된다.

제⑧행 이하의 인명 표기에 대한 분석에 대해서는 명문의 해석 부분에서 언급하기로 하겠다.

추명의 인명을 분석할 차례가 되었다.

제①·②행의 沙喙部徙夫知葛文王妹於史鄒安郎三共遊來는 원명 부분에서 언급한 대로 沙喙部徙夫知葛文王, 妹(인 麗德光妙), (友인) 於史鄒安郎의 3인이 된다.

다음으로 妹王考妹王過人이란 부분이다. 이는 인명 표기의 직접적인 것은 아니지만, 이에 대한 정확한 해석 여부가 추명 파악의 갈림길이 될 수가 있다. 이 구절에서 考자를 죽은 사람을 가리키는 용어로 해석한 견해가 있다.[64] 考자가 죽은 아버지의 뜻이 아니다. 여기에서는 考자를 동사로 본다. 추명에서 4번 나오는 妹란 글자는 모두 沙喙部徙夫知葛文王의 妹란 뜻이다. 妹王의 妹도 역시 沙喙部徙夫知葛文王의 妹란 뜻이

---

64) 金龍善, 앞의 논문, 1979, 24쪽에서는 妹王考妹王을 妹, 王考妹, 王으로 끊어 읽어 王考妹를 王의 父의 妹란 뜻의 죽은 사람으로 보고 있다.
그런데 고구려 평원왕13년으로 추정되는 辛卯銘金銅三尊佛光背의 亡師父母(黃壽永編著, 앞의 책, 1976, 237쪽), 고구려 永康七年銘金銅光背의 亡母(黃壽永編著, 앞의 책, 1976, 238쪽), 3국 시대로 추정되는 金銅釋迦三尊佛像의 亡妻(李蘭暎,『韓國金石文追補』, 1967, 49쪽), 신라 성덕왕18년 甘山寺彌勒菩薩造像記의 亡考仁章一吉湌之妣觀肖里(『朝鮮金石總覽』上, 34쪽), 신라 성덕왕19년 甘山寺阿彌陀如來造像記의 亡考亡妣亡弟小舍梁誠沙門玄度亡妻古路里亡妹古寶里(『朝鮮金石總覽』上, 36쪽) 등에서 보면 王考妹가 죽은 사람을 가리키려고 하면 亡자가 첨가되어야 할 것이다. 王의 父의 妹는 姑母로 쉬운 용어가 있고, 이를 亡姑母로 표기하면 된다. 죽은 고모가 추명에 나온다고 해석한 연구자는 없다. 지나친 해석이다.

다. 妹의 뜻에 유의하고, 妹王이 妹의 王임에 주목하여 妹王을 해석하면 추명의 주인공인 沙喙部徙夫知葛文王이 부르는 친족 호칭으로 판단되는 바, 이에 대해서는 명문의 해석 부분에서 상론하고자 한다.

다음은 제④행의 其王妃只沒尸兮妃가 있다. 其王妃란 沙喙部徙夫知葛文王의 妃를 가리키고, 지몰시혜비는 그녀의 이름이다.

다음은 제⑤행의 其王与妹란 부분이다. 其王은 沙喙部徙夫知葛文王을 가리키고, 妹는 원명의 麗德光妙를 가리키나 추명에는 언 듯 보기에 이름이 나오지 않고 있다. 이 其王与妹란 구절은 원명과 추명의 주인공이 동일함을 말해주는 중요한 구절이다.

다음은 제⑥행의 此時共三來란 구절이 인명의 분석에 중요하다. 이 부분을 此時妃主之로 판독한 견해가 있다.[65] 이는 상황 판단에 따른 것으로 여기에서는 논의의 대상으로 삼지 않겠다. 이 부분의 정확한 해석을 위해 제⑤·⑥·⑦행의 관계 부분을 적기해 보자.

己未年七月三日其王与妹共見書石叱見來谷 此時共三來 另卽知太王妃
夫乞支妃 徙夫知王子郎△△夫知共來

此時共三來에서 此時란 己未年七月三日이므로, 己未年七月三日에 書石谷에 온 사람은 모두 3인으로 해석된다. 앞에서 살펴본 대로 其王与妹에서 其王은 사탁부사부지갈문왕이고, 妹는 원명의 여덕광묘이다. 이제 남은 한사람은 另卽知太王妃夫乞支妃徙夫知王子郎△△夫知의 해결에 따라서 풀 수가 있을 것이다. 另卽知太王妃夫乞支妃에 대해서는

---

65) 武田幸男, 앞의 논문, 1993, 3쪽.

夫乞支妃만을 따로 떼어서 법흥왕비로 추정한 견해가 있다.[66] 법흥왕

비에 대해서는 『三國史記』, 권4, 新羅本紀 4, 法興王 即位條에 法興王立

(중략) 妃朴氏保刀夫人이라고 기록되어 있다. 그래서 천전리서석 추명

의 夫乞과 『三國史記』의 保刀에서 夫는 保와, 乞의 음과 刀의 훈을 각각

대응시키고, 조선 중종 때 편찬된 『訓蒙字會』에 乞의 음은 걸, 刀의 훈

은 갈로 되어있다는 사실로 보충하였다.[67] 따라서 另即知太王妃=夫乞

支妃=保刀夫人=법흥왕비라는 관계가 성립된다.

다시 앞의 另即知太王妃에서 另即知太王이 누구인지를 알아보기 위

해 另자의 신라 중고의 발음부터 조사해 보기로 하자. 신라 진흥왕대에

활약하고, 『삼국사기』에 나오는 금관가야 왕족 출신의 金武力은[68] 적성

비(545년 직전)에 沙喙部武力智(阿干支), 창녕비(561년)에 沙喙另力智迊

干, 마운령비(568년)에 沙喙部另力智迊干으로 나온다.[69] 위의 자료에

따르면 另자는 武자에 가깝게 발음되었다고 판단된다. 여기서 另即知

太王이 누구인지를 알아보기 위해 另即知太王妃가 기록된 추명의 연대

가 539년임을 참작해 문헌에서 비슷한 신라 국왕의 이름을 찾아 제시

하면 다음과 같다.

册府元龜, 姓募名泰(『三國史記』, 권4, 신라본기 4, 법흥왕 즉위조 挾注)

第二十三法興王 名原宗 金氏 册府元龜 云姓募 名秦(『三國遺事』, 권1,

王曆 1, 第二十三法興王조)

---

66) 金龍善, 앞의 논문, 1979, 19쪽.

67) 金龍善, 앞의 논문, 1979, 19쪽.

68) 삼국 통일 전쟁 때에 맹활약한 김유신 장군의 할아버지이다.

69) 武田幸男, 「眞興王代における新羅の赤城經營」『朝鮮學報』93, 1979, 12쪽.

普通二年 王姓募名秦(『梁書』, 권54, 列傳, 新羅조)

梁普通二年 王姓募名泰 泰汲古閣本金陵書局本及梁書作秦(『南史』, 권
79, 列傳, 夷貊 下, 新羅조)

普通二年은 신라 법흥왕8년(521년)이고, 다 아는 바와 같이 신라 왕
실의 성은 김씨이므로 募秦은 법흥왕의 이름으로 판단된다. 추명의 另
卽과 『梁書』의 募秦에 있어서 另자는 募자와, 卽자는 秦자와 서로 대응
된다. 그렇다면 另卽=募秦=법흥왕이 된다. 그 뒤에 1988년에 발견되어
서 524년에 세워진 것으로 알려진 봉평비에 牟卽智寐錦王이 나와서 설
득력을 갖게 되었다. 另卽知太王妃夫乞支妃는 另卽知太王妃인 夫乞支
妃가 된다.[70] 곧 무즉지태왕비=부걸지비=법흥왕비=보도부인이 된다.

그러면 이 구절의 인명은 沙喙部徙夫知葛文王, 妹인 麗德光妙, 另卽
知太王妃인 夫乞支妃, 徙夫知王, (沙喙部徙夫知葛文王의)子인 郎△△夫
知의 5인이 되나, 沙喙部徙夫知葛文王과 徙夫知王은 동일인이므로 4인
이 된다. 此時共三來라고 되어 있어서 3인이 되어야 한다. 원명에서 麗
德光妙란 인명이 한번 나오는데, 추명에서는 이름이 나오지 않고 妹로
만 4번이나 나오고 있다. 거듭 이야기하지만 추명의 주인공은 3인이 되
어야 한다. 另卽知太王妃인 夫乞支妃, 徙夫知王, 子인 郎△△夫知 이외
에 其王与妹共見書石叱來谷했다고 하므로 其王은 徙夫知(葛文)王이지
만 妹는 누구인지 알 수가 없다. 另卽知太王妃인 夫乞支妃, 子인 郎

---

70) 田中俊明,「新羅の金石文-蔚州川前里書石 己未年追銘(二)-」『韓國文化』7-1, 1985,
34쪽에서는 另卽知太王妃夫乞支妃를 另卽知太王과 妃인 夫乞支妃로 풀이하고 있
다. 己未年七月三日에는 무즉지태왕이 이미 죽어서 천전리 서석곡에 올 수가 없어
서 성립될 수가 없다. 따라서 무즉지태왕과 비인 부걸지비로는 나눌 수가 없다.

△△夫知 중에서 妹가 될 수 있는 사람은 另卽知太王妃인 夫乞支妃밖에 없다. 원명의 麗德光妙가[71] 另卽知太王(법흥왕)에게 시집을 가서 另卽知太王妃인 夫乞支妃가 보면, 此時共三來의 3인으로 另卽知太王妃인 夫乞支妃, 徙夫知(葛文)王, (沙喙部徙夫知葛文王의) 子인 郎△△夫知를 들 수가 있다.

제⑧행 이하의 인명 분석은 명문의 해석 부분에서 언급하기로 하겠다.

IV. 명문의 해석

이제 명문의 전체적인 해석을 할 차례가 되었다. 설명의 편의를 위해 원명부터 문단을 크게 5단락으로 나누어서 제시하면 다음과 같다.

---

71) 신라에 있어서 여자의 인명 표기에 밥 짓는 사람을 뜻하는 作食人이란 직명을 가진 여자의 이름이 원명에 2명, 추명에 3명이 나오고 있다. 그 중에 한 예를 들면 作食人宋知智壹吉干支妻居知尸奚夫人이 있다. 이를 해석하면 作食人은 宋知智壹吉干支의 妻인 居知尸奚夫人이다가 된다. 作食人이란 직명을 가지지 않은 여자의 인명 표기도 있다. 그 예(천전리서석 계해명, 종서를 횡서로 바꾸었다.)를 들어 보면 다음과 같다.
①癸亥年二月六日
②沙喙路凌智小舍
③婦非德△遊
④行時書
이를 해석하면 癸亥年(603년)二月六日에 "沙喙(部)路陵智小舍의 婦인 非德△[△는 삼수(氵) 옆에 갈도(刀)한 글자로 조판상 어려움 때문에 모르는 글자로 보았다.]가 遊行할 때 썼다."가 된다.
여자의 인명 표기는 남편의 이름에 의존해서 표기하고 있다. 麗德光妙는 남편의 이름이 없이 단독으로 표기하고 있어서 525년의 원명에서 시집가기 전의 이름으로 판단된다.

A. 乙巳年沙喙部葛文王覓遊來始淂見谷之 古谷无名谷善石淂造△˟

以下爲名書石谷字作△ 并遊友妹麗德光妙於史鄒安郎△之

B. 食多煞

C. 作切人尒利夫智奈麻悉淂斯智大舍帝智

D. 作食人宋知智壹吉干支妻居知尸奚夫人貞宍智沙干支妻阿兮牟弘夫人

E. 作書人第˟尒智大舍帝智

A단락을 해석하면 "乙巳年(525년)에 沙喙部葛文王이 찾아 놀러 오셔서 비로소 谷을 보았다. 古谷이지만 이름이 없었다. 谷의 善石을 얻어서 만들었고, (…)以下를 書石谷이라고 이름을 붙여 字作△했다. 아울러 놀러(온 이는) 妹인 麗德光妙와 友인 於史鄒安郎이다."가 된다.

B단락은 부사구로서 단락의 자격이 없으나 설명의 편의상 B단락으로 잡았다. 이 부사구는 원명에 있어서 기사 부분과 인명 표기가 나열되는 곳의 중간에 오고 있다. 이와 똑 같은 위치에 있으면서 잘 해석이 되지 않은 구절로 추명의 此時△를 들 수가 있다. 이 두 구절은 같은 뜻을 의미하는 것으로 추정된다. 食多煞과 此時△에 있어서 食과 此는 대응된다. 食자의 음은 식이지만 이자로 읽는 경우도 있다. 食의 음인 이와 此의 훈인 이는 서로 상응된다. 多의 음인 다와 時의 훈인 때는 서로 통한다. 이렇게 되면 食多煞=此時△이 되어 "이 때에" 정도로 풀이가 가능할 듯하다.

C단락은 두 사람의 인명 표기이다. 作切人은 직명, 尒利夫智는 인명, 奈麻는 관등명이다. 다음 사람의 직명인 作切人은 앞 사람과 같아서 생략되었고, 悉淂斯智가 인명, 大舍帝智가 관등명이다. 이를 해석하면 "作切人은 尒利夫智奈麻와 悉淂斯智大舍帝智이다."가 된다.

D단락도 인명 표기의 부분이다. 作食人宋知智壹吉干支妻居知尸奚夫人과 貞宍智沙干支妻阿兮牟弘夫人의 두 사람 인명 표기이다. 作食人이란 직명이 암시하는 바와 같이 밥 짓는 사람의 뜻으로 여자의 인명 표기이다. 作食人은 직명, 宋知智는 인명, 壹吉干支는 관등명이다. 妻居知尸奚夫人은 妻인 居知尸奚夫人으로 분석된다. 貞宍智沙干支妻阿兮牟弘夫人에서[72] 作食人이란 직명은 앞 사람과 같아서 생략되었고, 貞宍智는 인명, 沙干支는 관등명이다. 妻阿兮牟弘夫人은 妻인 阿兮牟弘夫人으로 분석된다. 이 단락 전체를 해석하면, "作食人은 宋知智壹吉干支의 妻인 居知尸奚夫人과 貞宍智沙干支의 妻인 阿兮牟弘夫人이다."가 된다.

E단락도 인명 표기이다. 作書人은 직명, 第ㅊ尒智는 인명, 大舍帝智는 관등명이다. 이를 해석하면, "作書人은 第ㅊ尒智大舍帝智이다."가 된다

지금까지 풀이해 온 바를 전체적으로 정리하여 제시하면 다음과 같다.

"乙巳年(525년)에 沙喙部葛文王이 찾아 놀러 오셔서 비로소 谷을 보았다. 古谷이지만 이름이 없었다. 谷의 善石을 얻어서 만들었고, (…)以下를 書石谷이라고 이름을 붙여 字作△했다. 아울러 놀러(온 이는) 妹인 麗德光妙와 友인 於史鄒安郎이다.

이때에 作切人은 尒利夫智奈麻와 悉淂斯智大舍帝智이다. 作食人은 宋知智壹吉干支의 妻인 居知尸奚夫人과 貞宍智沙干支의 妻인 阿兮牟弘夫人이다. 作書人은 第ㅊ尒智大舍帝智이다."

다음은 추명의 해석을 시도할 차례가 되었다. 설명의 편의를 위해 우선 추명의 8개의 단락으로 나누어서 제시하면 다음과 같다.

---

72) 이 글자는 활 궁(弓) 옆에 입 구(口)한 것으로 되어 있다.

A. 過去乙巳年六月十八日昧 沙喙部 徙夫知葛文王妹於史鄒安郎三共 遊來以後六△十八日年過去

B. 妹王考妹王過人

C. 乙巳年王過去其王妃只沒尸兮妃愛自思

D. 己未年七月三日其王与妹共見書石叱見來谷 此時共三來 另卽知太 王妃夫乞支妃 徙夫知王子郎△ △夫知共來

E. 此時△

F. 作切臣喙部阤禮夫知沙干支△泊六知居伐干支

G. △臣丁乙尒知奈麻

H. 作食人貞宍知波珎干支婦阿兮牟呼夫人尒夫知居伐干支婦一利等次 夫人居禮知△干支婦沙爻功夫人分共作之

먼저 단락A부터 해석해 보자. 맨 앞에 나오는 過去는 지난 날 또는 과거란 뜻이다. 昧는 새벽이란 뜻이다. 『書經』, 周書, 牧誓篇에 時甲子 昧爽란 구절에도 보인다. 맨 끝의 過去는 지나가다란 뜻의 동사이다. 단락A를 해석하면, "지난 날 乙巳年(525년)六月十八日 새벽에 沙喙部 徙夫知葛文王, 妹(인 麗德光妙)와 (友인) 於史鄒安郎의 3인이 함께 놀러 온 이후로 六(月)十八日에는 해마다 (書石谷을) 지나갔다."가 된다. 六 月十八日에는 沙喙部徙夫知葛文王과 妹에게는 중요한 의미가 있다고 사료된다. 乙巳年六月十八日 새벽에 서석곡에 온 이후로 해마다 六月 十八日에는[73] 沙喙部徙夫知葛文王과 妹가 이 곳을 찾은 이유가 궁금

---

73) 해마다 六月十八日에 서석곡을 왔다간 것을 보면, 이 날이 사탁부사부지갈문왕의 비인 지몰시혜비의 제삿날이다.

하다. 그냥 놀러 온 것만으로 그 까닭을 찾을 수 없다. 이를 풀 수 있
는 자료로 천전리서석 乙卯銘이[74] 있다. 관계 전문을 제시하면 다음과
같다.

④	③	②	①	
先	僧	道	乙	1
人	首	人	卯	2
等	乃	比	年	3
見	至	丘	八	4
記	居	僧	月	5
	智	安	四	6
	伐	及	日	7
	村	以	聖	8
	衆	沙	法	9
	士	弥	興	10
			太	11
			王	12
			節	13

乙卯年의 연대는 법흥왕22년(535년)으로 보고 있다.[75] 居智伐村을

---

74) 聖法興太王節의 聖자는 1010~1031년 사이 건립된 낭혜화상비의 國有五品曰聖而
曰眞骨 曰得難 言貴姓之難得 文賦云 或求易得難 從言六頭品 數多爲貴 猶一命至九
其四五品 不足言(이 구절의 해석 문제에 대해서는 김창호, 「新羅 朗慧和尙碑의 두
가지 문제-得難조의 해석과 건비 연대-」『한국 고대 불교고고학의 연구』, 2007 참
조)의 聖而와 발음상 비슷하다. 선도산 마애3존불 관음보살상의 등에도 聖자가 있
다. 이들은 모두 聖骨을 의미하는 것으로 보인다. 그렇다면 신라 중고에 성골이 실
존하게 된다.

75) 문경현, 「新羅 佛敎 肇行攷」『新羅文化祭學術發表會論文集』14, 1993, 141쪽에서 595
년(진평왕16년)설을 주장하고 있다. 제①행에 나오는 節자를 불교 기념일을 가리키
는 것으로 해석하고(필자 주; 節자는 단순히 때란 뜻이다.), 『삼국사기』, 권4, 신라본

『三國史記』, 地理志, 良州조의 巘陽縣 本居知火縣 景德王改名 今因之의 居知火縣란 구절과 대비시켜서 居智伐=居知火로 본 견해가 있다.[76] 巘陽縣의 위치가 궁금하다. 『高麗史』, 志 권11, 지리 2에 巘陽縣 本居知火縣 景德王改名 爲良州領縣 顯宗九年來居 仁宗二十一年 監務後改彦陽이라고 되어 있어서 언양 지역이 거지벌촌임을 알 수가 있다. 행정촌인[77] 거지벌촌이 언양현과 같으므로 천전리서석이 있는 서석곡이 언양현에 속했던 것으로 보인다.

원명과 추명에서 서석곡에 온 이유와 관련되는 구절은 을묘명 제 ②·③·④행의 道人比丘僧安及以沙弥僧首乃至居智伐村衆士先人等見

기4, 법흥왕28년조의 王薨 謚曰法興에 근거하여 법흥왕 재위 시에는 牟卽智寐錦王 등으로 불리었을 뿐이고, 법흥왕은 시호이므로 법흥왕의 재위 시에는 사용이 불가능하다고는 전제아래 乙卯年은 595년이 되어야 한다고 주장하였다. 이 방법론에 따라서 539~576에 재위한 진흥왕의 경우를 조사해 보자. 마운령비에는 眞興太王이라고 명기되어 있고, 『삼국사기』, 권4, 신라본기4, 진흥왕37년조에 秋八月王薨 謚曰眞興이라고 되어 있어서 마운령비의 건립 연대도 한 갑자 내려서 628년으로 보아야 할 것이다. 지금까지 마운령비의 건립 연대를 628년으로 본 가설은 제기된 바 없다. 북한산비와 황초령비에도 眞興太王이란 구절이 있어서 마운령비와 마찬가지의 경우가 된다. 따라서 을묘명의 새긴 연대는 595년이 아닌 535년이 옳다.

76) 木村 誠, 「新羅郡縣制の確立過程と村主制」 『朝鮮史研究會論文集』13, 1976, 11쪽.
77) 거지벌촌처럼 확실한 행정촌은 많지가 않다. 또 고신라 금석문에 나오는 城村은 모두 자연촌이 아닌 행정촌으로 보아야 될 것이다.(김창호, 앞의 책, 2009, 170~186쪽) 만약에 금석문에 나오는 성촌명에 자연촌도 있으면 어떤 것은 자연촌, 어떤 것은 행정촌으로 되어, 작성자나 읽는 자가 모두 혼란스러워서 안 된다. 성촌명 가운데 왜 촌명만이 자연촌과 행정촌으로 나누고 있으며, 성명에 대해서는 행정성과 자연성으로 나누지 않는지가 이상하다. 금석문이나 목간에 나오는 성촌명을 행정촌으로 보아도 아무런 문제가 생기지 않는다. 고신라 금석문에 나오는 성촌명을 자연촌으로 보면, 居智伐村과 같은 확실한 행정촌이 있어서 문제가 노정된다. 또 고신라 금석문과 목간에서 확실한 자연촌은 없다. 함안 성산산성 목간의 자연촌설에 대해서는 본 책의 제4장 제2절 참조.

記이다.[78] 及以, 乃至가 병렬의 뜻을 가진 조사로 볼 경우에[79] 이 구절은 "道人 比丘인 僧安과 沙彌인 僧首와[80] 居智伐村의 衆士·先人들이[81] 보고 기록한다."로 해석된다.[82] 道人은 북한산비(561년~568년),[83] 마운령비(568년), 황초령비(568년)에서 당대의 최고의 귀족이던 大等喙部居柒夫智伊干보다[84] 앞서서 나오는 당시 신라에서의 최고위 승직이다.[85] 이러한 道人과 대비되는 거지벌촌(언양현)의 衆士와 先人은 누구일까?

---

78) 等자는 적성비의 高頭林城在軍主等으로 볼 때, 복수의 뜻이다.

79) 深津行德, 「法體의 王-序說:新羅의 法興王의 場合-」『學習院大學 東洋文化研究所 調査研究報告』39, 1993, 55쪽.

80) 도인인 僧安, 僧首이란 스님 이름은 연가7년명금동여래입상(479년) 제②행의 僧演과 함께 외자 승명의 예이다. 이 밖의 예는 없다. 승안과 승수는 승연으로 보면, 고구려 영향이지 중국 남조의 영향으로 볼 수가 없다. 마운령비와 황초령비의 沙門道人인 법장과 혜인도 고구려계 승려로 보여 더욱 그러하다. 북한산비의 석굴에 있던 도인도 고구려계 승려이다. 따라서 도인의 중국 남조의 영향을 받은 직명으로 보기가 어렵게 된다. 고구려의 영향으로 보고자 한다.

81) 중사와 선인은 불교 사전 등 어떤 사전에도 나오지 않고 있다.

82) 김창호, 앞의 책, 2009, 132쪽.

83) 인명 표기로는 나오지 않고, 제⑦행에 見道人△居石窟이라고 나오고 있다. 석굴에 살던 도인은 원래는 발달된 불교 지식을 갖고 있던 고구려 승려로 보인다. 마운령비와 황초령비의 沙門道人法藏慧忍 중의 한 사람일 가능성이 있다. 법장과 혜인은 본래 새로 정복한 고구려 옛 땅에 살던 원고구려인의 신라인화란 이데올르기 지배에 큰 역할을 했을 것이다. 이들이 원래 고구려 승려라 고구려 말로 새로 정복한 고구려 옛땅의 지방민을 위무했을 것이다. 이것은 불교를 신라 정부가 활용함과 동시에, 이러한 방식의 지방민 지배가 신라식 지방 통치 방식이며, 이는 지방민에 대한 배려로 뒷날 3국 통일의 원동력이 되었을 것이다.

84) 居柒夫智伊干의 柒자는 나무 목(木)변에 비수 비(匕)자이다. 따라서 居柒夫는 창녕비의 △大等喙居七夫智一尺干과는 동일인일 수가 없다. 거칠부는 대등으로 창녕비에 기록되어야 한다.

85) 辛鍾遠, 「道人 使用例를 통해 본 南朝佛敎와 韓日關係」『韓國史研究』59, 1987에서는 도인을 중국 남조 계통 영향을 받은 불교 승려로 보고 있다.

이들은 을묘명을 구조적으로 볼 때, 토착 신앙을 담당했던 직명으로 보인다.[86] 또 6세기경의 천전리서석 선각화에는 인물도, 기마행렬도 등의 인물상과 말, 새, 용, 물고기의 동물상 그리고 배 등이 있다. 이는 5~6세기 무덤인 적석목곽묘[87] 출토의 토우와 유사하여 장송 의례와 관련된 것이다.[88] 따라서 토착 신앙의 성지인 서석곡은 장송 의례와 관련된 것이 주류였음을 알 수 있다.

乙巳年(525년)六月十八日에는 沙喙部徙夫知葛文王의 妃인 只沒尸兮妃가 죽어서 沙喙部徙夫知葛文王과 妹인 麗德光妙 등이 토착 신앙(장송 의례)의 성지인 서석곡에 왔다고[89] 사료된다.[90]

B단락은 妹王考妹王過人으로 그 해석이 대단히 어렵다. 이 구절 가운데 考자는 앞에서 살펴 본 바와 같이 亡考가 아니므로 죽은 아버지의 뜻이 아닌 동사이다. 추명에서 4번 나오는 妹자는 모두 沙喙部徙夫知葛文王의 妹란 뜻이다. 이 구절에서 妹王=於史鄒安郎으로 본 견해가 있다.[91] 妹王의 妹자가 沙喙部徙夫知葛文王의 妹란 뜻이고, 沙喙部徙夫

---

86) 김창호, 앞의 책, 2009, 130~137쪽.

87) 김창호, 「신라 금관총의 尒斯智王과 적석목곽묘의 편년」, 『新羅史學報』32, 2014에서 신라 적석목곽묘에 관한 편년을 제시한 바 있다. 황남동109호3·4곽은 4세기 중반, 황남동110호, 황오리14호는 4세기 후반, 98호 남분(402년, 내물왕릉), 98호 북분은 5세기 전반, 금관총(458년, 눌지왕릉=尒斯智王陵=넛지왕릉), 서봉총, 식리총, 금령총, 천마총은 5세기 후반, 호우총, 보문리 부부총은 6세기 전반으로 보았다.

88) 김창호, 앞의 책, 2009, 140~141쪽.

89) 김창호, 앞의 책, 2007, 170쪽.

90) 미리 결론을 말하면 己未年(539년)七月三日에는 另卽知太王妃인 夫乞支妃의 남편인 另卽知太王(법흥왕)이 죽었기 때문에 另卽知太王妃인 夫乞支妃, 沙喙部徙夫知葛文王 등이 토착 신앙(장송 의례)의 성지인 서석곡을 찾은 것이라고 해석된다.

91) 武田幸男, 앞의 논문, 1993, 18쪽.

知葛文王과 於史鄒安郞의 관계가 벗(友)일 뿐이고, 妹王은 妹의 王이란 뜻이므로 성립될 수가 없다. 妹자가 추명의 주인공 2명(其王与妹) 가운데 한 사람을 가리킨다. 妹는 沙喙部徙夫知葛文王의 妹란 뜻이 내포되어 있다. 이때에 妹와 妹王의 차이가 궁금하다. 두 번 나오는 妹王은 妹와 관련된 용어로 妹의 왕을 가리킴이 분명하다. 妹자가 沙喙部徙夫知葛文王의 妹를 뜻하는 점, 원명과 추명의 주인공 가운데 한 사람이 沙喙部徙夫知葛文王인 점, 妹王이 妹의 王을 가리키는 점 등을 동시에 고려하면 妹王은 추명의 주인공인 沙喙部徙夫知葛文王이 부르는 호칭일 가능성이 있다. 沙喙部徙夫知葛文王이 妹王이라고 부를 수 있는 대상자는 누구일까? 아무래도 妹의 남편 곧 妹가 시집을 간 쪽 사람을 부르는 호칭으로 판단된다. 沙喙部徙夫知葛文王의 妹가 시집을 갔을 때, 沙喙部徙夫知葛文王이 妹王이라고 부를 수 있는 제1의 대상자는 妹의 남편이다. 여기에서는 妹의 남편인 另卽知太王(법흥왕)을 沙喙部徙夫知葛文王이 부르는 간접 호칭으로[92] 보고자 한다.[93]

이 妹王과 비슷한 용례를 찾아 보자. 昌王銘舍利龕 명문에 百濟昌王十三季歲在丁亥妹兄公主供養舍利(개행)라고 나온다. 昌王十三季歲在丁亥는 威德王13년(567년)이다. 이 명문은 백제 창왕13년 丁亥(567년)에 妹兄과 公主가 공양한 사리로[94] 해석된다. 이 妹兄은 오늘날의 의미와

---

92) 인류학에서 사용하는 용어를 차용하였다.

93) 사탁부사부지갈문왕과 무즉지태왕(법흥왕)은 처남, 매부 사이이다.

94) 이를 金昌鎬, 「집안고구려비를 통해 본 麗濟 王陵 비정 문제」『考古學探究』17, 2015, 39쪽에서는 백제 창왕13년(567년) 丁亥에 (창왕의) 매인 형공주가 공양한 사리로 해석하였다. 이는 잘못된 것이다. 癸酉銘阿彌陀三尊佛碑像(673년)에서(김창호, 「癸酉銘阿彌陀三尊佛碑像의 銘文」『한국 고대 불교고고학의 연구』, 2007, 73쪽) 백제 유민 32명(총 33명 중 1명은 인명 표기가 불확실함)의 인명이 三久知乃末(인명+관

꼭 같은 것이다. 또『三國史記』, 권44, 金陽傳에 開成六年丙辰 興德王薨 無嫡嗣 王之堂弟 堂弟之子悌隆爭嗣位 陽與均貞之子阿飡祐徵 均貞妹婿 禮徵 奉均貞爲王에서 妹婿란 용어가 나온다. 妹王은 妹의 王이란 뜻이 다. 妹兄은 妹의 兄(남편), 妹婿는 妹의 婿(남편), 妹弟는 妹의 弟(남편), 妹夫는 妹의 夫(남편)란 뜻이고, 모두가 시집을 간 쪽의 남편을 가리키 는 용어이다. 妹王도 妹兄, 妹婿, 妹弟, 妹夫와 마찬가지로 妹의 남편을 가리킬 가능성이 크다. 따라서 妹王은 沙喙部徙夫知葛文王이 妹(另卽知 太王妃인 夫乞支妃)의 남편인 另卽知太王(법흥왕)을 부르는 호칭으로 볼 수가 있다.

뒤에 나오는 過人이란 용어도 過去와 마찬가지로 지나가다와 돌아 가시다의 두 가지 뜻이 있는 것으로 판단된다.[95] 여기에서의 過人은 돌 아가신 사람이다란 뜻이다. 이 단락에는 물론 추명의 주인공인 沙喙部 徙夫知葛文王이란 주어가 생략되어 있다. 妹王考妹王過人을 해석할 차 례가 되었다. "(沙喙部徙夫知葛文王이) 妹王(법흥왕)을 생각하니, 妹王은 죽은 사람이다."로 해석된다.[96]

등명)식(신라 인명 표기 방식)으로 되어 있으나, 백제 관등명을 가진 達率身次는 불 비상 자체에서 관등명+인명으로 백제 인명 표기 방식을 갖고 있었다. 達率身次의 예와 비교해서 妹兄公主를 妹인 兄公主로 해석하려고 하면 인명+관등명류가 된다. 이는 達率身次(관등명+인명)과는 인명이 오는 위치가 서로 반대가 된다. 妹兄公主 를 백제 인명 표기 방식인 妹인 兄公主로 해석하려고 하면, 명문 자체가 妹公主兄이 되어야 할 것이다. 따라서 妹兄公主 부분은 인명일 수가 없고, 妹兄과 公主 곧 公主 부부로 해석해야 될 것이다.

95) 南豊鉉, 「永泰二年銘 石造毗盧遮那佛造像記의 吏讀文 考察」『新羅文化』5, 1988, 11 쪽에서 추명의 過去가 지나가다와 돌아가시다의 두 가지로 쓰였다고 하였다. 또 過 去爲飛賜豆溫哀郎願爲를 돌아가신 豆溫哀郎의 願을 위하여라고 해석하고 있다.

96) 무즉지태왕은 己未年七月三日에 부걸지비와 사탁부사부지갈문왕 등이 서석곡에 왔 을 때는 이미 죽었다고 판단된다. 지몰시혜비의 제삿날이 六月十八日인 점에서 보

C단락을 해석해 보자. "乙巳年에 王(沙喙部徙夫知葛文王)은 돌아가신 其王妃(沙喙部徙夫知葛文王의 妃)인 只沒尸兮妃를 愛自思(사랑하여 스스로 생각)했다."가 된다.[97]

D단락은 "己未年七月三日에 其王(沙喙部徙夫知葛文王)과 妹가 함께 書石을 보러 谷에 왔다. 이때에 함께 3인이 왔다. 另卽知太王妃인 夫乞支妃, 徙夫知(葛文)王, 子인 郎△△夫知가 함께 왔다."로 해석된다.

E단락은 此時△로 전술한 바와 같이 "이때에"정도로 해석된다.

F단락에서 作切臣은 직명, 喙部는 출신부명, 知禮夫知는 인명, 沙干支는 관등명이다. △泊六知居伐干支에서 직명과 출신부명은 앞사람과 같아서 생략되었고, △泊六知는 인명, 居伐干支는 관등명이다. 이를 해석하면, "作切臣은 喙部의 知禮夫知沙干支와 △泊六知居伐干支이다."가 된다.

G단락의 △臣丁乙尒知奈麻에서 △臣은 직명, 丁乙尒知는 인명, 奈麻는 관등명이다. 이를 해석하면, "△臣은 丁乙尒知奈麻이다."가 된다.

H단락의 作食人貞宍知波珎干支婦阿兮牟呼夫人尒夫知居伐干支婦一利等次夫人居禮知△干支婦沙爻功夫人에서 作食人貞宍知波珎干支婦阿兮牟呼夫人이 한 사람의 인명 표기이다. 作食人은 직명, 貞宍知는 인

면, 7월 3일이 무즉지태왕의 제삿날이다. 그래서 이 날 부걸지비와 사탁부사부지갈문왕 등이 서석곡(장송 의례의 성지)을 찾았다. 무령왕릉(재위 501~523년) 출토의 매지권에 근거할 때, 무령왕과 왕비 모두 27개월의 3년 상을 치르려고 있어서 6세기에 중국식의 유교 장례가 보급되었음을 알 수 있다. 그러나 서석곡에 있는 장송 의례의 성지를 찾는 것은 중국에는 없는 신라 방식이다.

97) 이 부분을 南豊鉉, 「新羅時代 吏讀文의 解讀」,「書誌學報」9, 1993, 8쪽에서는 "王이 돌아가시니 그 王妃인 只沒尸兮妃께서 (잊지 못하고) 사랑하여 스스로 생각했다."로 해석하고 있다. 乙巳年(525년)에는 沙喙部徙夫知葛文王은 죽지 않고, 己未年(539년)에도 서석곡에 遊來하고 있어서 잘못된 해석이다.

명, 波玽干支는[98] 관등명, 婦阿兮牟呼夫人는 婦인 阿兮牟呼夫人이란 뜻이다. 尒夫知居伐干支婦一利等次夫人이 한 사람의 인명 표기이다. 作食人이란 직명은 앞 사람과 같아서 생략되었고, 尒夫知는 인명, 居伐干支는 관등명, 婦一利等次夫人은 婦인 一利等次夫人이란 뜻이다. 居禮知△干支婦沙爻功夫人이 한 사람의 인명 표기이다. 作食人이란 직명은 앞 사람과 같아서 생략되었고, 居禮知는 인명, △干支는 관등명, 婦沙爻功夫人은 婦인 沙爻功夫人이란 뜻이다. H단락을 해석하면 "作食人은 貞宍知波玽干支의 婦인 阿兮牟呼夫人과 尒夫知居伐干支의 婦인 一利等次夫人과 居禮知△干支의 婦인 沙爻功夫人이며, 나누어서 함께 지었다."가 된다.

지금까지 풀이해 온 바를 전체적으로 정리하여 제시하면 다음과 같다.

"지난 날 乙巳年(525년)六月十八日 새벽에 沙喙部徙夫知葛文王, 妹(인 麗德光妙)와 (友인) 於史鄒安郞의 3인이 함께 놀러 온 이후로 六(月)十八日에는 해마다 (書石谷을) 지나갔다.

(沙喙部徙夫知葛文王이) 妹王(법흥왕)을 생각하니, 妹王은 죽은 사람이다.

乙巳年에 王(沙喙部徙夫知葛文王)은 돌아가신 其王妃(沙喙部徙夫知葛文王의 妃)인 只沒尸兮妃를 愛自思(사랑하여 스스로 생각)했다.

己未年七月三日에 其王(沙喙部徙夫知葛文王)과 妹가 함께 書石을 보러 谷에 왔다. 이때에 함께 3인이 왔다. 另卽知太王妃인 夫乞支妃, 徙夫知(葛文)王, 子인 郞△△夫知가 함께 왔다.

---

98) 波자는 추명에 삼수(氵)에 저피(彼)을 합친 글자로 되어 있으나 조판상 어려움 때문에 같은 것인 波로 썼다.

이때에 作切臣은 喙部의 知禮夫知沙干支와 △泊六知居伐干支이다. △臣은 丁乙尒知奈麻이다. 作食人은 貞宍知波珎干支의 婦인 阿兮牟呼夫人과 尒夫知居伐干支의 婦인 一利等次夫人과 居禮知△干支의 婦인 沙爻功夫人이며, 나누어서 함께 지었다."

Ⅴ. 고찰

여기에서는 沙喙部徙夫知葛文王이 立宗葛文王과 동일인인지[99] 여부와 另卽知太王妃인 夫乞支妃 곧 문헌의 保刀夫人의 소속부가 『삼국사기』·『삼국유사』에 기초한 통설대로 모량부인지 여부를 신라 중고 금석문 자료, 울주 천전리서석 원명과 추명을 중심으로 살펴보기로 하겠다.

먼저 사탁부사부지갈문왕이 입종갈문왕인지 여부부터 검토해 보기로 하자.

종래 중고 금석문에 나오는 사탁부사부지갈문왕과 문헌에 나오는 입종갈문왕을 동일인으로 보아 왔다.[100] 이를 기준으로 울주 천전리서

---

99) 『三國史記』, 권4, 신라본기 4, 眞興王 즉위조에 진흥왕의 이름이 彡麥宗 또는 深麥夫라고 하였고, 『三國史記』, 권44, 列傳 4, 異斯夫傳에 異斯夫 或云 苔宗이라고 하였고, 『三國史記』, 권44, 열전 4, 居柒夫傳에 居柒夫 或云 荒宗이라고 하였다. 따라서 宗과 夫는 통하는 것은 분명하다. 徙夫知葛文王과 立宗葛文王에서 徙의 음인 사는 立의 훈인 설과 통하고, 夫는 宗과 통한다. 徙夫知葛文王과 立宗葛文王은 동일인으로 볼 수가 있다.

100) 봉평비와 추명에 나오는 沙喙部徙夫知葛文王의 소속부는 사탁부이고, 입종갈문왕은 김씨 왕족이므로 문헌에 의하면, 그 소속부는 梁部(탁부)가 된다. 소속부가 금석문에서는 사탁부로, 문헌에서는 탁부로 차이가 있음에도 불구하고, 이들을 음相

석 원명과 추명을 해석해 왔다.[101] 그래서 봉평비 서두에 나오는 喙部牟
卽智寐錦王과 沙喙部徙夫智葛文王을 각각 법흥왕과 입종갈문왕으로
보아, 이들을 문헌에 기초하여 형제간으로 해석했다.[102] 그러면 신라 6
부 가운데 가장 우세한 2부인 탁부와 사탁부를 각각 두 형제가 장악한
것이 되어 나머지 4부인 본피부, 습비부, 모량부, 한지부는 존재할 필요
가 없게 되고,[103] 형제가 각각 탁부와 사탁부의 우두머리라면 탁부와 사
탁부를 굳이 구분할 필요가 없게 된다. 바꾸어 말하면 중고 금석문 자
료에서 탁부와 사탁부를 구분해서 인명 표기에 부명을 명기할 이유가
없게 된다. 탁부와 사탁부의 장이 형제간으로 볼 때, 탁부와 사탁부는
구분할 수 없을 정도로 밀착되어 있고, 6부가 각각 독자적인 조직일 가

似에 의해 동일인으로 보아 왔다. 이렇게 되면 신라 중고 왕실의 소속부가 탁부와
사탁부가 모두 되는 문제점이 노출된다.

101) 金龍善, 앞의 논문, 1979.
　　李文基, 앞의 논문, 1980.
　　문경현, 앞의 논문, 1987.
　　문헌사학자들은 모두가 사부지갈문왕을 입종갈문왕으로 보고서 천전리서석 원명
　　과 추명을 해석해 왔으며, 누구도 금석문을 위주로 해서 연구하지는 않았다. 이러
　　한 연구 방법론의 차이가 사부지갈문왕을 입종갈문왕으로 보느냐 안 보느냐의 차
　　이로 나타났다.

102) 현재까지 학계의 통설로 이렇게 보지 않는 연구자는 없다. 형제간으로 단정한 것
　　은 사부지갈문왕을 입종갈문왕으로 보았기 때문이다.

103) 봉평비 제⑥행에 新羅六部란 구절이 나와서 고신라의 6부 존재는 인정되고 있다.
　　본피부의 인명 표기는 중고 금석문에서 봉평비(524년)의 1명, 창녕비(561년)의 1
　　명, 마운령비(568년)의 2명이 각각 나오고 있다. 또 중고 이전의 고신라 금석문인
　　중성리비(441년)에는 3명, 냉수리비(443년)에는 2명의 본피부의 인명 표기가 각각
　　나온다. 모두 합쳐서 9명의 본피부 인명이 나오고 있다. 황초령비에 파실된 인명
　　중에 본피부 출신이 적어도 1명이 있을 가능성이 있다. 그렇다면 고신라 금석문에
　　서 본피부 출신은 총 10명 이상이 된다.

능성은 없게 된다.

그런데 고구려의 경우 『三國志』, 魏書, 東夷傳, 高句麗조에 기재된 내용에 따를 때, 계루부, 소노부, 절노부, 관노부, 순노부의 5부는 각각 독립된 조직이었다. 고구려의 5부와 비슷한 部 조직을 가졌던 것으로 추정되는 신라 6부도 고구려 5부와 마찬가지로 각각 독립된 조직일 가능성이 크다.

신라에서도 6부가 독립된 조직일 가능성을 암시하는 자료로 충북 청주시 상당산성에서 나온 9~10세기 장판타날문 평기와(암기와)에[104] 沙喙部屬長池馹이란[105] 명문이[106] 새겨진 것이 있다. 이 명문은 사탁부에 속한 장지역으로[107] 해석되고,[108] 통일 신라 시대 驛이 소속된 부명도 분명히 밝히고 있는 점에서 보면, 9~10세기에도 신라 6부가 존재하고 있었으며, 행정 구역이 아닌 독자적인 세력을 가졌던 부족단으로[109] 해

---

104) 장판타날문 기와를 기와고고학에서는 일반적으로 9~10세기로 편년하고 있다.

105) 이를 徐榮一, 「安城 飛鳳山城 수습 本彼 기와 考察」 『문화사학』11·12·13, 1999, 496쪽에서는 사량부가 장지역의 말을 맡다(돌보다)로 해석하고 있다.

106) 馹자는 驛자의 이체이다.

107) 長池驛은 고려 시대에도 존재하고 있었다. 이에 대해서는 정요근, 「고려 조선초의 역로망과 역제 연구」, 서울대학교 국사학과 박사학위청구논문, 2008, 333쪽 참조.

108) 김창호, 「포항 중성리 신라비의 재검토」 『新羅史學報』29, 2013, 626쪽.
    이 논문에서 제①행을 辛巳△月中折盧△智王으로 복원했으나 이는 잘못된 것이다. 辛巳(年喙部)折盧(智王)으로 바로 잡는다. 喙部折盧智王은 눌지왕이다. 또 6부에는 노예(6부), 평민(6부), 4두품(6부), 5두품(6부), 6두품(6부), 진골(6부), 성골(탁부와 사탁부)이라고 했으나, 고신라가 아닌 중고 시대에 있어서 노예(6부), 평민(6부), 4두품(6부), 5두품(6부), 6두품(탁부, 사탁부, 본피부), 진골(탁부, 사탁부), 성골(탁부, 사탁부)로 바로 잡는다. 중성리비(441년)·냉수리비(443년)의 단계의 6부와 중고 금석문의 6부는 신분제의 변화가 있는 듯하다.

109) 6부는 단순한 행정 구역이 아닌 부족단이다.(김창호, 앞의 논문, 2013, 626쪽)

석할 수 있다.

이렇게 신라 6부도 고구려의 5부와 마찬가지로 각각 독립된 조직일 가능성이 있다면, 통설에서와 같이 사부지갈문왕을 입종갈문왕과 동일인으로 보는 데에 의문이 생긴다. 사부지갈문왕과 입종갈문왕을 동일인으로 볼 때에는 사부지갈문왕의 소속부는 사탁부이고, 입종갈문왕은 문헌에 따를 때 신라 왕족의 소속인 탁부이므로 문제가 노정된다. 이러한 문제점을 해결하려고 하면 사부지갈문왕과 입종갈문왕을 동일인으로 보지 않으면 된다.[110]

사탁부사부지갈문왕과 입종갈문왕을 동일인으로 보기에는 사부지갈문왕은 무즉지태왕(법흥왕)이 죽을 때인 己未年(539년)七月三日에[111] 추명에서 살아 있는 점이[112] 문제이다. 『삼국사기』와 『삼국유사』에 따르면 법흥왕의 사후에 법흥왕에게는 후사가 없어서 법흥왕의 조카인 동시에 입종갈문왕의 아들인 진흥왕이 幼年에 즉위했다.[113] 진흥왕이 왕

---

110) 사부지갈문왕(사탁부)과 입종갈문왕(탁부)의 소속부의 차이가 남에도 불구하고, 그 이유를 알아보거나 찾아보려고 하지 않고, 막연히 상황 판단인 음상사에 의해 동일인으로 단정하고서 논의를 전개시켜 나갔다. 이러한 점은 금석문을 금석문 자체로 분석하고 나서 문헌을 통한 검토가 되어야 함에도 불구하고, 소속부가 차이가 남에도 무조건 동일인으로 보고서 논의를 전개해 나갔다.

111) 『삼국사기』와 『삼국유사』에서는 법흥왕이 540년에 죽은 것으로 되어 있고, 추명에서는 무즉지태왕(법흥왕)이 539년에 죽은 것이 되어 1년의 시차가 있다. 이렇게 문헌과 금석문 사이의 1년 시차는 『삼국사기』·『삼국유사』와 광개토태왕비의 차이가 유명하다.(金龍善, 앞의 논문, 1979, 22쪽 참조)

112) 법흥왕의 사망 때인 539년에 사부지갈문왕은 추명의 주인공으로 천전리에 왔기 때문에 분명히 살아 있었다. 539년에 사부지갈문왕은 살아 있고, 입종갈문왕은 왕위에 오르지도 섭정을 하지도 못하고, 539년 이전에 죽었다. 이러한 사실은 사부지갈문왕과 입종갈문왕이 동일인이 아닌 중요한 근거이다.

113) 村上四男, 「眞興王と其の時代」『朝鮮學報』81, 1976.; 1978, 『朝鮮古代史研究』재수록,

위에 오를 때, 나이가 7세라서[114] 只召夫人이[115] 섭정을 했다고 한다.

천전리서석 추명에 따르면 무즉지태왕(법흥왕)이 죽은 때인 539년에

79쪽에서는 법흥왕이 죽을 때에 입종갈문왕이 이미 죽었기 때문에 입종갈문왕의 아들인 진흥왕이 유년에 즉위했다고 하였다.

金龍善, 앞의 논문, 1979, 24쪽에서는 입종갈문왕이 을사년(525년)에서 기미년(539년) 사이의 어느 때인가 사망했을 것으로 추정하고 있다. 그러나 입종갈문왕은 법흥왕의 사망 때인 539년 이전에 죽었으나, 사탁부사부지갈문왕은 추명에서 539년에도 살아 있었다.

114) 창녕비(561년)에 寡人幼年承其政委輔弼俊智라고 하였고, 『삼국사기』, 권4, 신라본기 권4, 진흥왕 즉위조에 眞興王立 (중략) 時年七歲라고 하였고, 『삼국유사』, 권1, 기이 권1, 진흥왕조에 眞興王卽位 時年十五歲라고 하였다.

이들 사료를 면밀하게 검토하고 나서 다음과 같은 결론을 내렸다. 진흥왕이 7세에 즉위하여 모후인 지소부인의 섭정을 받았으나 551년 開國이라 改元하면서 친정을 시작했다고 보았다.(李丙燾, 『韓國古代史研究』, 1976, 669쪽, 李基白, 1978, 『新羅時代의 國家佛敎와 儒敎』, 70쪽, 村上四男, 앞의 책, 1978, 86쪽 등) 그러나 법흥왕의 사망을 문헌대로 540년으로 보면, 551년에 18세밖에 되지 않는다. 따라서 開國 개원은 친정과는 관련이 없다. 신라 때 성년 나이(적어도 20세?)가 언제부터인지를 검토해야 될 것이다.

545년 직전에 세워진(김창호, 앞의 책, 2009, 235쪽에서는 적성비의 건립 연대를 545년 이전으로 보았다.) 적성비에는 진흥왕의 왕명이 나오지 않아서 적성 경영에는 진흥왕이 아직 成年이 되지 못해도 참가하고 있다. 561년에 작성된 창녕비에는 성년이 된 진흥왕이 참가한 기록이 나온다. 따라서 진흥왕의 즉위는 7세설이 옳다. 561~568년에 세워진 북한산비, 568년에 세워진 마운령비와 황초령비에는 眞興太王이란 왕호가 나오고 있어서 진흥왕이 직접 巡狩管境했음을 알 수 있다. 흔히 창녕비, 북한산비, 마운령비, 황초령비를 진흥왕의 4순수비로 부르고 있으나, 이는 잘못이다. 북한산비, 마운령비, 황초령비에는 서두에 巡狩管境이란 구절이 나오지만, 창녕비는 그렇지 않다. 창녕비는 척경비이다.

115) 원명과 추명의 분석에 따를 때, 사부지갈문왕의 비인 지몰시혜비는 525년에 죽었으므로 539년 이후에 살아서 섭정을 한 입종갈문왕의 비인 지소부인과는 동일인일 수가 없다. 只沒尸兮妃와 只召夫人을 대비시켜서 음상사로 동일인으로 볼 수도 없다. 곧 只자는 동일하나 沒尸兮와 召는 음상사로 통할 수가 없다. 이렇게 지몰시혜비와 지소부인이 동일인이 아닌 점은 사부지갈문왕이 입종갈문왕과 동일인이 아니라는 증거가 된다.

사부지갈문왕이 살아 있음에도[116] 불구하고, 법흥왕이 사망한 뒤를 이어서 왕위에 즉위하지 않고 섭정을 하지도 않고 있다. 이에 비해 입종갈문왕은 539년 법흥왕의 사망 이전에 죽어서 왕위에 즉위하지도, 섭정을 하지도 못했다. 왜 사부지갈문왕이 살아 있는 데에도 불구하고 왕위에 오르지도 않고, 섭정을 하지 않을 수가 있을까? 금석문 자료에 충실할 때, 사부지갈문왕이 입종갈문왕과 동일인이 아닌 데에서[117] 그 이유

---

116) 법흥왕의 사망 때인 539년에 왕위에 입종갈문왕의 아들인 진흥왕이 오르고 있고, 입종갈문왕의 비인 지소부인이 섭정을 하고 있어서 입종갈문왕은 이미 죽었기 때문에 왕위에는 오르지 못하고 있다.(村上四男, 앞의 책, 1978, 79쪽) 이에 비해 사부지갈문왕은 539년에 천전리서석의 원명과 추명의 표현대로 遊來하고 있어서 분명히 살아 있었다. 이렇게 동일인이면서도 539년 이전에 입종갈문왕은 죽었고, 539년에 살아 있는 모순은 사부지갈문왕과 입종갈문왕을 동일인으로 보았기 때문이다.

117) 『삼국사기』, 권4, 신라본기 4, 진흥왕 즉위조에 나오는 진흥왕의 이름인 深麥夫는 창녕비(561년)에 나오는 甘麥軍主인 心麥夫智와 이름의 발음이 꼭 같으나 누가 보아도 동일인이 아니다. 今西龍, 『新羅史硏究』, 1933, 431쪽과 三池賢一, 「新羅官位制度(上)」『法政史學』22, 1970, 18쪽. 등에서 창녕비(561년)의 碑利城軍主喙福登智沙尺干과 황초령비(568년)의 喙部服冬知大阿干을 동일인으로 보았고, 창녕비(561년)의 春夫智大奈末과『삼국사기』, 권4, 신라본기4, 진흥왕26년(566년)조의 阿飡春賦를 동일인으로 보았다. 창녕비(561년)와 황초령비(568년)에서 居柒夫는 一尺干(伊干)으로 동일한 관등이고, 另力智는 두 비에서 迊干으로 동일한 관등이다. 창녕비의 복등지 사척간(8관등)에서 황초령비의 복동지 대아간(5관등)으로 3관등 올라서 거칠부와 무력의 예로 볼 때, 동일인이 아니다. 춘부도 561년 대내마(10관등)에서 566년 아찬(6관등)으로 5년만에 4관등이나 올라서 동일인이 아니다.(김창호, 앞의 책, 2009, 233쪽)

냉수리비(443년)의 沙喙壹夫智奈麻와 봉평비(524년)의 喙部一夫智太奈麻에서 그 출신부가 다르고, 81년 동안 1관등밖에 진급하지 않아서 동일인이 아니다. 냉수리비(443년)의 尒夫智壹干支와 추명(539년)의 尒夫知居伐干支에서 96년만에 2관등밖에 차이가 없어서 동일인이 아니다.(김창호, 앞의 책, 2007, 137~138쪽)

중성리비(441년)의 沙喙斯德智阿干支와 냉수리비(443년)의 沙喙斯德智阿干支를 동일인으로 보고 있으나(이우태, 「포항 중성리신라비의 내용과 건립연대」『포항중

를 찾을 수 있다. 그렇다면 사탁부사부지갈문왕은 누구일까? 원명과 추명의 분석과 고찰 부분의 검토 결과에 따를 때, 사탁부사부지갈문왕 은 입종갈문왕이 아니므로 사탁부의 長으로서 갈문왕에 오른 것으로 해석할 수밖에 없다.

다음으로 신라사 복원에 중요한 중고 왕실 왕비족의 소속부가 문헌 에서와 같이 모량부인지 여부를 검토해 보기로 하자.

종래 문헌에 의해 중고 왕실 왕비족의 소속부를 모량부로 보고, 그 성씨를 朴氏로 보아 왔다.[118] 우선 법흥왕의 왕비인 保刀夫人의 소속부 에 대해 살펴보기로 하자. 주지하는 바와 같이 금석문의 夫乞支妃는 문 헌에서는 保刀夫人으로 나온다. 보도부인은 『삼국사기』, 권4, 신라본기 4, 법흥왕 즉위조에 妃朴氏保刀夫人라고 되어 있고, 박씨가 모량부 소 속임은 다음의 사료의[119] 번역문에서 확인된다.

왕(지증왕)은 음경의 길이가 1척 5촌이나 되어 배필을 구하기 어려웠 다. 그래서 사자를 三道에 보내어 배필을 구했다. 사자가 牟梁部에 이 르러 冬老樹 아래에서 개 두 마리가 크기 북만한 똥 덩어리의 양 쪽 끝 을 물고 다투는 것을 보았다. 그 마을 사람들에게 물었더니 한 소녀가

성리신라비 발견기념학술심포지엄』, 2009, 84쪽), 냉수리비 인명의 斯자는 조판의 편의상 쓴 것이고, 냉수리비에서만 나오는 신라 조자이므로 양자는 동일인으로 볼 수가 없다. 곧 인명에 5번(斯夫智王, 斯德智阿干支, 斯彼暮斯智干支, 斯申支, 斯利) 의 신라 조자가 나오고 있고, 斯彼暮斯智(뒤에 것은 신라 조자), 兒斯奴의 경우는 인명에 신라 조자가 아닌 斯자를 그대로 쓰고 있다. 따라서 두 글자는 전혀 다른 글자이다.

이 시기의 금석문들 사이에서 또는 문헌과 금석문 사이에서 이름이 같은 예는 많 았을 것이다. 사부지갈문왕과 입종갈문왕도 그러한 예의 하나일 것이다.

118) 현재 학계에서 널리 사용되고 있는 통설이다.

119) 『삼국유사』, 권1, 기이1, 智哲老王조.

말했다. 牟梁部 相公의 딸이 여기서 빨래하다가 수풀 속에 숨어서 눈 것입니다. 그 집을 찾아 살펴보니, 그 여자의 신장이 7척 5촌이나 되었다. 사실대로 상세히 아뢰었더니, 왕은 수레를 보내어 그 여자를 궁중에 맞아들여 皇后로[120] 삼았다. 여러 신하가 모두 경하했다.

『삼국유사』, 권1, 왕력1, 진흥왕조에 母只召夫人 一作息道夫人 朴氏 牟梁里英失角干之女라고 되어 있다.[121]

위의 두 기록에 따를 때, 중고 왕실 왕비족은 그 성이 박씨이고, 그 소속부는 모량부이다. 중고 왕비족의 소속부가 과연 모량부인지 여부를 중고 금석문 자료를 통해 검토해 보기로 하자. 우선 관계 자료를 표로 만들어 제시하면 다음의 〈표 1〉과[122] 같다.

〈표 1〉에[123] 있어서 봉평비에서는 탁부 11명, 사탁부 10명, 본피부 1명, 불명 3명으로 총 25명의 인명이 나온다. 적성비에서는 탁부 7명, 사탁부 3명, 불명 2명으로 총 12명의 인명이 나온다. 창녕비에서는 탁부 21명, 사탁부 14명, 본피부 1명, 불명 3명으로 총 39명의 인명이 나온다. 북한산비에서는 탁부 5명, 사탁부 3명으로 총 8명의 인명이 나온

---

120) 『삼국사기』, 권4, 신라본기4, 지증마립간 즉위조에 妃朴氏延帝夫人이라고 하였다. 李載浩譯註, 『三國遺事』, 1989, 137쪽에도 황후를 朴氏 延帝夫人을 가리킨다고 되어 있다.

121) 진흥왕의 어머니인 지소부인은 박씨로 모량리영실각간의 딸로 되어 있어서, 지소부인은 박씨로 모량부(모량리) 출신임을 알 수가 있다.

122) 중성리비의 건비 연대는 441년, 냉수리비의 건비 연대는 443년이다. 이들은 중고 시대를 벗어나고 있다. 일설에 따라 중성리비의 건비 연대를 501년, 냉수리비의 건비 연대를 503년으로 보아도 〈표 1〉의 결론은 변함이 없다. 중성리비의 경우 탁부 9명(喙部折盧智王=訥祇王을 포함), 사탁부 9명, 본피부 3명, 불명 5명이고, 냉수리비의 경우 탁부 7명, 사탁부 7명, 본피부 2명이다.

123) 모두 김창호, 앞의 책, 2007에 근거하였다.

〈표 1〉 중고 금석문에 나타난 각 부명별 인명의 수

부 명	탁 부	사탁부	본피부	불 명	계
봉평비	11	10	1	3	25
적성비	7	3		2	12
창녕비	21	14	1	3	39
북한산비	5	3			8
마운령비	11	6	2	1	20
황초령비	11	4		5	20
계	66	40	4	14	124

다. 마운령비에서는 탁부 11명, 사탁부 6명, 본피부 2명, 불명 1명으로 총 20명의 인명이 나온다. 황초령비에서는 탁부 11명, 사탁부 4명, 불명 5명으로 총 20명의 인명이 나온다. 각 부별 인원수는 탁부 66명, 사탁부 40명, 본피부 4명, 불명 14명이다. 이들 인명의 총수는 124명이다.

〈표 1〉에서 중고 금석문 자료를 통해 볼 때, 신라 중고 왕비족의 소속부를 모량부로 보기에는 인명 표기에 나오는 부명이 모량부라고 명기된 예가 없어서 문제점으로 지적된다. 문헌과[124] 금석문에서[125] 신라 왕족은 탁부(양부)이므로, 〈표 1〉에서 보는 바와 같이 인명 표기에 있어서 탁부에 버금가는 부명이 나오는 사탁부가 왕비족일 가능성이 있다. 천전리서석 추명에 나오는 另即知太王妃인 夫乞支妃는 앞에서 살펴 본 것처럼 문헌의 보도부인과 동일인이다. 보도부인은 박씨로 그 소속부

---

124) 학계에서는 일반적으로 중고 왕실의 왕족인 김씨의 소속부를 탁부(梁部)로 보고 있다. 이는 움직일 수 없는 통설로 왕의 소속부 연구에 있어서 중요한 단서로 판단되고, 신라사 연구에 중요한 잣대가 될 것이다.

125) 냉수리비의 斯夫智王(실성왕), 乃智王(눌지왕), 봉평비의 牟即智寐錦王(법흥왕)은 모두 탁부 소속이다.

는 모량부이다. 이에 비해 보도부인과 동일인인 부걸지비는 앞에서 살펴 본 것처럼 추명에서 사탁부사부지갈문왕의 妹이므로 사탁부 출신으로 풀이된다. 따라서 중고 금석문에서 인명 표기가 나오지 않는 모량부는[126] 신라 중고 왕비족의 소속부가 아닐 가능성이 있다.

〈표 1〉에서 보는 바와 같이 중고 비석 자료인 봉평비(524년), 적성비

---

126) 봉평비에서 岑喙部로 끊어 읽어서, 이를 모량부(漸梁部)로 문헌사학자들은 해석하고 있다. 이렇게 되면, 고신라 국가 차원의 금석문 가운데에서 모량부가 나오는 유일한 예가 된다. 喙部(83예, 봉평비 제⑩행의 立石碑人喙部博士로 나오는 것 포함.), 沙喙部(56예), 本彼(波)部(10여 예)의 경우, 다른 것으로 표기된 예가 없다. 단 영천 청제비 정원14년(798년)에 須(沙)喙(喙는 이체로 적혀 있다.)라고 나온 예가 유일하다. 모량부의 경우, 남산신성비 제2비의 촵大支村道使의 출신부명인 牟喙(部)가 나오고 있어서 만약에 모량부가 금석문에서 나온다면, 牟喙(部)로(牟자는 이체인 △ 밑에 丰한 글자이다.) 나올 것이다. 岑喙部는 부명이 아니라고 판단된다. 손환일·심현용, 『울진봉평신라비』, 2010, 53쪽에서 봉평비 제①행 33번째 글자를 五자로 읽어서 五干支를 관등명으로 보기도 하나 그러한 관등명(경위명)이 신라에는 없다. 잘못된 판독이다.

또 남산신성비 제5비(591년) 제⑤행의 道使幢主吉文知大舍(秦弘燮, 「南山新城碑의 綜合的 考察」『歷史學報』36, 1965.;『三國時代의 美術文化』재수록, 1976, 143쪽)의 道使幢主를 모량부와 관련시킨 예가 있다. 곧 남산신성비 제5비의 이 부분을 道使 △△涿部△△라고 잘못 판독한 것(李鍾旭, 「南山新城碑를 통하여 본 新羅의 地方統治體制」『歷史學報』64, 1974, 2쪽)에 근거하여 △△涿部란 것을 牟梁部가 漸涿·牟涿으로 쓰이기도 했다는 사실에 의해 △△涿部가 牟梁部라고 추정한 견해가 있다.(李文基, 「金石文 資料를 통하여 본 新羅의 六部」『歷史教育論集』2, 1981, 101쪽) 그러나 牟梁部가 漸涿·牟涿으로 쓰였으나, 漸牟涿 또는 牟漸涿으로 불리지 않아서 △△涿部와 연결이 어렵다. 李文基, 앞의 논문, 1981, 101쪽에서는 계속해서 다만 △△涿部를 牟梁部에 비정할 때는 涿과 梁은 통하나 앞의 미상인 2자가 牟(또는 漸)와의 연결이 문제가 된다. 그러나 이것도 漢祇部가 漢只伐部로 기록되고 있는 점을 참고한다면 △△涿部가 牟梁部로 비정하는 것은 별 무리가 없다고 믿어진다고 했으나, 漢祇部가 漢只伐部로 표현된 것에 따라 牟梁部에 적용시키면, 牟梁伐部가 되고, 나아가서 △△涿部도 △△涿伐部가 된다. 왜냐하면 漢祇=漢只이기 때문이다. △△喙部의 △△가 幢主로 판독된다.(김창호, 앞의 책, 2009, 251쪽) 따라서 남산신성비 제5비에는 모량부가 나온 바 없다.

(545년 직전), 창녕비(561년), 북한산비(561~568년), 마운령비(568년), 황초령비(568년) 등 국가 차원의 금석문에서는 신라 6부 가운데 탁부, 사탁부, 본피부의 3부가 나올 뿐, 한지부,[127] 습비부,[128] 모량부의[129] 3부는 나오지 않고 있다. 문헌에서 왕비족으로 보아 온 모량부가 중고 금석문에서는 나오지 않는 점이 주목된다. 앞에서 살펴 본 바와 같이 부걸지비의 소속부가 사탁부인 점, 〈표 1〉에서 중고 국가 차원의 금석문에서는 모량부 출신이 단 1명도 없는 점, 고신라 금석문에서 탁부에 뒤이어서 사탁부 출신의 인명이 많은 점 등에서 문헌에 기초한 保刀夫人의 소속부가 모량부라고[130] 보아 온 통설은 무너지게 되었다.

중성리비(441년) 제④·⑤행을 牟旦伐喙를 부명(모량부)으로 보기도 하나(전득재, 「포항중성리신라비와 신라 6부에 대한 새로운 이해」『한국고대사연구』56, 2009), 제⑩행의 牟旦伐(부명이 아닌 인명으로 중성리비의 주인공이다.)로 볼 때, 모단벌과 탁으로 나누어서 모단벌은 인명, 탁은 다음 인명의 출신부명으로 보아야 할 것이다.(김창호, 앞의 논문, 2013, 616쪽 및 620쪽)

단석산마애조상기 㗊喙란 부명이 있다는 가설이 있으나, 수차례의 현지 조사 결과 㗊喙를 읽을 수 없었다. 마애조상기 제③행의 17·18번째 글자인 㗊珠를 㗊喙로 읽은 듯하다. 이 조상기는 고신라가 아닌 후삼국 시대의 것이다. 이에 대해서는 김창호,「경주 단석산 마애거상의 역사적 의미」『한국 불교고고학의 연구』, 2007. 참조.

127) 調露二年명(680년) 전편에 인명 표기 가운데 출신부명으로 漢只伐部라고 나온 예가 유일하다.

128) 習部명 와편이(7~8세기) 도교 벽사 마크인 井기호(九의 뜻인 가로 세로로 3줄씩 끄는 글자가 간략화된 것이다.)와 함께 나온 예가 많다.

129) 남산신성비 제2비(591년)의 인명 표기에 㟴大支村道使의 출신부가 牟喙로 나온 것이 유일하다. 이 牟喙의 牟자는 세모(△) 밑에 열십(十)의 합자로 되어 있어서 6부의 명칭 가운데에서 牟자의 이체에 가장 가깝다. 牟의 이체는 세모(△)밑에 열십(十)에 옆으로 한 줄 더 그은 기호(丰)의 합자이다. 종래에는 이를 대개 沙喙로 잘못 판독해 왔다.

130) 모량부의 위치도 종래 경주시 건천읍 모량리 일대로 보아 왔으나, 신라 고분의 수와 금석문 자료에 나오는 부명의 수에 근거할 때 따르기 어렵다. 경주시 노동동, 노서동, 황남동, 황오동 등 일대에 분포하고 있는 읍남(경주 읍성의 남쪽) 고분군

이상에서 추명과 봉평비에 나오는 사탁부사부지갈문왕은 입종갈문왕과 동일인이 아니고, 사탁부의 장으로서 갈문왕이 된 문헌에 나오지 않는 갈문왕이다. 사탁부사부지갈문왕이 사탁부의 장으로서 갈문왕이 됨은 또 다른 사탁부의 장으로 추정되는 냉수리비의 沙喙部至都盧葛文王과[131]

은 총 155기로 왕족인 탁부와 왕비족인 사탁부의 무덤으로 보인다. 모량리에 인접한 金尺里 고분군은 금석문 자료에서 모량부란 부명이 나오지 않는 점과 탁부(고신라 금석문에서 82명), 사탁부(고신라 금석문에서 56명)에 뒤이어서 본피부(고신라 금석문에서 10여 명)가 나오고 있는 점에서 본피부의 것으로 해석된다. 만약에 모량부가 왕비족이고, 금척리 고분군이 모량부의 무덤이라면, 읍남 고분군과 금척리 고분군 사이인 서천의 서쪽과 무열왕릉의 남쪽을 개발해야 될 것이다. 실제로 이들 지역은 개발되지 않고 있다. 이 지역은 條坊制도 실시하지 않고 있고, 오히려 조방제는 서천의 동쪽인 읍남 고분군을 중심으로 실시되고 있다.

131) 냉수리비의 沙喙部至都盧葛文王의 至都盧와 『삼국유사』, 권1, 기이1, 지철노왕조의 第二十二 智哲老王 姓金氏 名智大路 又智度老 諡曰智證의 智度老를 연결시켜서 동일인으로 보았다. 냉수리비의 건립 연대도 503년으로 보았다. 사실 至都盧와 智度老의 상황 판단인 晉相似 이외에 사탁부지도노갈문왕과 지증왕을 동일인으로 볼 수 있는 근거는 없다. 그래서 냉수리비의 건립 연대를 443년으로 보면, 지증왕이 7세가 되는 것을 문제점으로 제기하고 있을 정도이다.
그런데 중고 왕실의 소속부가 냉수리비의 사부지왕(실성왕), 내지왕(눌지왕), 봉평비의 모즉지매금왕(법흥왕)에 의해 탁부인 점·사탁부지도노갈문왕이 지증왕과 동일인이면, 사탁부까지 왕위에 오를 수가 있어서 탁부와 사탁부 모두가 왕족이 되는 점·문헌에서 갈문왕으로 나온 적이 없는 지증왕을 갈문왕으로 해석한 점·지증왕이 즉위 3년이 되어도 寐錦王이 되지 못하고, 갈문왕으로서 국왕 역할을 한 것으로 해석한 점·갈문왕으로 불리면서 왕위에 오른 예가 신라에는 없는 점·냉수리비의 연대를 503년으로 보면, 냉수리비의 주인공인 절거리가 실성왕 때부터 지증왕 때까지(402~503년) 생존해 있었고, 그가 30세에 처음으로 402년 敎를 받았다면, 503년 당시에 절거리 나이는 131세나 되는 점·신라 금관총의 3루환두대도에서 늦어도 458년이란 절대 연대로 해석되는 尒斯智王(너사지왕 곧 넛지왕=訥祇王)(김창호, 앞의 논문, 2014)이란 확실한 왕명이 나와 냉수리비의 연대를 443년으로 올려다보아도 되는 점·만약에 사탁부지도노갈문왕과 지증왕이 동일인이면, 지증왕의 성은 김씨가 아닌 다른 성이 되는 점 곧 아들인 법흥왕은 봉평비에서 喙部 牟卽智寐錦王이므로 김씨가 되나 아버지인 지증왕은 沙喙部至都盧葛文王이므로 김씨가 아닌 다른 성(현재까지 학계 성과로는 그 성을 알 수가 없다.)을 갖게 되어, 부자가 성도 다르고, 그 소속부도 다르게 되는 점(부자간에 姓은 다를 수 없는 점이 중요하다.)·『삼국사기』, 권44, 열전4, 이사부전에 異斯夫 或云苔宗 奈勿王四世孫이라고 했는데, 적성비에 大衆等喙部伊史夫智伊干支라고 나오고 있고, 『삼국사기』, 권44, 열전4, 거칠부전에 居柒夫 或云荒宗 奈勿王五世孫이라고 했는데, 마운령비에 太等喙部居柒夫伊干으로 나와서 문헌의 통설대로 신라 중고 왕족의 성은 김씨이고, 그 소속부는 탁부임을 알 수가 있다. 『삼국사기』, 권4, 신라본기4, 지증마립간 즉위조에 지증마립간이 奈勿王之曾孫(三世孫)으로 되어 있어서 지증왕도 탁부 소속으로 그 성이 김씨임을 알 수가 있는 점·503년에는 지증왕이 재위했을 때이므로 동일한 냉수리비에서 조차 사부지왕(실성왕)이나 내지왕(눌지왕)처럼 사탁부지도노왕이라고 하지 않는 점·냉수리비를 503년으로 볼 때, 냉수리비의 외위는 아직 경위와 외위가 미분화된 干支뿐이고(냉수리비의 주인공인 절거리도 외위를 갖지 않았다), 냉수리비를 503년으로 보게 되면 540년경에 완성된 신라 관등제(이에 대해서는 고를 달리하여 필자의 견해를 밝힐 예정이다.)가 37년만에 경위와 외위가 완성하게 되는 점·사탁부지도노갈문왕과 지증왕을 동일인으로 안보면, 443년에 지증왕이 7세가 되는 문제가 완벽하게 해결되는 점·냉수리비의 건비 연대를 443년으로 보면, 乃智王(=訥祇王)의 재위 시기(417~458년)에 속하여 비문의 해석이 논리상으로 원활하게 되는 점(실성왕 때인 402년에 교를 처음으로 내렸다고 가정한다면, 지증왕 때인 503년에 교를 내려서 무려 101년만에 교를 내리게 된다. 101년만의 절거리 財를 같은 내용으로 한 비문에 적힌다는 것은 종이도 없는 시대에서 놀라운 일이다. 교를 내린 것이 101년만이면 그동안 관계자들이 사망한 경우도 많았을 것이다.)·냉수리비의 건비 연대를 443년으로 보면 402년에 教를 처음으로 내려도 41년전의 일이라 비문의 해석이 용이하고, 절거리의 나이도 402년에 30세로 교를 받아도 71세가 되는 점 등 14가지의 이유에서 사탁부지도노갈문왕은 지증왕과 동일인일 수가 없다. 거듭 이야기하지만, 냉수리비의 사탁부지도노갈문왕을 지증왕으로, 봉평비의 탁부모즉지매금왕을 법흥왕으로, 봉평비와 추명의 사탁부사부지갈문왕을 입종갈문왕으로 각각 보게 되면, 부자와 형제 사이에 소속부가 다르게 되고, 그 姓도 다르게 된다. 성은 절대로 바뀔 수가 없어서 동일인이 아니라는 증거가 된다. 따라서 사탁부지도노갈문왕과 지증왕은 동일인일 수가 없다. 또 사탁부사부지갈문왕과 입종갈문왕은 동일인일 수가 없다.

이상에서 냉수리비의 건립 연대는 503년이 아닌 443년이 되어야 한다. 이에 대해서는 문경현, 「迎日冷水里碑에 보이는 部의 性格과 政治運營問題」『한국고대사연구』, 3, 1990. 및 金昌鎬, 「迎日冷水里碑의 建立 年代 問題」『九谷黃鍾東敎授停年紀念史學論叢』, 1994 참조. 김창호, 앞의 책, 2007, 135쪽에서 斯彼暮斯智干支를 斯彼를 習比部란 부명, 暮斯智를 인명, 干支를 관등명으로 본 적이 있다. 이는 잘못 함께 신라 갈문왕 연구의 새장을[132] 열게 되었다, 또 보도부인이 모량부가 아닌 사탁부 출신으로 본 점은 신라 중고 왕비족 연구의 기초를 마련하였다.[133]

VI. 맺음말

지금까지 논의해 온 바를 요약하여 맺음말에 대신하고자 한다.

먼저 명문의 판독 부분에서는 문제시되는 글자를 중심으로 검토하였다.

다음으로 인명의 분석을 시도하였다. 원명부터 요약해 보기로 하자.

원명(525년) 友妹麗德光妙於史鄒安郎을 妹인 麗德光妙, 友인 於史鄒安郎으로 해석하거나, 友인 麗德光妙, 妹인 於史鄒安郎으로 해석하였

된 것으로 斯彼란 부명은 존재할 수 없고, 斯彼暮斯智를 합쳐서 인명으로 보아 본 피부 소속으로 본다.

132) 사탁부의 장이 갈문왕이 된 예는 냉수리비의 사탁부지도노갈문왕과 봉평비·추명의 사탁부사부지갈문왕의 2예가 있다. 창녕비의 제⑪행에 智葛文王이라고만 판독되는 예도 있다. 앞으로 금석문 자료가 출토됨에 따라 그 수는 더 늘어날 것이다. 문헌에 나오는 梁部 출신의 習寶葛文王 등 많은 갈문왕들도 금석문에 나올 것으로 보인다. 봉평비에서 喙部牟卽智寐錦王, 沙喙部徙夫智葛文王에 뒤이어 나오는 本波部△夫智△△(喙部牟卽智寐錦王, 沙喙部徙夫智葛文王, 本波部△夫智△△은 각각 탁부, 사탁부, 본피부의 長이다.)도 갈문왕을 칭하지 않고 있어서, 본피부의 장도 갈문왕을 칭하지 못했다고 해석된다. 고신라 국가 차원의 금석문에서 나오지 않는 습비부, 한지부, 모량부의 장도 갈문왕을 칭할 수 없을 것은 재언을 요하지 아니한다.

133) 문헌에 나오는 중고 왕실 왕비족의 박씨 소속부를 모량부가 아닌 사탁부로 보아야 될 것이다, 그 성이 과연 박씨인지 여부는 앞으로의 연구가 기대된다.

다. 추명에서 원명이 반복되는 沙喙部徒夫知葛文王妹於史鄒安郎三共遊來의 三자에 주목하면, 이 구절은 沙喙部徒夫知葛文王, (沙喙部徒夫知葛文王의)妹, 於史鄒安郎의 3인으로 풀이되어 전자가 타당하고, 원명의 주인공은 沙喙部葛文王, 妹인 麗德光妙, 友인 於史鄒安郎이 된다.

추명(539년)의 인명 분석에 대해 요약해 보기로 하자. 추명에 인명 분석에 있어서 가장 중요한 부분은 己未年七月三日其王与妹共見書石叱見來谷 此時共三來 另卽知太王妃夫乞支妃 徒夫知王子郎△△夫知共來이다. 其王与妹共見書石叱見來谷에서 其王은 沙喙部徒夫知葛文王이다. 妹는 추명에서 4번이나 나오는 데에도 불구하고, 언 듯 보기에 인명이 나오지 않는다. 기미년에 서석곡에 온 사람은 其王(沙喙部徒夫知葛文王), 妹, 另卽知太王妃인 夫乞支妃, 徒夫知王, 子인 郎△△夫知의 5명이다. 此時共三來에서 3인이 되어야 한다. 其王(沙喙部徒夫知葛文王)과 徒夫知王은 동일인이므로 4인이 된다. 卽另知太王妃인 夫乞支妃, 子인 郎△△夫知 중에서 妹가 될 수 있는 인명은 另卽知太王妃인 夫乞支妃뿐이다. 원명(525년)의 여덕광묘(결혼하기 전의 이름)가 另卽知太王(법흥왕)과 결혼을 해서 另卽知太王妃인 夫乞支妃가 되었다고 풀이된다. 추명의 주인공으로 此時共三來의 3인은 另卽知太王妃인 夫乞支妃, 徒夫知(葛文)王, 子인 郎△△夫知이다.

그 다음으로 명문의 해석 부분에서는 다음과 같이 전문을 해석하였다.

(원명)

"乙巳年(525년)에 沙喙部葛文王이 찾아 놀러 오셔서 비로소 谷을 보았다. 古谷이지만 이름이 없었다. 谷의 善石을 얻어서 만들었고, (…)以下를 書石谷이라고 이름을 붙여 字作△했다. 아울러 놀러(온 이는) 妹

인 麗德光妙와 友인 於史鄒安郎이다.

이때에 作切人은 尒利夫智奈麻와 悉淂斯智大舍帝智이다. 作食人은 宋知智壹吉干支의 妻인 居知尸奚夫人과 貞宋智沙干支의 妻인 阿兮牟弘夫人이다. 作書人은 第〃尒智大舍帝智이다."

(추명)

"지난 날 乙巳年(525년)六月十八日 새벽에 沙喙部徙夫知葛文王, 妹(인 麗德光妙)와 (友인) 於史鄒安郎의 3인이 함께 놀러 온 이후로 六(月) 十八日에는 해마다 (書石谷을) 지나갔다.

(沙喙部徙夫知葛文王이) 妹王(법흥왕)을 생각하니, 妹王은 죽은 사람이다. 乙巳年에 王(沙喙部徙夫知葛文王)은 돌아가신 其王妃(沙喙部徙夫知葛文王의 妃)인 只沒尸兮妃를 愛自思(사랑하여 스스로 생각)했다.

己未年七月三日에 其王(沙喙部徙夫知葛文王)과 妹가 함께 書石을 보러 谷에 왔다. 이때에 함께 3인이 왔다. 另卽知太王妃인 夫乞支妃, 徙夫知(葛文)王, 子인 郎△△夫知가 함께 왔다.

이때에 作切臣은 喙部의 知禮夫知沙干支와 △泊六知居伐干支이다. △臣은 丁乙尒知奈麻이다. 作食人은 貞宋知波珎干支의 婦인 阿兮牟呼夫人과 尒夫知居伐干支의 婦인 一利等次夫人과 居禮知△干支의 婦인 沙爻功夫人이며, 나누어서 함께 지었다."

乙巳年(525년)六月十八日(지몰시혜비의 제삿날)에는 沙喙部徙夫知葛文王의 妃인 只沒尸兮가 죽어서 천전리에 왔고, 己未年(539년)七月三日(무즉지태왕=법흥왕의 제삿날)에는 沙喙部徙夫知葛文王의 妹이면서 另卽知太王妃인 夫乞支妃가 그녀의 남편인 另卽知太王(법흥왕)이 죽어서 천전리에 왔다. 이곳에 온 것은 천전리서석 을묘명과 선각화에 따를 때, 천전리의 서석곡이 토착 신앙(장송 의례)의 성지이기 때문이다.

마지막으로 고찰 부분에서는 먼저 沙喙部徒夫知葛文王이 立宗葛文 王과 동일인인지 여부를 검토하였다. 사탁부사부지갈문왕과 입종갈문 왕이 동일인이면, 금석문에서는 사부지갈문왕의 소속부가 사탁부가 되 고, 문헌에서는 입종갈문왕의 소속부가 탁부가 되어, 탁부와 사탁부가 모두 왕족이 된다. 탁부 출신의 입종갈문왕은 김씨이나 사탁부 출신의 사부지갈문왕은 김씨가 아니다. 입종갈문왕은 539년 이전에 죽어서 왕 위에 오르지도 섭정을 하지도 못했지만, 사부지갈문왕은 539년에 천전 리 서석곡에 遊來하고 있어서 분명히 살아 있었다. 입종갈문왕의 妃는 只召夫人이고, 사부지갈문왕의 비는 只沒尸兮妃로 음상사로 동일인일 수가 없고, 추명에서 지몰시시혜비는 525년에 죽었기 때문에 539년 무 즉지태왕(법흥왕)이 죽었을 때, 7세에 즉위한 진흥왕의 섭정 역할을 할 수가 없다. 지몰시혜비와 지소부인이 동일인이 아니므로 사부지갈문왕 과 입종갈문왕이 동일인일 수 없다. 입종갈문왕은 법흥왕이 죽은 539 년 이전에 죽었기 때문에 왕위에 오르지도 섭정을 하지도 못했지만, 사 부지갈문왕은 추명의 주인공으로 무즉지태왕(법흥왕)이 죽었을 때, 서 석곡에 遊來하고 있어서 살아 있었다. 이상에서 사부지갈문은 입종갈 문왕과 동일인이 아니고, 냉수리비의 沙喙部至都盧葛文王과 함께 사탁 부의 장으로서 갈문왕이 되었다고 보았다.

다음으로 중고 왕실의 왕비족의 소속부가 모량부인지 여부를 검토 하였다. 종래 중고 왕비족 박씨의 소속부를 문헌에서는 모량부로 보아 왔다. 천전리서석 원명과 추명에서 사탁부 출신의 여덕광묘가 무즉지 태왕(법흥왕)에게 시집을 가 另即知太王妃인 夫乞支妃가 되었다는 점,

국가 차원의 금석문인 중성리비(441년), 냉수리비(443년), 봉평비(524년), 적성비(545년 직전), 창녕비(561년), 북한산비(561~568년), 마운령비(568년), 황초령비(568년)의 인명 표기에 있어서 모량부가 없는 점, 고신라 금석문에서 탁부 다음으로 사탁부 출신이 많은 점 등에 의해 중고 왕비족의 소속부를 사탁부로 보았다.

제4장

목간

1

함안성산산성 목간(1)

I. 머리말

함안 성산산성 목간은 1998년 27점의 목간이 공개되었다.[1] 2004년 『韓國의 古代木簡』을[2] 간행하면서 116점의 목간이 보고되었다. 단일 유적에서는 가장 많은 목간이 나왔다. 2006~2008년까지의 목간 152점이 공개되었다.[3] 그 때까지의 목간을 집성하여 『韓國木簡字典』까지 나왔

---

1) 김창호, 「咸安 城山山城 出土 木簡에 대하여」『咸安 城山山城』I, 1998. 글자가 판독될 수 있는 목간은 모두 24점이다.
2) 국립창원문화재연구소, 『韓國의 古代木簡』, 2004.
3) 이경섭, 「성산산성 출토 신라 짐꼬리표[荷札] 목간의 地名 문제와 제작 단위」『신라사학보』23, 2011, 536쪽에 따르면, 2006~2007년에 116점, 2008년에 36점이 각각 출토되었다고 한다.

다.[4] 2017년에도 목간이 공개되고 있다.[5] 현재까지 330여 점의[6] 목간
이 나왔다. 단일 유적에서는 가장 많은 목간이 나왔다.

함안 성산산성 목간의 연구는 1999년 11월 〈함안 성산산성 출토 목
간의 내용과 성격〉이란 제목으로 국제학술회의가 열렸다.[7] 그 동안의
연구 성과를 정리한 논문도 나왔다.[8] 그 개요는 대체로 560년경에 작성
되었으며, 荷札이라는 것이다. 함안 성산산성 목간은 신라사 연구에 있
어서 일급 사료인 1차 자료로 그 중요성은 새삼 재언을 요하지 않는다.
성산산성 목간의 최초 보고자로서[9] 경험을 살려서 그 잘못된 점을[10] 바

---

4) 국립가야문화재연구소, 『韓國木簡字典』, 2011. 여기에서는 성산산성에서 나온 224점
   의 목간이 수록되어 있다.
5) 『경향신문』, 2017년 1월 4일자. 23점의 목간이 새로 발굴했다고 한다. 1점 사면 목간
   은 그 내용이 신문을 통해 알려졌다.
6) 지금까지 공개된 목간에서 보면, 윤선태, 「한국 고대목간의 연구현황과 과제」『신라사
   학보』38, 2016, 392쪽에서 310점(?)이 나왔다고 하였고, 2017년 1월 4일에 23점이 공
   개되어 함안 성산산성에서 출토된 목간의 총수는 2017년 1월 4일 현재 333점 가량
   된다.
7) 한국고대사학회, 「함안 성산산성 출토 목간의 내용과 성격」(국제학술회의 발표요지).
   여기에 실린 글들은 수정 보완되어 한국고대사학회, 『한국고대연구』19, 2000에 재
   수록 되어 있다.
8) 이용현, 「咸安 城山山城 出土 木簡」『한국의 고대목간』, 2004.
   이경섭, 「함안 성산산성 출토 목간의 연구현황과 과제」『신라문화』23, 2004.
   전덕재, 「함안 성산산성 출토 목간의 연구현황과 쟁점」『신라문화』31, 2008.
9) 김창호, 앞의 논문, 1998.
10) 김창호, 앞의 논문, 1998에서 잘못된 점은 다음과 같다. 먼저 稗一과 稗石을 彼日이
   란 외위명으로 보는 등 목간 해석에 잘못을 저질렀다. 다음으로 下麥을 下幾로 잘
   못 판독하여 경북 안동 豊山으로 보아서 지명 비정에 혼란을 야기시켰고, 이 이른바
   城下麥 목간은 그 숫자가 현재 6예나 되어 下幾의 판독이 잘못되었고, 下麥의 판독
   이 정확하였음을 알 수 있다. 그 다음으로 夲波를 후에 本原의 뜻으로 결정이 날 것
   을 알지 못하고, 성주로 비정하는 잘못을 범했다. 마지막으로 9호 목간을 竹尸△牟

로 잡고, 성산산성 목간연구에 대해 조그마한 디딤돌이라도 만들고자 하는 가벼운 마음이다.

여기에서는 먼저 목간의 제작 연대를 살펴보겠고, 다음으로 지명 비정 문제를 살펴보겠고, 마지막으로 노인에 대해에 대한 소견을 밝혀보고자 한다.[11]

II. 제작 연대

지금까지 성산산성 목간의 제작 연대에 대한 중요한 가설은 다음과 같다. 532년에서 551년 사이로 추정한 견해가 있고,[12] 540년대부터 561년 사이로 추정한 견해가 있고,[13] 560년대로 추정되며, 아무리 늦어도 570년 이후로는 내려가지 않을 것으로 본 견해가 있고,[14] 557년에서

ㄴ于支稗一(竹尸△于牟支稗一로 해석해야 됨)을 竹尸△乎干支稗一로 잘못 읽어서 경위와 미분화된 외위인 干支가 나오는 6세기 전반을 하한으로 하는 이른 시기의 자료로 볼 여지를 남겼다.

11) 이외도 행정촌·자연촌 문제와 목간의 제작지에 대해서도 언급할 예정이었으나 너무 분량이 많아서 제작 연대, 지명 비정, 노인 문제만 다루었다. 행정촌·자연촌 문제와 목간의 제작지에 대해서는 제4장 제2절 참조.

12) 김창호, 앞의 논문, 1998.

13) 이성시, 「韓國木簡연구현황과 咸安城山山城출토의 木簡」『한국고대사연구』19, 2000, 107쪽.

14) 주보돈, 「함안 성산산성 출토 목간의 기초적 검토」『한국고대사연구』19, 2000, 67쪽. 이는 64쪽에서 『日本書紀』19, 欽明紀23(562년)조의 挾注로 인용되어 있는 一本에 任那가 전부 멸망했다는 기사를 토대로 559년을 安羅(阿尸良國)의 멸망 시점 또는 그 하안으로 본 것에 기인하고 있다. 이는 후술하는 바와 같이 『삼국사기』에서의 阿尸良國(안라국) 멸망 기사보다 『일본서기』를 더 신봉한 결과로 잘못된 방법이다.

561년 사이로 추정한 견해가 있고,[15] 561년에서 그리 멀지 않는 시기로 추정한 견해가 있다.[16] 또 하찰에 나타난 호적 작성을 전제로 한 신라의 치밀한 지방 지배 방식에 기초하여 성산산성 목간의 작성 연대를 584 년(진평왕6년) 調府 설치 이후로 보기도 했다.[17] 신라가 안라국을 멸망시킨 시기가 560년이므로 성산산성의 목간을 제작한 시기를 560년이나 그 이후로 볼 수가 있다는 견해를 제시하였다.[18] 이들 견해 가운데 어느 가설이 타당한지를 목간에서는 그 유례가 적어서 비교가 어려우므로, 비슷한 시기의 금석문 자료를 통해 검토해 보기로 하자.

---

15) 이용현,「함안 성산산성 출토 목간에 대한 종합적 고찰」, 고려대학교 박사학위 청구 논문, 2001, 115쪽.
　　이용현,「함안 성산산성 출토 목간과 6세기 신라의 지방 경영」『동원학술논집』5, 2003, 50~53쪽.
16) 윤선태,「신라 중고기의 村과 徒」『한국고대사연구』25, 2002, 148쪽에서 이 목간은 561 년이 시점이나 그에서 그리 멀지 않는 시기에 작성되었다고 할 수 있다고 하였다.
　　이경섭,「함안 성산산성 목간의 연구 현황과 과제」『신라문화』23, 2004, 218쪽에서는 목간의 연대를 561년을 하한으로 하는 몇 연간으로 추정하였다.
　　이경섭,「성산산성 출토 하찰 목간의 제작지와 기능」『한국고대사연구』37, 2005, 115~116쪽에서 목간의 상한 연대를 561년 무렵으로 보았다.
17) 윤선태,「함안 성산산성 출토 신라목간의 용도」『진단학보』88, 1999, 21~22쪽에서 584년이라는 견해를 제시하였다. 이는 목간을 가장 늦게 보는 가설이다. 이 견해는 윤선태, 앞의 논문, 2002, 148쪽에서 561년이 시점이나 그에서 그리 멀지 않는 시기 에 작성되었다고 할 수 있다고 바꾸었다.
18) 전덕재,「함안 성산산성 목간의 연구 현황과 쟁점」『한국목간학회 학술대회자료집』, 2007, 70쪽. 여기에서는『日本書紀』, 欽明天皇23년(562년) 봄 정월조 기사, 즉 신라 가 임나관가를 공격하여 멸망시켰다. 一本에 이르기를 21년(560년)에 임나를 멸망 시켰다. 임나를 加羅國, 安羅國, 斯二岐國, 多羅國, 率麻國, 古嵯國, 子他國, 散半下 國, 乞飡國, 稔禮國의 十國으로 보고, 560년에 안라국이 신라에 투항했다고 보았다. 이 견해도『삼국사기』의 기록인 법흥왕대(514~539년) 阿尸良國(안라국) 정복설을 무시하고,『일본서기』에 의해 신라 목간의 연대를 560년으로 보았다.

성산산성 목간에는 연간지나[19] 연호가[20] 나오지 않아서 연대 설정에 어려움이 대단히 크다. 우회적인 방법이긴 하지만, 성산산성 목간에 나오는 관등명을 고신라의 금석문과 비교해 연대를 검토할 수밖에 없다. 一伐이란 외위가 몇 번 나오지만(4번 목간의 仇利伐/仇失了一伐/尒利△一伐,[21] 14번 목간의 大村伊息知一伐, 26번 목간의 仇利伐△德知一伐奴人 塩, 72번 목간의 △一伐稗, 133번 목간과 156번 목간[쌍둥이 목간]의 仇利伐 仇阤知一伐奴人 毛利支 負, 7-21번 목간의~豆留只一伐 등) 연대 설정에 결정적인 도움이 되지 않는다. 一伐은 봉평비(524년)에 나오는 것이 그 연대가 가장 빠르다. 一伐이외에 목간에는 一尺과[22] 阿尺도[23] 나온다. 이들 一

19) 손환일, 「한국 목간에 사용된 주제별 용어 분류」 『신라사학보』26, 2012, 379쪽에서는 乙亥란 연간지가 성산산성 65번 목간에 나온다고 하였다. 乙亥는 555년이 되나 잘못 읽은 것으로 판단된다. 곧 한 면 또는 두 면으로 된 함안 성산산성 목간에서는 연간지가 나온 예가 없기 때문이다. 또 손환일은 『동아일보』인터넷 판 2017년 3월 6일자에 의하면, 목간에서 王子寧△△大村△刀只(앞면) 米一石(뒷면)을 壬子年△△大村△刀只(앞면) 米一石(뒷면)으로 판독하고서, 壬子年을 532년 또는 592년으로 주장하고 있으나 따르기 어렵다. 만약에 판독이 옳다면 592년설은 대가야 멸망인 562년보다 늦어서 592년 당시에 성산산성을 축조했다고 보기 어려워 성립될 수가 없고, 532년설은 금관가야의 스스로 신라에 귀부하여 멸망한 해이고, 안라국도 532년에 신라에 귀부해 항복했다면 문헌에 기록이 남았을 것인데, 그 기록이 없어서 성립되기 어렵다.
따라서 壬子年의 판독은 잘못된 것으로 성립될 가능성이 전혀 없다. 이 목간은 王子寧△(郡)의 △大村(행정촌) △刀只가 쌀 1석을 냈다로 해석되거나 王子寧△△(군)의 大村(행정촌) △刀只가 쌀 1석을 냈다로 해석된다.
△표시는 글자는 분명히 있으나, 읽을 수 없는 글자의 표시이다.
앞으로 사면으로 된 문서 목간에서 연간지가 나올 가능성이 있다. 1면 또는 앞뒷면으로 된 물품꼬리표 목간에서는 연간지가 나올 가능성은 전혀 없다. 앞으로 발굴조사가 기대되는 바이다.
20) 성산산성 목간에서 연호가 나올 가능성은 거의 없다고 사료된다.
21) /표시는 할서[두 줄로 쓰기]를 표시하는 것으로 본고 전체에 적용된다.

尺과 阿尺이란 외위명은 524년 작성의 봉평비에 나온다. 23번 목간의 △知上干支나 166번 목간의 古阤伊未知上干支兮伐(앞면)豆△去(뒷면)에서[24] 干支로 끝나는 외위명이 나와서 그 시기는 551년의 명활산성비에서 나온 下干支에 근거할 때, 551년이 하한이다. 종래 오작비(578년) 제③행의 大工尺仇利支村壹利力兮貴干支△上△壹△利干를[25] 大工尺인 仇利支村의 壹利力兮貴干支와 △上△壹△利干으로 분석해 왔으나 大工尺인 仇利支村의 壹利力兮貴干과 支△上(干)과 壹△利干으로 본 견해가 나왔다.[26] 이렇게 보는 쪽이 오히려 타당할 것 같다. 그러면 금석문에서 관등명의 끝에 붙는 干支의 支자가 소멸하는 시기를 명활산성비의 작성 시기인 551년으로 볼 수가 있다.

그런데 성산산성 목간의 연대 설정에 중요한 자료가 2017년 1월 4일 공포되었다. 『경향신문』, 2017년 1월 4일자에 실린 것을 발췌하여 옮기면 다음과 같다.[27]

---

22) 29번 古阤新村智利知一尺△村(앞면) 豆兮利智稗石(뒷면)이 그것이다. 이는 古阤(군명) 新村(행정촌) 智利知 一尺과 △村(행정촌) 豆兮利智가 낸 稗 1石이다로 해석된다.

23) 218번 목간으로 正月中比思(伐)古尸沙阿尺夷喙(앞면) 羅兮△ 及伐尺幷作前△酒四△甕(뒷면)을 해석하면, 正月에 比思(伐)의 古尸沙 阿尺(외위)의 夷(무리라는 뜻이다. 이에 대해서는 후술하기로 한다.)와 喙(部)의 羅兮△ 及伐尺이 함께 만든 前△酒의 四△甕이다가 된다. 여기에서는 비사(벌) 출신의 古尸沙 阿尺의 무리가 나온다.
218번 목간의 (伐)처럼 ( )속의 글자는 확정된 글자가 아니고, 그 가능성이 있는 글자의 표시이거나 추독한 글자의 표시이다.

24) 양석진·민경선, 「함안 성산산성 출토 목간 신자료」『목간과 문자』14, 2015에 의거하였다.

25) 판독은 한국고대사회연구소, 『역주 한국고대금석문』Ⅱ, (신라Ⅰ, 가야편), 1992, 98쪽에 따랐다.

26) 전덕재, 앞의 논문, 2007, 69쪽.

27) 도재기선임기자가 쓴 기사로 『경향신문』 2017년 1월 4일자 인터넷 판을 이용하였다.

6세기 신라, 중앙과 지방 지배체계 확립 시사란 제목으로 국립가야
문화재연구소는 4일 경남 함안 성산산성(사적 67호)에서 최근 2년간 발
굴조사 결과 6세기 중반에 제작된 23점의 목간을 새로 발굴했다며, 그
중 4개면에 글자가 쓰인 막대 모양의 사면목간에는 율령과 행정체계를
통한 신라 지방 체계, 조세 체계 등을 규명하는 내용을 확인했다고 밝
혔다.

　　국립가야문화재연구소는 길이 34.4cm, 두께 1~1.9cm의 사면목간
에는 眞乃滅 지방의 지배자가 잘못된 법을 집행한 뒤, 이를 중앙(경주)
에 있는 大舍下智(원문에는 大舍로 17관등 중 12등급의 관등명) 관리에게
두려워하며, 올린 보고서 형식의 56자가 쓰였다며 구체적으로 及伐尺
관등의 伊他罹라는 사람이 60일간 일을 해야 하는데, 30일 만에 일을
했다는 내용이라고 설명했다.[28]

---

28) 2017년 1월 4일자 『연합뉴스』 인터넷 판에 다음과 같은 문서 목간 내용이 실려 있다.
　　제1면 三月中眞乃滅村主農怖白
　　제2면 伊他罹及伐尺寀言△法卅代告今卅日食去白之
　　제3면 卽白先節六十日代法稚然
　　제4면 △城在弥卽尒智大舍下智前去白之
　　이 사면 목간을 2017년 1월 4일자 『뉴시스통신사』 인터넷 판에는 면별로 나누어서
　　다음과 같이 해석하고 있다.
　　제1면 3월에 眞乃滅村主가 두려워 삼가 아룁니다.
　　제2면 伊他罹及伐尺이 △法에 따라 30대라고 해 지금 30일을 먹고 가버렸다고 아
　　뢰었습니다.
　　제3면 앞선 때에는 60일을 代法으로 했었는데, 제가 어리석었음을 아룁니다.
　　제4면 △성에 계신 弥卽尒智大舍와 下智 앞에 나아가 아룁니다.
　　이 문서 목간을 中, 白, 節, 稚然 등의 吏讀에 주목하여 다시 해석하면 다음과 같다.
　　3월에 眞乃滅村主인 農怖가 伊他罹 及伐尺(경위)께 아룁니다.(眞乃滅村主인 農怖가
　　伊他罹 及伐尺께 아뢴 내용은 이 목간의 끝까지이다. 주목해야 할 것은 伊他罹 及
　　伐尺이 현재까지 성산산성 목간에서 나온 사람 가운데 가장 높은 두 인명 중의 한

명이다.) 宋(祿俸)에 말하기를 △法 30代를 고하여 이제 30일 먹고 가게 아뢰었습니다. 곧 아뢴 먼저 때에 六十日代法이 稚然하여(덜 되어서), △城(此城으로 성산산성을 의미?)에 있는 弥卽尒智 大舍下智(경위 12관등)의 앞에 가서 아뢰었습니다.

이 문서 목간의 주된 내용은 宋(녹봉)에 관한 것이다. △法卅代나 六十日代法도 그 자세한 내용은 알 수 없지만 宋(녹봉)에 관계되는 것이다. 곧 眞乃滅村主인 農怖가 伊他罹及伐尺(경위)에게 올린 宋(녹봉)에 관한 것이 문서목간 내용의 전부이다. 행정촌의 촌주로 보이는 眞乃滅村主인 農怖가 외위를 갖지 않는 점도 주목된다.(이성산성 무진년명 목간에서의 村主는 인명 표기에서 출신지명, 인명, 외위명을 생략하고, 南漢城道使와 須城道使와 함께 村主라는 직명만 기록하고 있어서 농포의 경우 외위를 갖고 있는 데에도 불구하고, 무진년명 이성산성 목간에 의하면, 목간에서 외위를 생략했다고 본다.) 弥卽尒智大舍下智에서 大舍下智라고 관등명이 나오는 것도 유일하다. 伊他罹 及伐尺의 及伐尺(경위)은 218호 목간에 喙(部) 羅兮△ 及伐尺에 이어서 두 번째로 나온다.

목간의 내용에서 보면 보고를 받는 최고 높은 자는 弥卽尒智大舍下智가 아니라 伊他罹及伐尺이다. 따라서 伊他罹及伐尺의 及伐尺은 218호 목간의 비교와 사면 목간 자체의 내용으로 보면 경위명이다.

村主가 나오는 것으로 443년 냉수리비의 村主 臾支 干支, 540년경의 성산산성 목간의 眞乃滅村主, 561년 창녕비의 村主 △聰智 述干 麻叱智 述干, 591년 남산신성비 제1비의 郡上村主 阿良村 今知 撰干 漆吐(村) △知尒利 上干, 二聖山城 목간(608년)의 戊辰年正月十二日朋南漢城道使(제1면) 須城道使村主前南漢城~(제2면) ~浦 ~(제3면) 등이 있다. 眞乃滅村主만이 지명과 공반되고 있고, 인명이 공반한 촌주가 등장하면서 외위가 없는 경우는 그리 흔하지 않다. 眞乃滅의 위치는 알 수가 없으나 함안 성산산성 근처일 것이다.

또 윤선태,「咸安 城山山城 出土 新羅 荷札의 再檢討」『사림』41, 2012, 163~164쪽 및 175쪽에서는 2007-24번 목간 及伐城文尸伊鳥伐只稗石을 及伐城文尸伊急伐尺稗石으로 판독하고, 急伐尺을 及伐尺과 동일한 외위명으로 보았다. 앞에서 살펴 본 바와 같이 及伐尺은 경위명이고, 急자는 鳥자로 尺자는 只자로 각각 판독된다.(이경섭, 앞의 논문, 2011, 565쪽. 필자도 이경섭의 판독에 따른다.) 또 2007-23번 목간에 나오는 及伐城文尸伊稗石에서 2007-24번 목간의 及伐城文尸伊鳥伐只稗石에서 文尸伊는 동일인이다.(이수훈,「城山山城 木簡의 城下麥과 輸送體系」『지역과 역사』30, 2012, 170쪽에서 7-61번 목간과 6-7목간에서 공통적으로 나오는 斯珎于도 동일인으로 보았다.) 이는 7-61번 買谷村物礼利(앞면) 斯珎于稗石(뒷면)과 6-7번 買谷村 古光斯珎于(앞면) 稗石(뒷면)에서 斯珎于는 동일인이다.(전덕재, 앞의 논문, 2008, 33쪽에서 최초로 2007-23호 목간과 2007-24호 목간에 文尸伊가 동일인으로 나오국립가야문화재연구소측은 당시 왕경 거주의 관등명인 大舍下智와[29] 지방민의 관등명인[30] 及伐尺이 목간으로 확인되기는 처음이라며, 목간에는 60일대법 등 갖가지 법률 용어, 관등명, 당시 생활문화상을 보여주는 표현 등이 나온다고 덧붙였다.

여기에서 중요한 것은 大舍下智라는 경위가 등장하는 점이다. 이는 함안 성산산성 목간에서는 처음으로 등장하는 것이다. 이는 금석문 자료에도 나온 예가 없다. 524년의 봉평비에는 小舍帝智가 나와서 大舍가 있었다면 大舍帝智로 표기되었을 것이다. 울주 천전리서석 원명(525년)에 나오는 大舍帝智와 함께 大舍下智는 오래된 관등명의 잔재이다. 536년의 영천 청제비 병진명에는 大舍第가 나온다.[31] 大舍로는 545년

고, 7-61번 목간과 6-7번 목간에서 斯珎于가 동일인으로 등장한다고 하였다. 계속해서 서로 다른 목간에서 각각 동일인이면서 稗를 두 번 냈다고 하였다.) 이는 하찰이 아니라는 증거가 될 수 있다. 왜냐하면 하찰이라면 2인 공동의 명패가 아닌 단독 명패가 필요하다. 곧 斯珎于의 경우 7-61번과 6-7번의 稗石을 하나의 공진물로 합쳐서 하면 가능한 데에도 불구하고 유사 쌍둥이 목간으로 기록하고 있다. 바꾸어 말하면 이 2쌍의 유사 쌍둥이 목간은 6쌍의 쌍둥이 목간과 함께 최초의 발송지에서부터 같이 공물을 같은 곳에 넣어서 만든 것이라기보다는 최종 도착지에서 앞서서 존재하고 있었던 공물이 남아서 최종적으로 쌍둥이 목간과 유사 쌍둥이 목간이 되어서 공진물과 함께 남아 있다가 최후를 맞게 되었다. 곧 산성의 축조 후와 다른 320점 이상의 목간들과 함께 공진물은 남기고, 목간들은 동일한 시각에 목간으로서의 생명을 다하게 되어 함께 의도적으로 동문지 근처에 묻힌 것으로 판단된다.

29) 원문에는 大舍와 下智로 나누어서 해석하고 하고 있다. 弥卽尒智大舍와 下智 앞에 眞乃滅村主인 農怖가 경위도 없는 下智 앞에 나아가 아뢸 수는 없을 것이다. 下智의 下는 579년의 익산 미륵사 서탑의 사리봉안기의 大王陛下의 下와 같이 임금님의 거처를 나타내 大舍帝智의 帝와 통한다. 大舍下智의 下智는 大舍帝智의 帝智와 마찬가지로 大舍란 관등명에 붙는 것으로 판단된다. 大舍下智로 합쳐서 하나의 경위 명으로 보고, 弥卽尒智 大舍下智를 한 사람의 인명 표기로 보아야 할 것이다.

30) 이는 사면 목간의 자체 해석에서도 지방민의 외위가 아니라 6부인을 위한 경위가 되어야 한다. 이는 후술한 바와 같이 왕경인(6부인)을 위한 경위명이다.

직전에[32] 세워진 적성비에도 나온다. 大舍는 561년에 세워진 창녕비에도 나온다. 568년에 세워진 마운령비와 황초령비에도 각각 나온다. 大舍는 591년에 세워진 남산신성비 제1비, 제3비, 제4비, 제5비에도 각각 나온다. 그렇다고 성산산성의 목간 연대를 591년까지 내려다 잡을 수는 없다. 大舍下智로 보면 大舍帝智와 같이 고식 관등명이기 때문이다.

성산산성에 나오는 及伐尺을 봉평비 제⑧행의 16~18번째의 글자가 阿尺이나[33] 居伐尺으로 읽어서[34] 외위 11관등에는 없는 동일한 외위로 보고 있다.[35] 그런데 218번 목간에 正月中比思(伐)古尸沙阿尺夷喙(앞면) 羅兮△及伐尺并作前△酒四△瓮(뒷면)을[36] 해석하면, 正月에[37] 比思(伐)

---

31) 영천 청제비 병진명의 건립 연대를 김창호, 앞의 책, 2007, 109쪽 등에서 476년으로 보아 왔으나 이는 잘못된 것이다. 영천 청제비 병진명의 건립 시기를 536년으로 바로 잡는다. 왜냐하면 영천 청제비 병진명에서는 小烏가 나오는 데 대해 봉평비(524년)에서는 小烏帝智가 나오고 있어서 영천 청제비 병진명이 봉평비보다 늦은 것이 되기 때문이다.

32) 김창호, 『삼국시대 금석문 연구』, 2009, 235쪽.

33) 18번째 글자는 있는지 없는지 알 수가 없고, 伐자는 아니다. 원래부터 글자가 없었을 가능성이 크다. 17번째 글자인 居자도 尸밑에(尸의 밑으로 긋는 획은 바로 그었다.) 입구(口)를 하고 있어서 居자도 아니다. 아마도 봉평비의 阿자가 제②행의 19·25번째 글자에서 尸밑에 옳을 가(可) 대신에 입구(口)만을 합자한 것이라서 阿를 쓰다가 만 것으로 보인다.

34) 윤선태, 「울진 봉평신라비의 재검토」, 『동방학지』148, 2009, 15쪽.
    윤선태, 앞의 논문, 2016, 397~398쪽.

35) 윤선태, 앞의 논문, 2009, 15쪽.
    이용현, 「律令 제정 전후의 新羅 官等-중고 초기 문자자료를 통해-」, 『목간과 문자』15, 2015, 90쪽.
    윤선태, 앞의 논문, 2016, 397~398쪽.

36) 전덕재, 「한국의 고대목간과 연구동향」, 『목간과 문자』9, 2012, 24쪽에서 正月에 比思伐 古尸沙 阿尺과 夷喙, 羅兮△, 及伐只 등이 함께 어떤 술 4개(또는 4斗의) 瓮을 만들었다고 해석하였다. 及伐尺(及伐只)을 인명으로 보고 있다.

의 古尸沙 阿尺(외위)의 夷와[38] 喙(部)의 羅兮△ 及伐尺이 함께 만든 前 △酒의 四△瓮이다란 뜻이 된다. 따라서 及伐尺은 외위가 아니라 경위가 된다. 그렇다면 급벌척 관등의 伊他罹란 사람도 경위를 가진 왕경인 (6부인)으로 판단된다. 伊他罹 급벌척은 성산산성 목간에서 나온 인명 중에 가장 높은 사람 가운데 한 명임은 사면 목간의 내용으로 분명하다. 급벌척은 냉수리비(443년)의 居伐干支, 울주 천전리서석 추명(539년)의 居伐干支, 적성비(545년 직전)의 及干支, 창녕비(561년)의 及尺干, 북한산비(561~568년)의 及干, 마운령비(568년)의 及干, 황초령비(568년)의 及干, 『東蕃風俗記』(594년)의 級伐干 등의 유사한 예가 있으나 級伐飡과 동일한 관등으로는 볼 수가 없다. 왜냐하면 干자조차 及伐尺이란 관등명에 포함되어 있지 않기 때문이다.

이는 중성리비(441년)에 2번이나 나오는 壹伐과[39] 마찬가지로 17관등에는 없는 경위명으로 볼 수밖에 없다. 及伐尺이란 경위명의 연대를 늦게 잡으면 신라 경위명의 형성 시기를 늦게 잡아야 된다. 성산산성 목간 연대를 560년으로 보면 신라 관등제의 완성도 561년 창녕비에 와서야 비로소 완성되게 된다. 신라 관등제의 완성은 아무리 늦게 잡아도 545년 직전에 세워진 적성비에서는 경위가 완성되었다고 볼 수가 있다.

성산산성 목간에서 나오는 관등명은 경위로 及伐尺, 大舍下智가 있

---

37) 正月中은 六月十日(221호 목간), 二月(223호 목간)이 함께 확인되고 있는데, 이는 성산산성에서 단 기일 내에 축성이 쉬지 않고, 지속적으로 실시되었음을 의미한다. 왜냐하면 음력 正月인 한 겨울에도 공진물을 바치고 축성을 하고 있기 때문이다.

38) 『禮記』에 나오는 在醜夷不爭에서와 같이 무리 또는 동료를 나타내는 것으로 보인다. 이 글자에 대한 신중한 판독이 요망된다. 이 글자가 及伐尺이 경위냐 외위냐의 분기점이 될 수가 있기 때문이다.

39) 중성리비에서는 지방민을 위한 외위명으로도 壹伐이 한 번 나오고 있다.

고, 외위로는 上干支, 一伐, 一尺, 阿尺이 있다. 이들은 가운데 외위는 上干支를[40] 제외하고, 524년의 봉평비에도 나오고 있다. 경위 及伐尺와 大舍下智는 그 유례가 금석문에서는 없다. 인명 표기가 330여 점의 목간에서 많이 있으나 관등을 가진 지방민이 약 11명가량으로 적은 것은 당연한 결과로 주목된다.

신라 관등제에는 왕경 6부인에게 주는 경위와 지방민에게 주는 외위가 있다. 경위와 외위의 발전 순서에 대해서는 다양한 견해가 나와 있다.[41] 여기에서는 중성리비(441년),[42] 냉수리비(443년),[43] 봉평비(524년)를 중심으로 살펴보기로 하자. 중성리비에서는 阿干支(두 번), 奈麻(두 번), 壹伐(두 번), 干支(두 번), 沙干支(두 번)이 나오고 있다. 壹伐과 干支는 17관등 가운데 어느 관등과 같은지도 모르고, 지방민을 위한 외위로

---

40) 봉평비에는 上干支 대신에 下干支가 나온다.
41) 노태돈, 「蔚珍 鳳坪新羅碑와 新羅의 官等制」『韓國古代史研究』2, 1989.
　　김희만, 「영일 냉수리비와 신라의 관등제」『경주사학』9, 1990.
　　김희만, 「함안 성산산성 출토 목간과 신라의 외위제」『경주사학』26, 2007.
　　하일식, 「포항중성리비와 신라 관등제」『韓國古代史研究』56, 2009.
　　노태돈, 「포항중성리신라비와 外位」『韓國古代史研究』59, 2010.
　　박남수, 「〈포항 중성리신라비〉에 나타난 신라 6부와 관등제」『사학연구』100, 2010.
　　이부오, 「智證麻立干代 新羅六部의 정치적 성격과 干支-포항 중성리비를 중심으로-」『신라사학보』28, 2013.
　　이부오, 「신라 非干 外位 편성 과정과 壹金知」『한국고대사탐구』21, 2015.
　　윤선태, 「신라 외위제의 성립과 변천-신출 자료를 중심으로-」『제8회 한국목간학회 학술회의 신라의 관등제와 골품제』, 2015.
　　이용현, 앞의 논문, 2015.
　　이부오, 「6세기 초중엽 新羅의 干群 外位 재편과 村民의 동원」『신라사학보』36, 2016.
42) 김창호, 「포항 중성리 신라비의 재검토」『신라사학보』29, 2013.
43) 김창호, 「迎日冷水里碑의 建立 年代 問題」『九谷黃鍾東教授停年紀念史學論叢』, 1994.

도 나오고 있다. 곧 干支와 壹伐는 6부인과 지방민 모두에게 나와서 아직까지 경위와 외위가 미분화한 상태이다. 냉수리비에서는 阿干支(한 번), 居伐干支(두 번), 壹干支(한 번), 干支(두 번)이 나오고 있다. 干支는 지방민에게도 한 번이 나와서[44] 아직까지 경위와 외위가 미분화한 상태이다. 봉평비에서는 경위에 干支(두 번), 太阿干支(한 번), 阿干支(한 번), 一吉干支(두 번), 太奈麻(두 번), 奈麻(여섯 번), 邪足智(두 번), 小舍帝智(두 번), 吉之智(두 번), 小烏帝智(두 번)이 나오고 있다. 외위로는 下干支, 一伐, 一尺, 波旦(日), 阿尺이 나오고 있다. 경위에서는 干支라는 잔존 요소가 있어서 경위도 干支만을 제외하면, 대부분 완성된 것으로 보인다.[45] 524년 당시에 외위가 어느 정도 완성되었다.[46]

성산산성의 목간 연대를 결정할 차례가 되었다. 大舍下智만의 예로 볼 때에는 영천 청제비 병진명에서는 大舍第로 나오기 때문에, 병진명의 작성 연대인 536년을 소급할 수가 있다. 干支로 끝나는 외위로는 봉평비(524년)에서 下干支로, 적성비(545년 직전)에서도 下干支, 撰干支로, 명활산성비(551년)에서 下干支로 각각 나오고 있다. 大舍下智로 보면 545년 이전으로 볼 수가 있다. 干支로 끝나는 외위 때문에 무조건 연대를 소급시켜 볼 수도 없다. 及伐尺으로 보면, 及伐尺干支에서 干支란 단어조차 탈락되고 없어서, 그 유사한 예조차도 찾기 어렵다. 及伐尺이

---

44) 냉수리비 상면에 나오는 壹今智를 외위로 보기도 하나 문헌에 나오는 11외위 이외의 외위는 없다고 본다. 壹今智는 인명이다.
45) 신라 경위와 외위의 형성 시기에 대해서는 금석문 자료에 근거하는 한 신라의 경위와 외위는 540년경에 거의 동시에 완성되었을 것이다.
46) 신라 외위의 완성은 536년 이후로 추정되는 안압지 출토비에서 匠尺 辷娄知 干支가 나와서 536년 이후로 볼 수가 있다. 늦어도 545년 직전에 세워진 적성비에 撰干支, 下干支, 阿尺의 외위가 나와서 545년 보다는 외위의 완성이 앞설 것이다.

신라 경위에는 없는 관등명으로 그 시기를 늦게 잡으면 신라의 경위명의 완성 시기도 늦게 잡아야 된다. 그 연대를 阿尸良國(안라국)의 멸망이 금관가야의 멸망인 532년을 소급할 수가 없다. 524년의 봉평비를 통해 볼 때 干支란 경위명을 제외하고, 경위 17관등이 거의 완성되었음을 알 수가 있다. 따라서 성산산성 목간 연대를 늦게 잡아도 법흥왕의 마지막 재위 시기인 539년으로 볼 수가 있다.[47] 종래 사료로 인정하지 않았던『삼국사기』권34, 잡지3, 지리1, 康州 咸安조에 咸安郡 法興王 以大兵 滅阿尸良國 一云阿那加耶 以其地爲郡가[48] 중요한 근거이다. 阿那加耶(안라국)은 고령에 있던 대가야와 함께 후기 가야의 대표적인 나라이다.[49] 그런 안라국에[50] 대한 신라의 관심은 지대했을 것이다. 성산산성

---

47) 왕흥사 목탑 사리공에서 출토된 청동사리합 명문에 丁酉年이란 연간지가 나와 577년이란 절대 연대를 갖게 되었다. 왕흥사 목탑(왕흥사란 가람)은『삼국사기』권27, 백제본기 5, 무왕조에 무왕1년(600년)~무왕35년(634년) 사이에 건립된 것으로 되어 있어서 문헌을 믿을 수 없게 한다. 또 봉평비(524년)에 나오는 悉支軍主는 그 때에 州治가 三陟이라고 문헌에는 없고, 광개토태왕비(414년), 중원고구려비(449년 이후), 집안고구려비(491년 이후, 김창호,「집안고구려비를 통해 본 麗濟 王陵 비정 문제」『考古學探究』, 2015), 중성리비(441년), 냉수리비(443년), 봉평비(524년), 적성비(545년 직전), 창녕비(561년), 북한산비(561~568년), 마운령비(568년), 황초령비(568년)의 건립에 대해서도 문헌에는 없다. 따라서 함안 성산산성 출토 목간의 제작 시기를『일본서기』에 의한 방법론은 문제가 있다고 판단된다. 곧『일본서기』권19, 欽明天皇22년(561년)에 나오는 故新羅築於阿羅波斯山 以備日本란 구절과『日本書紀』19, 欽明紀23년(562년)조의 挾注로 인용되어 있는 一本에 任那가 전부 멸망했다는 기사를 토대로 559년을 安羅의 멸망 시점 또는 그 하안으로 본 것에 기인하는 점 등에 근거해 성산산성 목간의 상한 연대를 560년으로 보는 것이다.
48) 조선 초에 편찬된 편년체 사서인『東國通鑑』에서는 安羅國(阿尸良國)의 신라 통합 시기를 구체적으로 법흥왕26년(539년)이라고 하였다. 이는 고뇌에 찬 결론으로 판단된다. 법흥왕의 제삿날은 음력으로 539년 7월 3일이다.
49) 전기 가야를 대표하는 나라로는 고령에 있었던 대가야와 김해에 있었던 금관가야를 들 수가 있다.

은 539년 안라국(아나가야)가 멸망되자 말자 신라인에 의해 석성으로
다시 축조되었다. 신라의 기단보축이란 방법에[51] 의한 성산산성의 석성
축조는 540년경으로 볼 수가 있다.[52] 성산산성 목간의 연대도 540년경
으로 볼 수가 있다.[53] 그래야 신라에 있어서 경위의 완성을 적성비의

---

50) 414년에 세워진 광개토태왕비의 永樂9年己亥(399년)조에도 任那加羅(金官伽倻)와
　같이 安羅人戍兵이라고 나온다. 安羅人戍兵의 安羅는 함안에 있었던 安羅國(阿羅
　加耶)을 가리킨다.

51) 석성 축조에 있어서 基壇補築은 外壁補强構造物, 補築壁, 補助石築, 城外壁補築 등
　으로도 불리며, 신라에서 유행한 석성 축조 방식이다. 경주의 명활산성, 보은의 삼
　년산성, 충주산성, 양주 대모산성, 대전 계족산성, 서울 아차산성, 창녕 목마산성 등
　신라 석성의 예가 있다.

52) 성산산성 출토된 목제 유물의 방사선탄소연대 측정 결과는 박종익, 「咸安 城山山城
　發掘調査와 木簡」『韓國古代史研究』19, 2000, 10쪽에서 방사선탄소연대 측정 결과를
　1992년에는 250~540년으로, 1994년에는 440~640년으로 각각 나왔다. 이경섭, 앞
　의 논문, 2004, 216쪽에 따르면, 250~540년, 440~640년이라고 한다.

53) 그런데 성산성성의 목간이 출토된 부엽층의 시기에 대해서는 고고학적인 견해는
　다음과 같은 두 가지 가설이 있다. 최근 부엽층 안에서 목간과 함께 공반 출토된 신
　라의 완을 7세기 전반으로 편년하고, 이에 의거하여 산성의 초축을 7세기 전반 늦
　은 시기로 보고 있다.(이주헌, 「함안 성산산성 부엽층과 출토유물의 검토」『목간과
　문자』14, 2015, 51~65쪽) 또 부엽층에서 출토된 토기는 6세기 중엽을 중심으로 하
　나 연대 폭이 특히 넓으며, 성벽 초축은 6세기 중엽에, 내보축을 덧붙이고 부엽층을
　조성한 동벽의 개축 시기는 7세기 초에 이루어졌다는 가설도 있다.(윤상덕, 「함안
　성산산성 축조 연대에 대하여」『목간과 문자』14, 2015, 72~92쪽) 이 두가지 가설은
　모두 목간이 나온 성산산성의 동벽 부엽층의 초축을 7세기 전반 내지 7세기 초로
　보고 있다. 목간 자체로는 540년경에 제작된 것임으로 60년 이상의 차이가 있다.
　6~7세기 토기 편년은 아직까지 절대 연대 자료가 부족한 점이 하나의 문제점일 것
　이다. 가령 5세기 4/4분기(475~500년)로 알려진 금관총이 尒斯智王(눌지왕)이란
　명문이 나와 458년의 눌지왕이란 무덤으로 비정되면서(김창호, 「신라 금관총의 尒
　斯智王과 적석목곽묘의 편년」『신라사학보』32, 2014) 그 편년이 17~42년이 소급하
　게 되었다. 동문지 근처의 부엽층 연대 폭은 6세기 중엽을 중심으로 하나 그 연대
　폭은 넓다고 한 견해도(윤상덕, 앞의 논문, 2015) 있으나 목간은 성산산성의 축조한
　때(초축)에 있어서 처음으로 돌로 쌓은 경우만을 한정하기 때문에 그 시기는 짧았

건립 연대인 545년 직전과 대비시켜서 540년경으로 볼 수가 있다. 그렇지 않고 목간의 연대를 통설처럼 560년으로 보면 신라 경위의 완성을 560년으로 보아야 되고, 540년경에 완성되는 외위보다[54] 늦게 경위가 완성되게 된다. 따라서 신라 관등제인 경위와 외위는 540년경에 거의 동시에 완성되었고 볼 수가 있으며, 성산산성의 목간의 제작 시기는 540년경으로 볼 수가 있다.

다고 판단된다. 또 완과 고배 등을 중심으로 한 고고학적 형식론에 의해 목간의 절대 연대를 7세기 초 또는 7세기 전반으로 보는 것은 재고의 여지가 있다. 이 시기에 절대 연대를 말해주는 고고학적인 자료가 거의 없다. 또 문자 자료에 의한 절대 연대에 대한 결론은 고고학적인 형식론에 우선한다는 점은 재언을 요하지 않는다.

54) 안압지 출토비에 匠尺朶夔知干支란 인명 표기가 나온다. 이는 안압지 출토비의 축성의 수작 거리를 步로 표현한데 대해, 536년의 영천 청제비 병진명에서는 거리 단위를 신라 고유의 하나치인 淂을(淂의 길이가 구체적으로 얼마인지는 알 수가 없다.) 사용하고 있어서 명활산성비는 536년을 소급할 수 없다. 536년 이후까지도 干支란 경위와 미분화된 외위를 사용하고 있어서 외위제의 완성에 걸림돌이 된다. 干支가 551년의 명활산성비에서는 下干支가 나와서 소멸된 것으로 판단된다. 현재까지 540년경의 금석문 자료가 없지만 신라 금석문에서 외위인 干支의 소멸을 540년경으로 보고 싶다. 왜냐하면 545년 직전에 건립된 적성비 단계에서는 경위와 외위가 완성되었을 것이기 때문이다. 또 주보돈,「雁鴨池 出土 碑片에 대한 一考察」『大丘史學』27, 1985에서는 안압지 출토비를 명활산성비로 보았으나, 이 비는 명활산성비보다는 시기상으로 앞선 비석이다. 551년의 명활산성비가 古阤門 근처를 수리한 비(김창호,「명활산성작성비의 재검토」『金宅圭博士華甲紀念文化人類學論叢』, 1989)로 분석되어(그래서 명활산성작성비라 부르지 않고, 명활산성비라 부른다.) 본래의 명활산성을 축조할 때의 비석인지도 알 수 없다.

III. 지명 비정

지금까지 함안 성산산성에 나오는 목간은 대개 지명+인명+물품명 +수량으로[55] 되어 있다. 많은 지명이 나오고 있어서 비정에 어려움도 있다. 지금까지 나온 선학들의 지명 비정을 도시하면 다음과 같다.[56]

주요 지명	비정지 현재 지명	신라 당대 지명
仇利伐	충북 옥천 함안 칠원면~마산, 창원 안동시 임하면 일대	仇(久)利城 久禮牟羅[57] 屈火郡, 屈弗郡, 曲城郡
甘文城	김천시 개령면	甘文州 開寧郡
古阤	안동시	古陀耶郡 古昌郡
及伐城	영주시 부석면	及伐(山)郡 岋山郡
仇伐	의성군 단촌면	仇火縣 高丘縣
須伐	상주시	沙伐州 尙州
買谷村	안동시 도산면과 예안면	買谷縣 善谷縣
勿思伐	충북	勿思伐城
鄒文(村)	충북	鄒文村

---

55) 물품명과 수량은 생략되어도 지명과 인명은 그렇지 않다.

56) 이 표는 이경섭, 앞의 논문, 2011, 539~540쪽의 〈표 1〉성산산성 짐꼬리표목간의 지명 비정을 참조하여 필자의 견해를 더하였다.
夷津(支城)은 30번, 6-4번, 7-30번, 7-44번, 7-304번 목간의 5예가 있으나 그 위치 비정은 불가능하다. 이러한 이유에서 지명 비정표에서 제외하였다. 이진(지성)은 郡이 설치된 곳이다.
比思(伐)도 그 예가 하나뿐이고, 561년 창녕비에 下州行使大等이 나와 下州의 주치가 되는 昌寧이므로 재론의 여지가 없어서 제외했다.

57) 久斯牟羅(창원)의 서쪽이면서 安羅(함안)의 동쪽 곧 창원과 함안 사이의 함안군 칠원면 일대를 久禮牟羅(久禮山戍)로 본 가설이 김태식, 『加耶聯盟史』, 1993, 173~189쪽에 있으나 칠원면 일대와 창원 일대에는 고총고분이 없어서 따르기 어렵다.

甘文은 창녕비(561년)에 甘文軍主가 있던 곳이다.『삼국사기』권34, 지3, 지리1에 開寧郡 古甘文小國也라고 나오는 김천시 개령면이다.

古陁는『삼국사기』권34, 지3, 지리1에 나오는 古昌郡 本古陁耶郡으로 현재의 안동시 일대이다.

及伐城은 남산신성비 제9비에 나오는 伋伐郡과 동일한 지명이다. 『삼국사기』권35, 지4, 지리2에 나오는 岋山郡 本高句麗及伐山郡이라고 나오는데, 현재의 영주시 부석면 일대이다.

仇伐은 소지마립간7년(485년)에 축성했다는 仇伐城과 같은 지역으로 『삼국사기』권34, 지3, 지리1에 나오는 仇火縣과 동일한 곳으로 현재 의성군 단촌면 일대이다.

買谷村은『삼국사기』권35, 지4, 지리2에 나오는 善谷縣 本高句麗買谷縣이라고 나오는데, 현재의 안동시 도산면과 예안면 일대이다.

須伐은 확실하지 않지만 상주의 고명인 沙伐과 같은 것으로 볼 수가 있다.[58]

仇利伐, 勿思伐城, 鄒文村, 夷津(支城)은『삼국사기』, 지리지에서 동일한 지명내지 비슷한 지명을 전혀 찾을 수가 없다.

물사벌성과 추문촌은 545년 직전에 세워진 적성비에도 나온다. 곧 鄒文村幢主, 勿思伐城幢主란 직명 속에 나온다. 이들은 모두 적성비에서 高頭林城在軍主等의 휘하에 소속된 것으로 보인다. 물사벌성과 추문촌의 위치를 잘 알 수가 없지만, 高頭林城在軍主等의 고두림성에 대

---

[58] 貞元十四年銘(798년) 永川菁堤碑에 沙喙部의 沙喙을 須喙(喙은 이체)라고 표기한 예가 있다.(金昌鎬,「永川 菁堤碑 貞元十四年銘의 再檢討」『韓國史研究』43, 1983) 그래서 沙伐과 須伐은 통하게 된다.

해서는 그 위치를 경북 안동으로 보아 왔으나[59] 충북 단양군 영춘면 栢子里에서 단양에서 영춘으로 가는 길목에, 고두름고개[재]가 있다. 하리에 소재한 온달산성으로 가는 재의 이름이 현재까지도 고두름고개[재]라고 해 단양 영춘 하리의 온달성이 州治가 설치되었던 고두림성임이 분명하다.[60] 추문촌당주과 물사벌성당주도 고두림성재군주등의 휘하에 있었으므로 그 지명의 소재지를, 험난한 소백산맥을 지나서 멀고 먼 경북 북부 지역이라기보다는 국경의 최전선인 같은 소백산맥의 북쪽인 충북에 있었다고 보아야 될 것이다. 지명이 전부 上州의 관할인 경북 북부 지역이 아닌 자료로 218번 목간에 正月中比思(伐)古尸沙阿尺夷喙(앞면) 羅兮△及伐尺幷作前△酒四△瓮(뒷면)라고 해서 후일의 下州에 해당되는 바사(벌)을[61] 들 수가 있다. 따라서 물사벌성과 추문촌은[62] 어느 곳인지는 확실히 알 수 없지만, 경북 북부 지방이 아닌 충북 지방에 있어야 할 것이다.

성산산성 목간의 지명이 나오는 것에 한정할 때, 26.67% 가량을 차지하는[63] 仇利伐의 위치에 대해 조사할 차례가 되었다. 이에 대해서는

---

59) 武田幸男,「眞興王代における新羅の赤城經營」『朝鮮學報』93, 1979, 19쪽. 뚜렷한 근거가 없이 안동의 고명이 古昌郡, 古陀耶郡의 古자인데에 근거하였다.

60) 김창호, 앞의 책, 2007, 182쪽.

61) 上州인 甘文州 관할 밖의 확실한 예로서 중요하다.
이 목간에 대해 윤선태, 앞의 논문, 2016, 402쪽에서는 上州는 식량, 下州는 노동력을 나눠 부담하였던 것은 아닐까 모르겠다고 하였으나, 218번 목간에서 노동력의 부담이 아닌 술을 공진물로 내고 있기 때문에 따르기 어렵다.

62) 武田幸男, 앞의 논문, 1979, 19쪽에서 추문을 소백산맥 이남의 경북 북부 지역에서 비정하여 김文國 곧 聞韶郡(의성)일 것으로 추정하였다. 고두림성을 안동으로 볼 때에는 가능성이 있으나 고두림성이 충북 단양 하리의 온달성이므로 성립되기 어렵다. 추문촌당주가 있던 추문촌은 충북에 있었을 것이다.

충북 옥천,[64] 함안군 칠원면 서남쪽 방면으로부터 마산과 창원 일대,[65] 안동시 임하면 일대[66] 등으로 보고 있다. 구리벌을 경북 북부인 안동시 임하면 일대나 충북 옥천으로 볼 경우에는 왜 구리벌 목간에서만이 奴 人 또는 奴가 있는지에[67] 대한 해명이 필요하다. 이 문제를 해결할 수 있는 것은 구리벌에서만의 특산물이 존재해야 된다. 왜냐하면 구리벌 에서만 감문성, 고타, 급벌성, 구벌, 사벌, 매곡촌, 물사벌성, 추문, 비사 (벌) 등 어느 곳에서도 나오지 않는 노(인)이 나오기 때문이다. 구리벌을 경북 북부인 안동시 임하면 일대나 충북 옥천으로 볼 경우에는 구리벌 만의 특산물이 있을 수 없다. 노(인)이 새로 복속된 지역의 주민을 나타 낸 것으로 보면, 及伐城,[68] 買谷村은[69] 모두 옛고구려 영토로 이들 지역

---

63) 성산산성 목간에 지명이 나오는 것으로 구리벌 16예, 고타 14예, 급벌성 7예, 구벌 5
   예, 감문성 4예, 이진지성 5예, 추문촌 4예, 매곡촌 2예, 수벌 1예, 물사벌 1예, 비사
   벌 1예로 그 합계는 60예이다. 그러면 구리벌은 26.67%를 차지하게 된다.

64) 주보돈, 앞의 논문, 2000, 56쪽.

65) 이경섭, 앞의 논문, 2005, 134~135쪽.

66) 이경섭, 앞의 논문, 2011, 542~543쪽.

67) 노(인)목간은 지명+인명+(관등명)+奴(人)+인명+負로 구성되어 있다. 노(인)은 구
   리벌 목간에서만 나타나고 있다. 지금까지 다른 지명에서는 나온 예가 없다.

68) 『삼국사기』, 권35, 지4, 지리2에 岋山郡 本高句麗及伐山郡이라고 되어 있다.
   급벌성 목간은 성산산성에서 나오는 것으로는 다음과 같이 7점이 있다.
   8번 及伐城△乃巴稗
   42번 及伐城△△稗石
   74번 及伐城只(利)稗石
   80번 及伐城△△稗石
   7-23번 及伐城文尸伊稗石
   7-24번 及伐城文尸伊烏伐只稗石
   7-42번 及伐城登奴稗石

69) 『삼국사기』, 권35, 지4, 지리2에 善谷縣 本高句麗買谷縣이라고 되어 있다.

에서는 왜 노인 또는 노가 없는지에 대한 설명이 필요하다. 이 두 가지 문제점 해결의 가능성을 보여줄 수 있는 있는 자료로 26번[70] 목간의 仇利伐△德知一伐塩의 소금이 있다. 巖鹽, 鹽湖, 塩井 등이 없는 우리나라에서는 바다에서만 소금을 채취한다.[71] 성산산성 26번 목간의 塩에 의해『삼국사기』지리지의 屈自郡, 骨浦縣,『일본서기』의 仇禮牟羅, 仇禮山戍에 의해 함안군 칠원면 서남쪽 방면으로부터 지금의 창원(굴자군)과 마산(골포현) 일대로 비정하였다.[72] 그러다가 塩을 인명의 일부로 보고서,『삼국사기』지리지의 屈火郡, 屈弗郡과 구리벌을 연결시켜서 안동시 임하면 일대로 보았다.[73] 이렇게 되면 구리벌 목간에서만 왜 노인 또는 노가 나오는지에 대한 답을 할 수가 없다. 이는 26번 목간의 塩자가 인명의 일부가 아니라는 것을 알 수 있다. 이 塩자는 노인 또는 노의 해명에 중요한 단서로 그저 쉽게 소금을 나타낸다. 이는 구리벌을 소금을 생산할 수 있는 바닷가에 비정해야 되는 이유이다. 1번 목간의 仇利

買谷村이 나오는 2예의 목간은 다음과 같다.

6-7번 買谷村古光斯珎于(앞면) 稗石(뒷면)

7-61번 買谷村物礼利(앞면) 斯珎于稗石(뒷면)

70) 원래는 5번 목간이었다. 이경섭,「함안 城山山城 출토 新羅木簡 연구의 흐름과 전망」『목간과 문자』10, 2013, 87쪽에서 자세한 언급도 없이 26번 목간으로 고쳐 부르고 있다. 본고에서는 목간의 번호가 어떻게 바뀌었는지 모르지만 이에 따라서 26번 목간으로 부른다.

71) 일본의 경우는 이 시기에 製鹽土器로 소금을 만든다. 일반적으로 토기는 안쪽 면보다 바깥쪽 면이 잘 정면되어 있다. 제염토기는 토기의 안쪽이 바깥쪽보다 잘 정면되어 있고, 소금물을 토기에 넣고 불을 놓아서 불이 다 타고 난 뒤, 토기 안쪽에 결정체로 남아있던 소금 알맹이를 모아서 소금을 생산하나, 우리나라에서는 그 발견 예가 전혀 없다.

72) 이경섭, 앞의 논문, 2005, 134~135쪽.

73) 이경섭, 앞의 논문, 2011, 541~543쪽.

伐 /上彡者村(앞면)[74] 乞利(뒷면), 3번과 34번 목간(쌍동이 목간)의[75] 仇利

---

74) 이수훈, 「新羅 中古期 行政村·自然村 문제의 검토」『한국고대사연구』48, 2007,
55~63쪽에서 仇利伐/ 上彡者村이 행정촌+자연촌(구리벌은 행정촌이 아니라 군임)
의 관계라면 해당 인물의 출신지를 행정촌인 구리벌로 밝혀도 됨에도 불구하고 굳
이 상삼자촌이라고 밝힐 이유가 없고, 4번 목간 仇利伐/ 仇阤(利)一伐과 26번(5번)
목간 仇利伐△德知一伐塩의 예에서 행정촌 다음에 곧 바로 인명이 오고 있는 점,
11번 목간 烏欣弥村卜兮, 14번 목간 大村伊息智 등에서 자연촌+인명이 되어서 일
관성이 없이 혼란스럽다는 점 등에서 상삼자촌은 행정촌이란 것이다.
구리벌 보다 상삼자촌을 작게 써서 이를 자연촌으로 보는 근거로 삼고 있으나 이는
구리벌 목간에서만 나오는 割書[두 줄로 쓰기] 때문이다. 할서는 구리벌 목간에서
만 나오기 때문에 구리벌이외의 목간에서는 자연촌이 없게 된다. 구리벌에서만 자
연촌이 존재하고, 다른 지명인 고타, 추문 등에서는 할서가 없어서 자연촌이 없게
된다. 그러면 고타, 추문 등에서 자연촌이 없는 이유가 궁금하다. 그 이유는 제시하
지 못하면 할서로 쓴 상삼자촌 등도 행정촌으로 보아야 할 것이다. 할서의 경우 글
자를 작게 쓰는 이외의 다른 방법은 없다. 이는 자연촌의 표시하는 것과는 전혀 관
계가 없다. 예를 들면 208번 仇利伐(앞면) △△谷村 伊酉比支 負, 39번 鄒文比尸河
村과 54번 鄒文△△村, 7-30번 夷津(支)(末那)石村에서는 구리벌(208번은 구리벌
목간임)의 경우에서처럼 할서로 쓰지 않고 있다. 할서는 구리벌 목간에서만 나오
고, 구리벌 이외에서는 단 1예도 나온 예가 없다. 할서로 적힌 것을 행정촌과 자연
촌 구분의 근거로 삼는 것은 목간의 할서에 대한 견해의 차이 때문에 나온 것이다.
후술하는 바와 같이 구리벌은 행정촌인 동시에 郡이므로 그 밑에 있는 上彡者村 등
은 행정촌이다.
75) 쌍동이 목간은 5예가 더 있다.
12번 上谷乃村居利支稗와 44번 上谷△△居利支稗
13번 陳城巴兮支稗와 41번 陳城巴兮支稗
43번 陽村文尸只와 2006-3번 陽村文尸只稗
69번 千竹利와 70번 千竹利
133번 仇(阤)△一伐 奴人 毛利支 負와 156번 仇利伐 仇阤知一伐奴人 毛利支 負
이를 복수의 이른바 하찰이 부착된 이유에 대하여 일본의 경우 현품을 수령한 官司
가 實物과 장부를 맞춰보기 위해서이며 稅物의 勘檢에 관한 조치(弥永貞三, 「古代
史料論-木簡」『岩波講座 日本歷史』25, 1976, 49~51쪽)로 보거나 대부분의 경우
하나의 공진물에 복수의 하찰이 부착되는데, 소비 단계까지 남겨진 것은 원칙적으
로 1점이었다고(東野治之, 「古代稅制と荷札木簡」『ヒストリア』86, 5~6쪽) 하였다.

그래서 감문과 구리벌에서 제작될 때 1차로 收取物의 검수라는 측면에서 기능을 하고, 다시 성산산성에 도착한 후 물품과 수량을 현지에서 확인하는 과정에서 2차로 기능하였다고 보았다. 하찰이 2차로 기능할 때는 甘文에서 조달 품목과 수량을 정리해서 보낸 臺帳과 짝을 이루어졌을 것이다. 복수 하찰의 경우는 두 개 중의 하나가 이 과정에서 제거되었을 가능성이 있다. 남은 하찰은 물품이 보관되고 소비될 때까지 하찰의 기능에서 物品付札의 기능으로 전환되어 떼어지지 않고 부착되어 있다가 물품의 소비 단계에서 폐기된 것으로 보았다.(이경섭, 앞의 논문, 2005, 148~149쪽) 소비 단계에서 폐기되었다면 소비 시점이 각각 다르기 때문에 330여 점의 목간이 일괄해서 출토될 수가 없다. 축성의 공사가 끝나고 새로운 공진물이 새 방법에 의해 들어오면서 축성 단계의 공진물은 남겨서 계속 사용되고, 동시에 공진물의 물품꼬리표가 몽땅 똑 같은 시기에 그 기능을 잃고서 동문지 근처에 폐기된 것으로 판단된다. 그래서 쌍둥이 목간이나 유사 쌍둥이 목간이 생겨날 수가 있었을 것이다.

또 7-23번 목간에 나오는 及伐城文尸伊稗石와 7-24번 목간의 及伐城文尸伊鳥伐只稗石에서 文尸伊는 동일인이다. 7-61번 목간의 買谷村物礼斯珎于稗石과 6-7목간 買谷村古光斯珎于稗石에서 공통적으로 나오는 斯珎于도 동일인으로 보았다.(전덕재, 앞의 논문, 2008, 33쪽, 이수훈, 앞의 논문, 2012, 170쪽) 이는 유사 쌍둥이 목간으로 공진물이 같은 稗石인데도 불구하고, 각기 따로 두 번으로 나누어서 낼 수 있다는 것을 의미한다. 유사 쌍둥이 목간에서 斯珎于의 경우 공진물을 합치면 하나의 목간에 쓸 수가 있는 데에도 불구하고 유사 쌍둥이 목간으로 나누어서 목간에 기재하고 있다. 이는 성산산성에서 목간이 제작되었다고 해석할 수밖에 없다. 발송처에서 목간이 제작되었다면 斯珎于의 경우는 하나로 합치면 유사 쌍둥이 목간이 되지 않는다. 그럼에도 불구하고, 두 목간에 나누어서 기록되고 있어서 유사 쌍둥이 목간이 되고 있다. 쌍둥이 목간도 12번 上谷乃村居利支稗와 44번 上谷△△居利支稗, 13번 陳城巴兮支稗와 41번 陳城巴兮支稗, 43번 陽村文尸只와 2006-3번 陽村文尸只稗처럼 공진물이 같아도 공진물이 前年에 낸 것이 남아서나 목간은 원래대로 두고(공진물의 양은 줄어들었음) 금년 새로 낸 것에 다시 또 물품꼬리표가 만들어져서 공진품과 함께 매어서 둔 것으로 보고 싶다. 왜냐하면 모든 공진물이 똑 같은 시간에 소비되는 것은 아니기 때문이다. 그래서 유사 쌍둥이 목간이나 쌍둥이 목간이 생길 수가 있을 것이다. 유사 쌍둥이 목간은 목간의 제작지가 성산산성임을 말해주는 중요한 근거가 된다. 1번 仇利伐 /上彡者村波婁와 34번 목간 仇利伐 /上彡者村波婁, 69번 千竹利와 70번 千竹利에서와 같이 공진물의 표시가 없는 목간이 쌍둥이 목간이 아닌 경우에도 39번 鄒文比尸河村尒利牟利처럼 종종 나온다. 이 경우에 공진물의 표시가 없이 물품꼬리표만 있는 것이 아니다. 공진물을 좁은 목간에 표시하기 곤란할 경우가 이던가 아니면, 소금처럼 누구나 알 수 있는 공진물이기 때

伐 /上彡者村波婁에서 上彡者村은『삼국사기』 지리지의 康州 咸安郡 領
縣인 김彡縣이다.[76] 구리벌은 함안군에서 바닷가인 마산시에[77] 이르는
지역이다. 이곳이 옛 안라국의 중요한 수도 부분에 해당되는 것이다.[78]

IV. 노인

신라의 奴(人)은 1988년 4월 봉평비(524년)의 발견으로 처음으로 알
려지게 되었다. 일반 신민, 새로 편입된 복속민, 차별 편제한 특수 지역
민, 지방민 일반, 舊高句麗民 등의 다양한 가설이 나왔다.[79] 대체로 노

문에 표시하지 않았을 것으로 추측된다.

목간의 제작 시기가 단 시일에 걸쳐서 있고, 연대의 폭도 좁다고 할 수 있고(성산산
성의 축조 시기가 목간의 존속 기간이다.), 목간의 폐기가 성산산성 축조의 완성으
로 목간이 수명을 다 했기 때문으로 판단된다. 성산산성의 축조 후에는 받는 공진물
은 그 수취 방법이 달랐을 것이다. 그래서 축조 공사 때의 공진물의 표시인 목간들
은 그 수명이 다해 일시에 거두어서 모두 성산산성 동문지 근처에다 폐기했을 것이
다. 그렇지 않고서는 동문지 근처에서만 목간들이 출토되는 이유를 알 수가 없다.
이런 까닭으로 덕분에 많은 목간이 나와서 신라사 복원에 중요한 자료가 되고 있다.

76) 주보돈, 앞의 논문, 2000, 56~57쪽에서 上彡者村의 김彡縣 비정에 비판하고 있다.
上의 음은 김의 음과 통하고(남산신성비 제2비에서 阿旦兮村과 阿大兮村, 沙刀城과
沙戶城에서 旦과 大가 통하고, 刀와 戶가 통하는 점에서 보아서 각각 동일 지명인
점에서 보면 上과 김는 통한다.), 彡은 양자에서 동일하게 나온다.

77) 2010년 7월 1일 창원시에 동합되기 이전의 마산시를 지칭한다.

78) 목간의 작성 연대인 540년경에는 『삼국사기』 지리지의 지명도 많은 차이가 있었을
것이다. 그래서 목간에 나오는 행정촌도 지리지에서 찾을 수 없다. 군으로 추정되
는 물사벌성과 추문촌과 이진(지성)도 찾을 수 없고, 목간의 26.67% 가량(지명이 나
오는 목간으로 한정할 때)을 차지하는 郡인 仇利伐도 지명만으로는 그 위치가 불분
명하다.

79) 한국고대사학회편, 『한국고대사연구』2, 1989.

(인)은 신라 지역에 새로 편입된 지역의 복속민으로 보고 있다.[80]

그런데 1998년 공개되기 시작한 함안 성산산성 목간에 奴(人)이 확인되면서 이들 노(인)을 어떻게 해석할 것 인지하는 문제가 새로 제기되었다. 그래서 성산산성 목간의 노인을 봉평비의 노인과 어떻게 연결시키는지 하는 문제가 대두되었다. 처음의 성산산성 목간의 연구에서는 私奴婢일 가능성이 언급되었다.[81] 대체로 봉평비에서 나온 결론을 성산산성 목간에 적용하여 노인을 구고구려계 복속민으로 보았다.[82] 이후 새로운 목간 자료의 발굴이 증가되자 노인이 기재된 목간을 해석하면서, 奴人=私奴婢說의 주장이 나왔다.[83] 이를 비판하면서 봉평비의 노인을 중심으로 목간의 노인을 이해를 강조하는 연구도 나왔다.[84] 노인은 기본적으로 복속민의 성격을 지녔지만, 6세기 중반에 그들을 구리벌에 사는 개인에게 각기 예속시켜 관할, 통제하도록 하였고, 이후 그들을 점차 공민으로 포섭하였다고 보았다.[85] 노인을 세금을 내는 주체로서 수취의 대상이 된 奴婢로 보기도 했다.[86] 또 성산산성의 노인을

울진군·한국고대사학회 『울진 봉평신라비와 한국 고대 금석문』, 2011.

80) 武田幸男, 「新羅·蔚珍鳳坪碑の敎事主體と奴人法」『朝鮮學報』187, 2003.

81) 윤선태, 「咸安 城山山城 出土 新羅 木簡의 用途」『震檀學報』88, 1999, 16쪽.

82) 이성시, 「한국목간연구의 현황과 함안성산산성 출토의 목간」『한국고대사연구』19, 2000, 99~100쪽.
    朴宗基, 「韓國 古代의 奴人과 部曲」『한국고대사연구』43, 2006.

83) 이수훈, 「咸安 城山山城 出土 木簡의 稗石과 負」『지역과 역사』15, 2004.
    전덕재, 「함안 성산산성 목간과 중고기 신라의 수취체계」『역사와 현실』65, 2007.

84) 이용현, 「함안성산산성 출토 목간의 負, 本波, 奴人 시론」-신라사학회발표문-, 2007.

85) 김창석, 「신라 中古期의 奴人과 奴婢」『한국고대사연구』54, 2009.

86) 윤선태, 「함안 성산산성 출토 신라 하찰의 재검토」『사림』41, 2012.

봉평비의 노인과 함께 隷民的 상황 집단적 지배를 받던 존재로부터 개인적 人身 지배에 기반한 公民으로 전화해 가는 道程에 있는 사람으로 보았다.[87]

위의 견해들은 奴(人)의 奴자가 奴隷 또는 奴婢를 나타낸다는 것에 근거하여 사노비로 보기까지 했다. 아니면 구고구려인으로 보아서 새로운 신라의 복속민으로 보았다. 이는 봉평비에서 나온 결론으로 성산산성 목간에 그대로 적용할 수가 없다. 이에 대해서는 뒤에서 언급하겠지만 노인의 奴자는 새로운 복속민과 전혀 관련이 없고, 동시에 奴婢의 신분과도 전혀 관련이 없다. 목간의 노인과 봉평비의 노인는 동일하다고 판단된다. 함안 성산산성 목간에 나오는 奴(人)을 검토하기 위해 奴(人)이 묵서된 목간을 제시하면 다음과 같다.[88]

26번 仇利伐 △德知一伐奴人 塩
36번 仇利伐 只卽△奴/於△支 (負)[89]

---

87) 이경섭, 「新羅의 奴人-城山山城 木簡과 〈蔚珍鳳坪碑〉를 중심으로-」『한국고대사연구』68, 2012.
88) 구리벌 목간의 노(인)에 대해서는 이경섭, 앞의 논문, 2012, 205쪽에서 전제하였다. 추정 구리벌 목간에서 노(인)이 나오는 예를 제시하면 다음과 같다. 이경섭, 앞의 논문, 2012, 206쪽에서 전제하였다.
　35번 內恩知奴人 居助支 負
　37번 內只次奴 須礼支(負)
　38번 比夕須奴/尒先(利)支 (負)
　104번 △△奴△△△支 負/(仇)△△
　133번 仇(阤)△一伐奴人 毛利支 負
89) 負와 함께 짐을 나타내는 용어로 이른바 發(바리)가 있다. 이는 모두 4점으로 고타에서만 나온다.
　20번 古阤伊骨利村(鄒)(앞면) 仇仍支稗發(뒷면)

121번 仇利伐 比夕須 奴 先能支 負

143번 (仇利)伐 △△只(奴)/△伐支 (負)

152번 仇利伐 郝豆智 奴人/ △支 負

156번 仇利伐 仇阤知一伐奴人 毛利支 負[90]

28번 古阤伊骨利村阿那衆智卜利古支(앞면) 稗發(뒷면)

6-30번 古阤伊骨村阿那(앞면) 仇利(伐)支稗(發)(뒷면)

9-1번 古阤一古利村夲波(앞면) △兮支稗發(뒷면)

이 發은 소나 말에 실린 짐을 바리라 부르는 것과 같을 수가 있으나 이 글자인 發자
를 麥자로 판독하고 있다.(이경섭, 앞의 논문, 2011, 564~565쪽) 필자도 麥으로 읽
는데 동의한다. 왜냐하면 고타(안동)에서 성산산성까지 오는 데에는 소나 말에 짐
을 실고 오기에는 너무 멀어서, 낙동강을 이용한 漕運일 가능성이 클 것이기 때문이
다. 소나 말을 이용한 發로 이용하기는 어려울 것이다. 따라서 發의 용어 사용은 성
립되기 어려울 것이다. 이때에 稗麥이 쌀보리(전덕재의 주장으로 이에 대해서는 이
경섭, 앞의 논문, 2013, 86쪽 참조)인지는 불분명하다. 왜냐하면 성산산성 목간(170
번)과 목간 번호를 모르는 王子寧△△大村△刀리(앞면) 米一石(뒷면)의 米一石으로
米도 나와서 쌀보리라면 米麥으로 불렸을 가능성도 있기 때문이다. 稗麥은 稗(피)
와 麥(보리)으로 보아야 할 것이다.

90) 윤선태, 앞의 논문, 2012에서는 다음과 같이 주장하였다.(이경섭, 앞의 논문, 2013,
86쪽에서 재인용)

25번 仇利伐 仇阤(智)一伐/尒利△支

133번 仇(阤)△一伐 奴人 毛利支 負

156번 仇利伐 仇阤知一伐奴人 毛利支 負

133호와 156호 목간은 쌍둥이 목간으로 여기에 기재된 仇阤知一伐이 25호 목간의
仇阤(智)一伐과 동일한 인물로 보고, 仇阤知一伐은 노인이 아니라고 하였다. 그래
서 仇利伐 仇阤知一伐奴人 毛利支 負를 仇利伐 仇阤知一伐의 노비, 毛利支의 負로
해석하였다. 이럴 경우 당시 신라에서 노비가 납세의 의무를 지닌 수취의 대상자로
보았다.

25번 仇利伐 仇阤(智)一伐/尒利△支은 仇利伐 仇阤(智)一伐의 짐꾼인 尒利△支이
다로 해석된다. 양자가 동일인이 아닐 가능성이 크다.

奴人은 외위도 가질 수 있는 소금 생산자인 동시에 公民으로 奴婢의 뜻일 수는 없
다. 仇利伐 仇阤知一伐奴人 毛利支 負에서 奴人은 一伐과 함께 仇阤知란 인명의 뒤
에 붙는 관등명류이다. 신라의 인명 표기에서는 직명+출신지명+인명+관등명의

仇利伐 목간에서 152번 목간의 仇利伐 郝豆智奴人/ △支 負를[91] 仇
利伐에 사는 郝豆智(奴人)와 △支가 납부한 짐(負)이다로[92] 해석하고 있
으나, 仇利伐에 사는 郝豆智 奴人의 △支의 짐(負)이다로 해석된다. △
支는 郝豆智 奴人의[93] 짐꾼이다란 뜻이다.[94] 물론 짐의 주인은 郝豆智

순서로 기재된다. 이 가운데 직명과 출신지명은 생략될 수 있으나 인명+관등명은
반드시 기재된다. 노인은 관등명류이므로 노인의 뒤에 오는 인명이 아닌 앞사람의
신분 표시이다. 따라서 仇利伐 仇陀知一伐奴人 毛利支 負에서 奴人을 중심으로 하
여 해석하면 仇利伐 仇陀知가 一伐인 동시에 奴人이며, 그 짐꾼인 毛利支의 짐이다
가 된다. 노인이 奴婢를 뜻하는 것은 아니고, 소금을 생산하는 사람이다. 물론 짐의
주인은 仇利伐 仇陀知一伐奴人이다. 毛利支의 신분도 짐꾼으로 판단된다. 왜냐하
면 노인은 소금 생산자를 가리킬 뿐, 노비라는 신분 표시로 볼 수가 없다. 만약에
133호와 156호 목간은 쌍둥이 목간으로 여기에 기재된 仇陀知一伐이 25호 목간의
仇陀(智)一伐과 동일한 인물로 보아도 소금 생산자로 一伐(외위 8관등)의 외위를
가진 유력자는 농사 등 다른 수입원이 있어서 그것을 성산산성에 낼 수도 있다. 133
호와 156호 목간은 쌍둥이 목간으로 여기에 기재된 仇陀知一伐奴人이 25번 仇利伐
仇陀(智)一伐/尒利△支로 나오기 때문에 노인이 아니라는 증거는 되지 못한다. 133
번과 156번 仇利伐 仇陀知一伐奴人 毛利支 負의 仇陀知와 25번 仇利伐 仇陀(智)一
伐/尒利△支의 구타지가 만약에 동일인이면 仇利伐 仇陀(智)一伐인 구타지가 노인
과 농업 지주로서의 두 가지 역할을 했을 것이다. 동일인이 아닐 가능성이 더 클 것
이다. 왜냐하면 25번 목간에 仇利伐 仇陀(智)一伐/尒利△支에서 一伐이란 관등명
만 있고, 奴人의 표시인 노인이 一伐 다음에 없어서 동일인이 아닐 가능성이 크다.
노인이란 소금 생산자이므로 신분 표시하는 데에서 당시에는 자긍심을 갖고 있어
서 인명 표기에 반드시 표기했을 것이기 때문이다.

91) 負는 여러 가설이 있어 왔으나 219번 목간의 方△日七村冠(앞면) 此負刀寧負盜人
有(뒷면)에서 此負刀寧負盜人有를 이 짐은 도녕의 짐이고, 盜人이 있었다로 해석되
어 짐[負]이 분명하다. 이 219번 목간이 발굴되기 이전에 이수훈, 「함안 성산산성 출
토 목간의 稗石과 負」『지역과 역사』15, 2004, 21~31쪽에서 이미 負자를 다른 곳으
로 옮기려고, 챙기거나 꾸러 놓은 물건[荷物] 즉 짐[負]을 가리키는 것으로 정확하
게 해석하였다. 이 부는 노인과 함께 구리벌 목간에서만 나오고 있다.

92) 이경섭, 앞의 논문, 2012, 216쪽.

93) 신라 금석문의 인명 표기에서 보면, 직명+출신지명+인명+관등명의 순서로 기재되
며, 직명+출신지명은 생략될 수 있으나, 인명+관등명은 반드시 기재되는 노인은

奴人이다. 156번 仇利伐 仇阤知一伐奴人 毛利支 負에서도 仇利伐에 사는 仇阤知 一伐인 동시에 奴人인 (구타지의 짐꾼인) 毛利支의 짐(負)이다로 해석된다. 156번 목간에서 짐(負)의[95] 주인은 물론 仇阤知一伐奴人이다.

목간에 나오는 奴(人)의 신분에 대해 집중적으로 연구되어 왔다. 奴(人)이 기록된 목간은 仇利伐에서만 나오고 있다는 점이다. 구리벌 목간은 그 크기가 크고, 割書[두 줄로 쓰기]로 된 예도 있는 점, 負가 끝에 많이 나오기도 하는 점, 노(인)이 나오기도 하는 점, 夲波·阿那·末那·前那 등의 本原, 어떤 방향이나 위치의 지역을 표시하는 땅 또는 들의

관등명(류)에 해당되고, 반드시 신분을 나타내는 인명의 뒤에 붙는다. 노인 목간은 지명+인명+(관등명)+노인+인명+負으로 기재된다.

94) 전덕재, 「함안 성산산성 목간의 연구현황과 쟁점」『한국목간학회 학술대회 자료집』, 2007, 78쪽에서 구리벌 목간으로 추정되는 35번 목간 內恩知奴人居助支 負를 內恩知의 奴人인 居助支가 負(짐)를 운반했다로 해석하고 있으나, 居助支가 노인이 아니다. 內恩知가 奴人이다. 奴人은 一伐 등의 외위까지도 가질 수 있는 사람이고, 노인은 관등명류이므로 內恩知 奴人의 居助支의 負(짐)이다로, 居助支는 內恩知 奴人의 짐꾼으로 해석해야 된다. 짐의 주인은 물론 內恩知 奴人이다.

95) 이 짐(負)이 노인이 나오는 구리벌 목간에는 반드시 있고, 노인이 나오지 않는 非奴人에게는 대개 나오나, 그렇지 않은 경우도 종종 있다. 성산산성에 가까운 곳에 있던 구리벌에서 성산산성으로 짐[負]으로 운반할 때, 직접 지게로 등짐을 지거나, 소나 말을 이용해 운반했을 것이다. 구리벌 목간에서는 비노인에게도 負가 함께 나오는 경우가 많다. 그런데 다른 지역에서는 흔한 稗나 麥 등의 곡물은 표기 않는 목간이 나온다. 비노인의 경우, 성산산성으로 가져다내는 곡물은 稗나 麥 등일 것이다. 왜 그 곡물을 목간에 적지 않았을까? 노인이 내는 소금처럼 누구나 알 수 있는 내용물일 것이다. 가령 보리 1짐처럼 획일화해서 누구나 보리로써 성산산성에 지게로 지거나 소나 말에 싣고서 와 냈을 것이다. 26% 이상(지명이 나오는 목간으로 한정할 때)을 차지하는 구리벌 목간에는 夲波, 阿那, 末那, 前那 등의 本原이나 땅 방향 표시 지명 등은 나오지 않고 있다. 남쪽에 위치한 구리벌은 米, 麥, 稗의 생산에는 古阤, 鄒文 등 북쪽 지역보다는 유리함에도 불구하고 목간에는 그 언급이 없다.

의미하는 예가 나오지 않는 점 등이 특징이다. 왜 구리벌 목간에만 奴
(人)이 나올까? 고구려 옛 주민이라면 고구려의 옛 영토이었던 及伐城
(영주시 부석면), 買谷村(안동시 도산면과 예안면)에서 노인이 나와야 하지
않을까? 그런데 급벌성과 매곡촌에서는 나오지 않고, 구리벌에서만 나
오고 있다.

　이들을 私奴婢로 볼 경우에도 감문(성), 고타, 급벌성, 구벌, 수벌, 매
곡촌, 이진(지성), 물사벌, 추문, 비사(벌)에는 노인이 없는 점이 문제이
다. 이들 지역에는 사노비가 본래부터 또는 그 당시에도 없었다는 전제
아래에서만 가능하다. 그럼에도 불구하고, 구리벌에서만 노인이 나와
서, 구리벌에만 사노비가 존재했는지에 대한 의문이 생긴다. 노인이 사
노비라면 목간에 나오는 지명의 어느 곳에서나 나와야 된다. 구리벌에
서만 노인이 나오는 이유가 궁금하다. 구리벌만에서만 다른 지역에서
는 없는 특산물을 생산하는 것으로 보인다. 구리벌의 특산물이 소금과
관련되는 것으로 26번 목간의 仇利伐△德知一伐奴人塩이 있다. 이는
구리벌의 위치가 소금이 생산되는 바닷가로 소금을 생산하는 곳임을
말해 준다. 26번 목간에서 仇利伐△德知一伐奴人塩에서 △德知一伐奴
人이 직접 소금이란 짐(負)을[96] 담당할 수가 있느냐하는 것이 문제이다.
29번 古阤新村智利知一尺△村(앞면) 豆兮利智稗石(뒷면)에서 智利知一
尺이 피 1석의 일부를 몸소 내고 있고, 72번 목간 △一伐稗의 예에서
보면 一伐이란 외위를 가진 자도 稗를 부담하고 있다. 26번 목간에서
仇利伐△德知一伐奴人塩에서 다른 예에서와 같이[97] 아랫사람이 없어

---

96) 26번 목간에서 파실된 부분이 문제가 되어 인명의 일부로 보기도 하나(이경섭, 앞
　　의 논문, 2011, 541쪽), 負자가 없어진 것으로 보인다.

도 문제가 없다. 그리하여 仇利伐△德知一伐奴人에게는 짐꾼이나 아랫사람이 없어서[98] 직접 소나 말에 소금을 싣고 구리벌의 바닷가에서 성산산성까지 왔을 것으로 추정된다. 그래서 짐꾼이 없이 직접 塩을 가지고 왔기 때문에 塩이라고 명기했을지도 모르겠다. 구리벌 목간에서만 나오는 노(인)에 주목할 때, 소금과의 관련은 중요하다.

소금은 우리나라에서는 岩鹽, 鹽湖, 塩井 등이 없으므로 바다에서만 나온다. 구리벌에서 소금을 생산했다면, 그 생산 방식은 재래식으로 土版에 어느 정도 소금물을 증류시켜서 그 물을 솥에 넣어서 따리는 토염의 생산 방법일 것이다. 구리벌은 충북 옥천이나[99] 경북 북부 지역인 안동시 임하면이[100] 아닌 바닷가로 비정해야 된다. 노(인)은 소금을 생산하는 사람으로 외위도 받을 수 있는 계층의 公民으로 판단된다. 구리벌은 함안군에서 바닷가인 마산시에 이르는 지역이다. 노(인) 목간에서 노(인)은 모두 구리벌 소속이지,[101] 구리벌 아래의 행정촌 출신자는 단1

---

97) 구리벌 목간에서 노(인)은 반드시 한 사람의 짐꾼을 동반하고 負자도 함께 한다.
98) 왜 직접 仇利伐△德知一伐奴人이 직접 소금을 싣고서 구리벌에서 성산산성에까지 왔는지는 알 수가 없으나 짐꾼이 오는 도중에 갑자기 병이 나거나 죽어서 仇利伐△德知一伐奴人이 직접 소 또는 말에 소금을 싣고서 왔던 길을 계속 왔을 것으로 추정된다. 이러한 추정이 옳다면 목간이 제작된 곳은 구리벌이 아닌 성산산성이 된다. 왜냐하면 짐꾼을 구리벌에서는 바꿀 수가 있지만, 성산산성에 오는 도중에서는 바꿀 수가 없기 때문이다. 그래서 짐꾼이 없이 왔기 때문에 仇利伐△德知一伐奴人(負)로 기록하지 않고, 仇利伐△德知一伐奴人塩(負)로 공진물까지 기재하였을지도 모르겠다.
99) 주보돈, 앞의 논문, 2000, 56쪽.
100) 이경섭, 앞의 논문, 2011, 541~543쪽에서 26번 목간의 仇利伐△德知一伐奴人塩의 塩을 인명의 일부로 보고서 구리벌을 경북 안동시 임하면 일대로 보았다. 이렇게 되면 구리벌에서만 나오는 노인에 대한 해석이 불가능하다. 구리벌에서 나오는 노인을 해석하기 위해서는 塩을 소금으로 볼 수밖에 없다.
101) 소금은 국가의 전유물로서 중요한 경제 수단이었을 것이다. 소금의 중요성은 중국

예도 없다. 소금을 만드는 데에 있어서 개인이 생산하는 것이 아니라 국가의 감독하에 郡 단위에서[102] 생산되었음을 알 수 있다.

V. 맺음말

지금까지 논의해 온 바를 요약하여 맺음말에 대신하고자 한다.

먼저 함안 성산산성 목간의 연대를 560년대로 보아 왔으나 경위에 及伐尺, 大舍下智가 있는 점에 의해 그 시기를 540년경으로 보았다. 지명 비정에서는 종래 경북 북부 지역으로 보아 왔으나 적성비에 나오는 고두림성의 위치가 충북 단양 온달성임을 근거로 추문촌과 물사벌성의 위치를 충북 지역으로 보았다.

노인은 구리벌 목간에서만 나오고, 다른 목간에서는 나오지 않고 있다. 구리벌의 위치가 바닷가에 있어야 소금을 생산할 수가 있고, 노인은 구리벌이란 군의 소속임을 알 수 있고, 노인이 외위도 가질 수 있는 소금을 생산하는 신분의 公民으로 보았다.

부기 본고의 탈고 이후에 최장미, 「함안 성산산성 제17차 발굴조사 출토 목간 자료 검토」『목간과 문자』18, 2017를 보게 되었다.

前漢代의 『鹽鐵論』에서 소금과 철을 중요시하여 국가에서 전매한 데에서도 찾아 볼 수가 있다.

102) 이경섭, 앞의 논문, 2011, 568쪽에서 仇利伐(안동시 임하면, 필자는 함안군에서 마산시에 이르는 지역으로 봄), 古阤(안동시), 仇伐(의성군 단촌면), 勿思伐城(충북), 鄒文(경북 북부인 의성군 금성면? 필자는 충북으로 봄), 甘文(김천시 개령면) 등을 郡(혹은 郡 단위)으로 보고 있다.

23)번 목간은 제2면과 제4면을 바꾸었다. 이에 따라 전문을 해석하면 다음과 같다.

3月에 眞乃滅村主 憹怖白이 △城(此城으로 城山山城?)에 있는 弥卽尒智 大舍下智의 앞에 가서 아룁니다. 즉 앞선 때의 六十日代法 덜 되었다고 (아룁니다.) 伊他罹 及伐尺에게 녹봉에 말하기를 △法卅日代를 告해서 이제 卅日食을 먹고 갔다고 아뢰었습니다.

이 밖에도 주목되는 목간으로 다음과 같은 것이 있다.

9) 仇利伐 上三者村△△△△

10) 丘伐未那早尸智居伐尺奴(旅)利知稗石

14) 丘利伐(卜)今智上干支奴負(徐)利巴支

15) 仇利伐 夫△知一伐負/宍巴利△

17) 沙喙部負

9)번 목간은 仇利伐 上三者村△△△△에서 구리벌과 상삼자촌이 할서로 적히지 않고 대등하게 적혀 있다. 이는 上三者村이 자연촌이 아닌 행정촌이라는 좋은 증거가 된다.

10)번 목간은 未那가 어떤 방향이나 위치를 표시하는 땅이나 들을 의미하는 땅이름에 더하게 되었고, 거벌척이 외위임을 알게 되었고, 이를 해석하면 丘伐 未那 早尸智 居伐尺과 奴(旅)利知가 낸 稗 一石이다.

14)丘利伐(卜)今智上干支奴負(徐)利巴支은 丘利伐의 (卜)今智 上干支가 奴(人)이고, 負을 (徐)利巴支가 담당했다로 해석된다. 이러한 형식의 구리벌 목간은 처음으로 나왔다. 곧 丘利伐이 仇利伐로 나온 유일한 예가 된다.

15)仇利伐 夫△知一伐負/宍巴利△은 仇利伐의 夫△知 一伐의 負를 宍巴利가 담당했다로 해석된다.

17)沙喙部負은 사탁부의 짐이다로 해석되어 왕비족인 사탁부가[103] 짐을 내어서 물품꼬리표가 있다고 판단된다. 사탁부도 負를 내고 있어서 성산산성의 축조가 국가에서 담당했고, 목간도 성산산성에서 제작되었다는 것을 말해주고 있다.

---

103) 이에 대해서는 김창호, 『고신라 금석문과 목간』, 2017. 제3장 제2절 참조.

2
함안성산산성 목간(2)

Ⅰ. 머리말

함안 성산산성 목간은 1998년 27점의 목간이 공개되었다.[1] 2004년 『韓國의 古代木簡』을[2] 간행하면서 116점의 목간이 보고되었다. 단일 유적에서는 가장 많은 목간이 나왔다. 2006~2008년까지의 목간 152점이 공개되었다.[3] 그 때까지의 목간을 집성하여 『韓國木簡字典』까지 나왔

---

1) 김창호, 「咸安 城山山城 出土 木簡에 대하여」 『咸安 城山山城』Ⅰ, 1998. 글자가 판독될 수 있는 목간은 모두 24점이다.

2) 국립창원문화재연구소, 『韓國의 古代木簡』, 2004.

3) 이경섭, 「성산산성 출토 신라 짐꼬리표[荷札] 목간의 地名 문제와 제작 단위」 『신라사학보』23, 2011, 536쪽에 따르면, 2006~2007년에 116점, 2008년에 36점이 각각 출토되었다고 한다.

다.[4] 2017년에도 목간이 공개되고 있다.[5] 현재까지 330여 점의[6] 목간이 나왔다. 단일 유적에서는 가장 많은 목간이 나왔다.

함안 성산산성 목간의 연구는 1999년 11월 〈함안 성산산성 출토 목간의 내용과 성격〉이란 제목으로 국제학술회의가 열렸다.[7] 그 동안의 연구 성과를 정리한 논문도 나왔다.[8] 그 개요는 대체로 560년경에 작성되었으며, 荷札이라는 것이다. 함안 성산산성 목간은 신라사 연구에 있어서 일급 사료인 1차 자료로 그 중요성은 새삼 재언을 요하지 않는다. 성산산성 목간의 최초 보고자로서[9] 경험을 살려서 그 잘못된 점을[10] 바

---

4) 국립가야문화재연구소, 『韓國木簡字典』, 2011. 여기에서는 성산산성에서 나온 224점의 목간이 수록되어 있다.

5) 『경향신문』, 2017년 1월 4일자. 23점의 목간이 새로 발굴했다고 한다. 1점 사면 목간은 그 내용이 신문을 통해 알려졌다.

6) 지금까지 공개된 목간에서 보면, 윤선태, 「한국 고대목간의 연구현황과 과제」 『신라사학보』38, 2016, 392쪽에서 310점(?)이 나왔다고 하였고, 2017년 1월 4일에 23점이 공개되어 함안 성산산성에서 출토된 목간의 총수는 2017년 1월 4일 현재 333점 가량 된다.

7) 한국고대사학회, 「함안 성산산성 출토 목간의 내용과 성격」(국제학술회의 발표요지). 여기에 실린 글들은 수정 보완되어 한국고대사학회, 『한국고대연구』19, 2000에 재수록 되어 있다.

8) 이용현, 「咸安 城山山城 出土 木簡」 『한국의 고대목간』, 2004.
이경섭, 「함안 성산산성 출토 목간의 연구현황과 과제」 『신라문화』23, 2004.
전덕재, 「함안 성산산성 출토 목간의 연구현황과 쟁점」 『신라문화』31, 2008.

9) 김창호, 앞의 논문, 1998.

10) 김창호, 앞의 논문, 1998에서 잘못된 점은 다음과 같다. 먼저 稗一과 稗石을 彼日이란 외위명으로 보는 등 목간 해석에 잘못을 저질렀다. 다음으로 下麥을 下幾로 잘못 판독하여 경북 안동 豊山으로 보아서 지명 비정에 혼란을 야기시켰고, 이 이른바 城下麥 목간은 그 숫자가 현재 6예나 되어 下幾의 판독이 잘못되었고, 下麥의 판독이 정확하였음을 알 수 있다. 그 다음으로 夲波를 후에 本原의 뜻으로 결정이 날 것을 알지 못하고, 성주로 비정하는 잘못을 범했다. 마지막으로 9호 목간을 竹尸△牟 ˇ 于支稗一(竹尸△于牟支稗一로 해석해야 됨)을 竹尸△乎干支稗一로 잘못 읽어서 경위와 미분화된 외위인 干支가 나오는 6세기 전반을 하한으로 하는 이른 시기의

로 잡고, 성산산성 목간연구에 대해 조그마한 디딤돌이라도 만들고자
하는 가벼운 마음이다.

　여기에서는 먼저 자연촌과 행정촌을 검토하겠고, 다음으로 목간의
제작지에 대한 소견을 밝혀보고자 한다.[11]

II. 자연촌과 행정촌

　함안 성산산성 출토의 330여 점의 목간에는 많은 지명이 나온다. 이
지명들에는 州나 郡은 나오지 않고, 대개 村(城)으로 끝나거나 村(城)명
이 없이 나오는 지명이 많다. 이들을 둘러싸고, 단독으로 촌명만 나올
경우, 자연촌으로 보는[12] 견해와 행정촌으로 보는[13] 견해가 각각 있어
왔다. 어느 가설도 결정적인 증거가 없어서, 남산신성비 제1비와 제2비

　자료로 볼 여지를 남겼다.

11) 목간 연구의 기본이 되는 형식 분류나 그 크기 등의 형태적인 연구는 27점(글자가
　　확실한 것은 24점)의 목간만을 실견했고, 300점 이상의 목간을 보지 못했고, 목간의
　　사진도 전혀 갖추지 못한 상황에서 미처 다루지 못했다. 앞으로 기회가 되면 목간
　　의 형태적인 연구도 고고학적인 기본 방법의 하나인 형식론에 입각하여 한번 시도
　　해 보고자 한다.

12) 주보돈, 「함안 성산산성 출토 목간의 기초적 검토」『한국고대사연구』19, 2000.

13) 김창호, 「金石文 자료로 본 古新羅의 村落構造」『鄕土史硏究』2, 1990.
　　이수훈, 「新羅 村落의 성격-6세기 금석문을 통한 행정촌·자연촌 문제의 검토-」
　　『한국문화연구』6, 1993.
　　김재홍, 「新羅 中古期 村制의 成立과 地方社會構造」, 서울대학교 박사학위논문, 2001.
　　이수훈, 「신라 중고기 행정촌·자연촌 문제의 검토」『한국고대사연구』48, 2007.
　　김창호, 「금석문 자료에서 본 古新羅 城村의 연구사적 조망」『삼국시대 금석문 연
　　구』, 2009.

와 제9비, 오작비를 원용해서 자설을 보강하고 있다. 남산신성비 제1비에서는 郡上村主가 나와서 군의 감독하에 행정촌 阿良村을[14] 중심으로 요역이 이루어졌고, 남산신성비 제2비에서는 郡中(上人)이 나와서 군의 감독하에 행정촌 阿旦(大)兮村을[15] 중심으로 남산신성 축조의 요역이 이루어졌고, 남산신성비 제9비에서는 伋伐郡, 郡上人이 나와서 급벌군의 감독하에 행정촌 伊同城을[16] 중심으로 요역이 이루어졌다. 오작비의 촌명 가운데 居毛村은『新增東國輿地勝覽』권26, 大丘都護府 屬縣조의 河濱縣 在府西三十七里(중략) 別琴湖縣에 근거해 琴湖縣에 비정하였고, 仇利支村은『新增東國輿地勝覽』권27, 玄風縣 古蹟조의 仇知山部曲의 仇知山에 비정하였다.[17] 오작비에서도 자연촌을 중심으로 행정촌이 오를 축조한 것이 아니라, 행정촌이 오의 축제를 위한 동원되었으며, 곧 郡을[18] 중심으로 감독을 한 것임을 알 수가 있다. 따라서 오작비의 촌명

---

14) 阿良村 출신자로 외위를 가진자가 7명이나 된다. 이는 자연촌의 호수가 둔전 문서(촌락 문서)에서 자연촌 평균 호수인 10.75호의 65.11%나 되어 절반이 넘게 외위를 가지게 된다. 따라서 같은 비문에서 어떤 것은 행정촌, 어떤 것은 자연촌일 수 없으므로 아량촌을 비롯한 칠토촌, 노함촌이 행정촌이다. 따라서 남산신성비에 나오는 모든 성촌명은 행정촌이다. 왜냐하면 같은 남산신성비에 있어서 어떤 것은 행정촌이고, 어떤 것은 자연촌이면 읽는 사람이나 쓰는 사람이 혼란스러워서 안 되기 때문이다.

15) 阿大兮村 출신자로 외위를 가진자가 7명이나 되어 자연촌의 호수가 둔전 문서(촌락 문서)에서 자연촌의 10.75호이므로 7명의 외위를 가진 자가 65.11%나 넘어서 아대(단)혜촌을 비롯한 사도(호)성, 구리성 등이 행정촌이다.

16) 남산신성비 제1비와 제2비에 근거할 때, 남산신성비 제9비의 성촌명도 행정촌으로 본다. 伋伐郡中伊同城徒란 구절이 나와서 이동성에서 요역을 전담하고 있다. 제9비만 자연촌이고, 제1비와 제2비의 성촌명은 행정촌이라면 읽는 자나 쓰는 자가 혼란 서러워 안 된다. 따라서 제9비에 나오는 모든 촌도 행정촌이다.

17) 이수훈, 앞의 논문, 1993.

18) 영천 청제비 정원14년(798년)에도 청제의 축제에 切火와 押喙(喙는 이체자임)의 2 군에서 동원되고 있어서 군 단위로 요역이 시행되었음을 알 수가 있다.(金昌鎬, 「영

도 행정촌이다.

고신라 금석문과 목간에 나오는 성촌명이 행정촌인지 아니면 자연촌인지는 군의 지배가 자연촌을 중심으로 시행되었는지 여부이다. 군의 장이 당주, 나두, 도사 중 어느 것인지도 모르는 상황에서 군이 자연촌에 이르기까지 철두철미한 지배를 했다고 볼 수가 있는지 의문이다. 695년에 작성된 신라 둔전 문서(촌락 문서)에서[19] 沙害漸村, 薩下知村 등 4개 자연촌의 戶數는 각각 10호(A촌), 15호(B촌), 8호(C촌), 10호(D촌)이다. 자연촌당 평균 10.75호이다. 이들 자연촌에서는 외위를 가질 수 있는 사람은 1명이 있을지 말지이다. 330여 성산산성 목간에서[20] 외위를

천 청제비 정원14년명의 재검토」『한국사연구』43, 1983) 통일 신라 시대의 大岾城石刻(關門城 石刻)에도 骨估(영천군?), 居七山(동래군), 押喙(경산군), 切火郡(영천군), 退火(영일군 흥해), 西良郡(울산군)의 군명이 金京(서울로 지금의 경주)과 함께 나와서 지방에서는 군을 단위로 역역을 동원했음을 알 수 있다.(朴方龍,「新羅 關門城의 銘文考察」『美術資料』31, 1982) 오작비, 남산신성비 제1비, 제2비, 제9비의 요역에 군을 단위로 했음을 알 수 있다.

19) 김창호,「新羅 村落(屯田)文書의 作成 年代와 그 性格」『史學研究』62, 2001.

20) 정확하게 인명이 나오는 목간의 예를 알 수 없으나 330여 점의 목간 가운데에서 줄잡아도 200예 정도의 인명이 나올 것이다. 11명의 외위를 가진 자는 전체 인원(200戶) 가운데 5.5%의 사람만이 외위를 가지게 된다. 이 수치는 戶數 당 인원이다. 물품꼬리표 목간은 가족을 대상한 것이 아니라 戶를 대상으로 한 것이다. 오작비에서 塢珎此只村의 5명이란 외위는 함안 성산산성 목간 전체의 외위를 받은 숫자의 절반이라 오작비의 塢珎此只村을 자연촌으로 보는 것은 불가능하고, 행정촌으로 볼 수밖에 없다. 곧 塢珎此只村란 행정촌 밑의 5개 이름이 나오지 않는 자연촌 당 1명씩(?, 외위를 안가진 자연촌도 있었을 것이다. 2~3명씩의 외위를 받은 자연촌도 있었을 것이다.)의 외위를 가진 것으로 해석할 수밖에 없을 것이다. 자연촌이 몇 개가 모여서 행정촌이 되는지는 알 수가 없지만 5개나 그 이하나 그 이상일 경우가 있었을 것이다. 오진차지촌이 행정촌이므로 仇利支村, △夫住村, 居毛村, 另冬里村, 珎得所里村은 모두 행정촌이다. 왜냐하면 한 비석에서 어떤 것은 자연촌이고, 어떤 것은 행정촌일 수 없기 때문이다.

가진 자는 11명뿐이다. 자연촌으로 보아온 오작비의 塢珎此只村의 경우 외위를 가진 자가 5명이나 되어 塢珎此只村을 자연촌으로 보면, 戶數의 절반이 외위를 가지게 된다. 따라서 오작비의 塢珎此只村은 행정촌이다. 신라의 지방 통치는 행정촌 중심의 지배로 본다. 외위를 받는 사람은 행정촌을 단위로 국가에서 주었지 자연촌을 단위로 준 것은 아니다. 왜냐하면 가령 14번 목간의 大村伊息知一伐과 26번 목간의 仇利伐△德知一伐奴人塩에서 14번 목간의 大村을 자연촌으로, 仇利伐을[21] 군이 아닌 행정촌으로 보게 되면, 행정 체계가 어떤 때는 자연촌으로, 어떤 때는 행정촌으로 시행하게 되므로 혼란스러워서 안 된다. 14번의 대촌은 자연촌이 아닌 행정촌이나, 구리벌은 행정촌이면서 군으로 보아야 된다. 이럴 때에 혼란을 일으킬 수 있는 예로 29번 목간인 古陁新村智利知一尺△村(앞면) 豆兮利智稗石(뒷면)과 14번 목간의 大村伊息知一伐을 들 수가 있다. 이는 古陁(군명) 新村(행정촌) 智利知一尺과 △村(행정촌) 豆兮利智가 낸 稗 1石이다로 해석된다. 여기에서 고타에 소속된 新村을 자연촌으로 보느냐 아니면 행정촌으로 보느냐가 문제가 된다. 신촌을 자연촌으로 보게 되면 성산산성 목간에서 자연촌 출신으로 외위를 받는 예가 생기게 된다. 신촌을 古陁郡에 소속된 행정촌으로 보고자 한다. 14번 목간의 大村伊息知一伐도 같이 자연촌인지 여부가 문제된다. 이는 앞에서 살펴본 바와 같이 행정촌에서 외위를 받는 예가 많고 자연촌에서 외위를 받는 확실한 예가 없는 점에서 大村을 행정촌으로 보아야 될 것이다.

구리벌은 소금을 생산하는 지역으로 함안군과 마산시에 이르는 지

---

21) 구리벌을 자연촌으로 보는 연구자는 없다.

역으로 郡에 해당되는[22] 지역이다. 소금은 구리벌에서 나오는데 구리벌이 군이 아니고, 행정촌이라면 성산산성의 축조에 필요한 소금을 하나의 행정촌에서 부담할 수는 없을 것이다. 따라서 구리벌은 군으로 보아야 되고,[23] 상삼자촌은 행정촌으로 보아야 된다. 구리벌 목간에 대해 자연촌도 포함되어 있는지를 살펴보기 위해 관련 자료를 제시하면 다음과 같다.

1번 仇利伐/上彡者村 乞利

3번 仇利伐/上彡者村 波婁

4번 仇利伐 △阤△一伐/尒利△一伐

26번 仇利伐△德知一伐奴人塩

33번 仇利伐(彤)谷村/仇礼支負

34번 仇利伐/上彡者村 波婁

36번 (仇利伐)只△ △奴△ △/於△支負

6-10번 (仇利伐)/△ △奴△ △支負

6-24번 仇利伐/比夕須奴先能支負

7-18번 仇利伐 (衫伐)只(村)/同伐支(負)

---

22) 이경섭, 앞의 논문, 2011, 568쪽. 단 구리벌의 위치는 안동군 임하면 일대로 보았다.

23) 이경섭, 앞의 논문, 2011, 568쪽에서 구리벌을 郡(혹은 郡 단위)로 보고 있다. 구리벌을 군으로 보지 않고 행정촌으로 보면 26% 이상의 목간(지명이 나오는 목간에 한정할 때)이 나오는 구리벌에 上彡者村, 末谷村, (肪)谷村, (衫伐)只(村), △ △谷村, 前谷村, 習(服)村, (彤)谷村의 8개 이른바 자연촌이 있게 된다. 아직까지 미발굴 조사된 촌명까지 포함한다면 자연촌의 숫자가 너무 많고 한 개의 행정촌에서 성상산성 축조의 역역인들에게 소금을 담당하기는 무리이다. 따라서 구리벌이 군명이므로 그 밑에 있는 상삼자촌을 비롯한 촌명들은 당연히 행정촌이다.

7-27번 仇利伐 郝豆智奴人/△支負

7-31번 仇利伐 仇阤知一伐奴人 毛利支負

7-53번(178번) 仇利伐 習(服)村/牟利之負

208번 仇利伐(앞면) △△谷村 伊酉比支 負(뒷면)²⁴⁾

仇利伐은²⁵⁾ 분명히 군에 해당된다. (彤)谷村, (衫伐)只(村), 習(服)村, △△谷村 등은 上彡者村과 마찬가지로 행정촌이다.²⁶⁾ 그 어디에도 자연촌으로 볼 수 있는 근거는 없다. 구리벌 소속의 노인은 있지만 구리벌 예하의 행정촌 소속의 노인은 단 1예도 없다. 이는 소금을 생산하는 노인은 군에서 관장하고 있기 때문이다. 구리벌을 군으로 보지 않고

---

24) △△谷村은 할서로 적지 않았기 때문에 구리벌과 꼭 같은 크기로 적고 있다. 만약에 할서로 △△谷村을 할서로 적었다면 작게 적었을 것이다. 실제로는 그렇지 않고 △△谷村을 구리벌과 같은 크기로 적고 있다. 상삼자촌을 자연촌으로 보면 △△谷村도 자연촌으로 보아야 한다. △△谷村을 행정촌으로 보게 되면, 상삼자촌도 행정촌으로 보아야 된다. 성산산성의 요역하는 사람에게 소금을 한 개의 행정촌에서 전담했다고 보기는 어렵고, 성산산성 목간의 26% 이상을 차지하는 구리벌 목간의 구리벌은 군으로 판단되고, 군에 소속된 상삼자촌을 비롯한 △△谷村 등의 모든 촌은 행정촌으로 판단된다.

25) 구리벌을 행정촌으로 보면, 구리벌 목간이 16예, 추정 구리벌 목간 예가 10예로 지금까지 발굴 조사된 자료만으로도 총 26예가 되어 둔전 문서(촌락 문서)의 자연촌 평균 호수인 10.75호를 2.42배 가까이 초과하게 된다. 따라서 구리벌은 자연촌이 아닌 행정촌인 동시에 군이다. 구리벌 목간의 수가 가장 많아서 구리벌을 군으로 보지 않으면, 성산산성 목간에서 지명의 숫자가 가장 많이 나오는 구리벌이 군이 아니므로 성산산성 목간에서는 군이 존재할 수 없게 된다.

26) 이를 자연촌으로 보려고 하면 군에서 직접 자연촌을 지배했다는 증거가 필요하다. 그 증거가 현재까지의 금석문이나 목간 자료에서는 찾을 수 없다. 군은 존재하나 군의 장이 누구인지도 모르는 상황에서 군이 직접 자연촌까지 지배했다고 보기는 어려울 것이다.

행정촌으로 보면 하나의 행정촌에서 성산산성 요역 인원에 대한 소금 공급은 하나의 행정촌만으로의 공급은 거의 불가능할 것이다. 따라서 구리벌을 군으로 보고,[27] 상삼자촌 등의 촌을 행정촌으로 보아야 될 것이다.

또 목간 6-17번의 鄒文村을 자연촌으로 볼 수도 있다. 목간에서 鄒文(村)이 나오는 예를 제시하면 다음과 같다.

39번 鄒文比尸河村尒利牟利

54번 鄒文△△村△夲△

6-17번 鄒文村內旦利 (魚)

7-52번 鄒文前那牟只村(앞면)

　　　　伊(利眉)(뒷면)

위의 목간 자료에서 比尸河村, △△村, 牟只村은 자연촌이고,[28] 鄒文(村)은 행정촌이라는 것이다. 추문촌에 있어서 鄒文村만으로 나온다고 해서 자연촌으로 볼 수가 없다. 545년 직전에 건립된 적성비 제⑤행에 鄒文村幢主沙喙部導設智及干支란 인명 표기가 나온다. 이 인명 표기에 나오는 추문촌에 추문촌당주가 파견되므로 추문촌을 자연촌으로 볼 수가 없다. 추문촌은 행정촌이다. 39번, 54번, 7-52번[29] 목간의 추문은 군

---

27) 자연촌설의 신봉자인 이경섭은 앞의 논문, 2011, 568쪽에서 구리벌을 고타, 구벌, 추문, 감문 등과 함께 군(혹은 군 단위)으로 보고 있다.

28) 이경섭, 앞의 논문, 2011, 571쪽.

29) 이경섭, 앞의 논문, 2011, 前那는 방향이나 위치[方位]를 표시하는 땅이나 들이다라고 하였다.

으로 볼 수가 있다.[30] 그 밑에 있는 比尸河村, △△村, 牟只村은 행정촌이다.[31]

또 60번 목간 巴珎兮城下△(앞면) 巴珎兮村(뒷면)에서 우선 보기에 巴珎兮城을 행정촌으로 巴珎兮村을 자연촌으로 볼 수도 있다. 이는 이른바 城下 목간에서[32] 살펴 보아야하므로 우선 관계 자료를 제시하면 다음과 같다.

2번 甘文城下麥甘文夲波△△(앞면) △村利△兮△(뒷면)

60번 巴珎兮城下△(앞면) 巴珎兮村(뒷면)

100번 甘文城下麥夲波大村毛利只(앞면) 一石(뒷면)

169번 夷津支城下麥王智巴珎兮村(앞면) 珎次二石(뒷면)

170번 甘文城下△米十一(斗)石(喙)大村卜只次(待)[33]

197번 夷津支城下麥烏(比)支△(앞면) △△△石(뒷면)

7-304번 夷津支城下麥烏村支(刀)(전면) △△(뒷면)[34]

---

30) 이경섭, 앞의 논문, 2011, 568쪽.

31) 이경섭, 앞의 논문, 2011, 571쪽에서 比尸河村, △△村, 牟只村을 이른바 자연촌으로 보고 있다.

32) 이수훈, 「성산산성 목간의 성하목간과 수송체계」『지역과 역사』30, 2012, 162쪽에서 △△城下麥을 △△城에서 下(送)한 麥 또는 △△城에서 下한 麥 또는 △△城에서 下(行)하는 麥으로 풀이하고 있다. 여기에서는 △△城下麥을 전후 관계로 보아서 麥의 소속이 중요시되는 것은 △△城이므로 간단하게 △△城下麥(△△城 아래)의 麥으로 보고 싶다.

33) 이수훈, 앞의 논문, 2012, 170쪽에서 170번 목간(2007-45번 목간) 甘文城下(稅)米十一(斗)石(喙)大村卜只次持去로 판독하고 있다. 170호 목간에서 輸送者로 추론한 持去(가지고 감으로 풀이함)도 판독상 어려움이 있고, 城下 목간의 양식으로 보아 인명이거나 그 일부일 가능성이 크다는 비판이 이경섭, 앞의 논문, 2013, 90쪽에 있다.

34) 이는 앞서서 夷津支城下麥烏村一智巴(앞면) △△(뒷면)으로 판독되었는데 이는 잘

2번 목간은 甘文城下(아래)의 麥을 甘文의 夲波(本原)인[35] △△△村의 利△兮가 △했다로 해석된다. 감문은 561년에 세워진 창녕비에 甘文軍主가 나와서 앞선 시기인 동시에 목간의 제작 시기인 540년경에는 군으로 보아도 될 것이다. △△△村은 당연히 자연촌이 아닌 행정촌이 된다. 60번 巴珎兮城下△(앞면) 巴珎兮村(뒷면)은 풀이가 어려워 가장 뒤로 미룬다. 100번 목간은 甘文城下의 麥을 夲波(本原)인 大村의 毛利只가 낸 一石이다로 해석된다. 감문성의 下에 있는 大村은 당연히 행정촌이 된다. 170번 목간은 甘文城下의 △米十一(斗)를[36] 石(喙)大村의 卜只次(待)가 냈다로 해석된다. 石(喙)大村도 행정촌으로 보는 데에 어려움이 없다. 197번 夷津支城下麥烏(比)支△(앞면) △△△石(뒷면)은 夷津支城下의 麥을 烏(比)支△의 △△가 △石을 냈다. 夷津支城은 군명, 烏(比)支△은 행정촌명이 된다. 169번 夷津支城下麥王智巴珎兮村(앞면) 珎次二石(뒷면)과 7-304번 夷津支城下麥烏村支(刀)(전면) △△(뒷면)의 해석은 좀 어려움으로 이진지성의 다른 예와 함께 조사하기 위해 관계 자료를 제시하면 다음과 같다.

30번 夷(津)支阿那△△豆支(앞면) 稗(뒷면)

6-4번 夷津夲波只那 公末(尒稗)

7-30번 夷津(支)(末那)石村末支(下仇)(앞면) 稗(뒷면)

못된 것이다. 이를 이수훈, 앞의 논문, 2012, 152쪽에서는 夷津支城下麥烏村支(刀)(전면) (利)△(一)石(뒷면)으로 판독하고 있다. 이렇게 되면 夷津支城下의 麥을 烏村의 支(刀)(利)가 △ 1석을 냈다로 해석된다.

35) 權仁瀚, 「고대 지명형태소 本波/本彼에 대하여」『목간과 문자』2, 2008, 91쪽.
36) 이수훈, 앞의 논문, 2012, 151쪽에서는 十一(斗)石을 11斗(말)의 石(섬, 용기)으로 이해할 것을 강조하고 있으나 石은 지명의 일부로 보인다.

30번 목간에서 夷(津)支(城)은 阿那이며,[37] △△豆支가 낸 稗이다가 된다. 夷津支城은 행정성이라고 한다.[38] 甘文城과 夷津支城을 행정성이라 했으므로 甘文城은 나중에 州治가 있을 곳이라 이에 비견되는 30번 夷(津)支阿那△△豆支(앞면) 稗(뒷면)에서 夷(津)支는 행정성인 동시에 군명이다. 阿那는 방향이나 위치 표시의 땅이나 들이고, △△豆支는 인명이다. 197번 목간의 夷津(支城)은 군으로 볼 수가 있고, 197번 夷津支城下麥烏(比)支△(앞면) △△△石(뒷면)은 夷津支城下의 麥을 烏(比)支△(행정촌) △△이 △石냈다로 해석된다. 6-4번 夷津夲波只那公末(介稗)에서 夷津은 夲波(本原)이며, 只那公末(介)가 낸 (稗)이다가 된다. 夷津은 군이 개설된 곳이다. 7-30번 夷津(支)(末那)石村末支(下仇)(앞면) 稗(뒷면)에서 夷津(支城)의 (末那)(방향 표시의 땅)인 石村의 末支(下仇)가 낸 稗이다가 된다. 夷津(支城)은 군에 해당되고, 石村은 행정촌이다.[39] 169번 夷津支城下麥王智巴珎兮村(앞면) 珎次二石(뒷면)에서 夷津支城下의 麥을 王智巴珎兮村의 珎次가 낸 二石이다가 된다. 夷津支城은 군명, 王智巴珎兮村은 행정촌이다.[40] 7-304번 夷津支城下麥烏村支(刀)(전면) △△(뒷면)에서 夷津支城下의 麥을 烏村의 支(刀)가 △△냈다가 된다. 이진지성은 군명, 조촌은 행정촌명이다. 仇利伐, 鄒文村, 甘文城, 夷

---

37) 이경섭, 앞의 논문, 2011, 방향이나 위치[方位]를 표시하는 땅이나 들이다라고 하였다.
38) 이경섭, 앞의 논문, 2011, 571쪽.
39) 지명+지명(村)이 묶서된 앞의 것은 郡이고, 뒤의 것은 行政村이라 한다.(이수훈, 앞의 논문, 2007) 필자도 이와 같은 생각이다.
40) 가령 9-1번 목간 古阤一古利村夲波(앞면) △兮支稗麥(뒷면)에서 古阤의 一古利村의 夲波(本原)의 △兮支가 낸 稗麥으로 해석되고, 一古利村의 夲波(本原)가 되는 것은 一古利村이 자연촌이 아닌 행정촌인 중요한 증거이다. 古阤(安東)는 당연히 군명이다.

津支城 이외의 古阤, 及伐城, 仇伐, 買谷村, 須伐, 勿思伐, 比思(伐)의 경우도 마찬가지로 郡이라는 결론이 나온다.[41] 따라서 60번 巴珎兮城下△(앞면) 巴珎兮村(뒷면)에서 巴珎兮城下△의 巴珎兮村으로 풀이되므로 巴珎兮城을 군으로 巴珎兮村을 행정촌으로 본다.

목간의 인명 표기에서 △△村으로 표기된 촌락은 자연촌이 아니라 행정촌이었다. 인명 표기의 중심은 어디까지나 행정촌이었기 때문에 郡名은 생략할 수 있으나 행정촌은 반드시 기재하였다.[42] 지금까지 알려진 성산산성 목간이나 금석문 자료에서 누구나 인정할 수 있고, 확실한 자연촌 예가 없다. 이에 비해 행정촌은 울주 천전리서석 을묘명(535년)에 居智伐村의 예가 있다.[43] 앞에서 살펴 본 외위를 가진 자가 5명이나 있는 오작비의 塢珎此只村도 행정촌이다. 남산신성비 제1비에서 阿良村이 7명의 외위 소지자가 있는 점, 제2비에서 阿大兮村출신자 7명이 외위를 가진 점에서 남산신성비에 나오는 성촌명은 모두 행정촌이다. 금석문이나 목간에 나오는 성촌명이 자연촌과 행정촌으로 공존하고 있으면, 읽고 보는 사람이나 쓰는 사람이 모두 혼란스러워서 안 된다. 따라서 목간이나 금석문에 나오는 성촌명은 모두 행정촌이다.

---

41) 이경섭, 앞의 논문, 2011, 568.

42) 이수훈, 앞의 논문, 2007, 51~52쪽.

43) 확실한 행정촌으로 울주 천전리서석 을묘명(535년)에 나오는 居智伐村을 들 수 있다. 居智伐村은『三國史記』, 地理志, 良州조의 巘陽縣 本居知火縣 景德王改名 今因之의 居知火縣란 구절과 대비시켜서 居智伐=居知火로 본 견해가 있다.(木村誠,「新羅郡縣制の確立過程と村主制」『朝鮮史研究會論文集』13, 1976, 11쪽) 巘陽縣의 위치가 궁금하다.『高麗史』, 志 권11, 지리 2에 巘陽縣 本居知火縣 景德王改名 爲良州領縣 顯宗九年來居 仁宗二十一年 監務後改彦陽이라고 되어 있다. 따라서 언양현이 居智伐村임을 알 수가 있다. 居智伐村은 누가 보아도 자연촌이 아닌 행정촌이다.

Ⅲ. 목간의 제작지

　목간의 제작지로 함안 성산산성 제작설과[44] 하찰을 처음 만든 곳인
甘文州 제작설이나[45] 행정촌 제작설,[46] 군제작설로[47] 나눌 수가 있다.[48]

---

44) 박종익,「함안 성산산성 발굴조사와 목간」『한국고대사연구』48, 2000.
　　박종익,「咸安 城山山城 出土 木簡의 性格 檢討」『韓國考古學報』48, 2002.
45) 전덕재,「중고기 신라의 지방행정체계와 郡의 성격」『한국고대사연구』48, 2007, 103
　　쪽에서 6세기 중반에 지방에 파견된 도사, 나두, 당주(도사, 당주, 당주가 어느 지방
　　에 파견되는지도 알 수가 없다.) 그리고 州의 上州行使大等을 중심축으로 지방 행
　　정을 운영했다고 보았다. 그래서 이들이 각각 목간 제작에 관여했다고 보았다.
　　전덕재, 앞의 논문(함안 성산산성 목간의 연구 현황과 쟁점), 2007, 75～76쪽에서는
　　성산산성의 목간을 上州의 行使大等이 주관하였다고 했다. 왜 갑자기 上州의 行使
　　大等이 등장하는지에 대한 설명은 없다. 또 현재까지의 연구 성과에서는 고신라 지
　　방통치에 있어서 上州行使大等이 무슨 역할을 했는지는 잘 알 수가 없다. 또 고신
　　라의 幢主, 邏頭, 道使가 각각 어떤 역할을 했으며 그 역할의 차이가 무엇인지는 잘
　　알 수가 없다. 또 고신라 郡의 長이 누구인지는 알지 못하고 있다. 물사벌성과 추문
　　촌이 충북 지방에 있어야 되고, 218번 목간에서 비사(벌) 곧 下州 古尸沙 阿尺의 무
　　리들과 喙(部)출신의 羅兮△ 及伐尺(경위명)도 술이란 공진물을 내고 있어서 上州
　　行使大等이 성산산성의 목간을 주관했다고 보기 어렵다.
46) 전덕재, 앞의 논문, 2009, 53쪽에서 중고기 목간이 행정촌을 단위로 제작되고, 書寫
　　되었다고 하였다.
　　이경섭, 앞의 논문, 2011, 568～573쪽.
　　윤선태, 앞의 논문, 2016, 399쪽에서는 그 근거로 구리벌, 고타 등의 목간에 있어서
　　서식이나 형태상 지역성이 완연한 목간들이 존재하기 때문에 함안 목간이 행정촌
　　을 단위로 제작되었다는 것을 알 수 있다고 하였다. 행정촌 단위로 목간이 작성되
　　었다면 本波, 阿那, 末那가 행정촌 범위를 넘어서 나와도 정확하게 적히고 있기 때
　　문에 따르기 어렵다.
47) 이수훈, 앞의 논문, 2007.
　　橋本繁,「城山山城木簡と六世紀新羅の地方支配」『東アジア古代文字資料の研究』, 2009.
　　중고기 군의 장이 누구인지도 모르는 상황에서 군을 단위로 목간이 제작되었다고
　　보기가 어렵다. 고타의 本波(9-1, 6-4, 77번 목간)와 감문의 本波(2, 10, 6-1번 목
　　간)과 수벌의 本波(77번 목간), 고타의 阿那(28, 6-30, 7-25번 목간)과 이진지의 阿

那(30번 목간)와 구벌의 阿那(52, 7-37번 목간)와 아리지촌의 阿那(6-3번 목간), 고타의 末那(31, 7-11, 7-14, 7-47, 7-33번 목간)와 구벌(7-6번 목간)과 이진지(7-30번 목간)에서 군이 달라도 본파, 아나, 말나는 동일하게 기록하고 있는 점에서 따르기 어렵다.

48) 성산산성 제작이 아닌 하찰설에서는 그 근거로 이성산성 戊辰年銘(608년) 목간의 경우 발신처인 南漢城과 수신처인 須城으로 파악되므로 목간의 제작지는 남한성으로 판단되는 점이다. (이경섭, 「城山山城 출토 荷札木簡의 製作地와 機能」『한국고대사연구』37, 2005, 136쪽) 이는 이성시, 「新羅と百濟の木簡」『木簡が語る古代史』上, 1996, 66~83쪽 및 이성시, 「韓國出土の木簡について」『木簡研究』19, 1997, 235~246쪽과 이성시, 「韓國木簡연구의 현황과 咸安 城山山城출토의 木簡」『한국고대사연구』19, 2000에 따른 것이다. 이성시, 앞의 논문, 2000, 88쪽에서 戊辰年正月十二日朋南漢城道使[以下缺](제1면) 須城道使村主前南漢城火△[以下缺](제2면) △△漢黃去△△△△[以下缺](제3면)으로 읽고서 이를 戊辰年正月十二日의 동틀 무렵에(朋자는 근거를 제시하지 않고, 상황 판단에 의한 해석으로 잘못된 것이다.) 發信者인 南漢城道使가 (△)須城의 道使와 村主에게 보낸다는 내용이 기재되고, 그 이하에 구체적으로 傳達되어야 할 내용이 쓰여 있다고 추정하였다. 또 이경섭, 「新羅 木簡文化의 전개와 특성」『민족문화논총』, 54, 2013, 294쪽에서 戊辰年正月十二日朋南漢城道使[以下缺](제1면) 須城道使村主前南漢城執火△[以下缺](제2면) 城上△(通黃)去△△(得待)△[以下缺](제3면)으로 읽고서 이를 戊辰年 正月 12日 南漢城道使와 ~가(發信)~須城道使와 村主 앞(受信), 南漢城이 불이 나 ~城 위의 △(漢黃)去△△(得待)△~로 해석하고 있다. 330여 점의 성산산성 목간에서 문서 목간으로서 뚜렷하게 발신처와 수신처가 나온 예는 없다. 어디에서 온 누구의 것이란 목간은 거의 대부분이다. 특히 수신처로 볼 수 있는 예는 전혀 없다. 이 문서 목간은 이경섭의 판독은 너무 의욕적인 판독이라 따르기 어렵다. 이성시의 판독에 근거하여 해석하면 戊辰年(608년)正月十二日에 벗인(또는 벗가) 南漢城道使와 須城道使와 村主가 南漢城들(野=伐=火) 앞에서 △△△漢黃去하고, △△△△했다가 된다. 이렇게 무진년 이성산성 목간을 해석한 바에 따르면, 발신자와 수신자가 없게 된다. 이성산성 목간에 戊辰年正月十二日朋南漢城道使(제1면) 須城道使村主前南漢城~(제2면) ~浦~(제3면)라고 되어 있는데(김창호, 「二聖山城 출토의 木簡 年代 問題」『한국상고사학보』10, 1992. 여기에서는 668년설을 주장하였으나 608년이 타당하고, 朋을 齊의 뜻으로 해석했으나 벗으로 본다. 김창호, 앞의 논문, 1992에서는 戊辰年 正月 二日에 南漢城의 길을 가지런히 하라. ~須城道使, 村主, 前南漢城~의 책임아래 ~토록 하라로 해석했었다.), 앞의 전문 해석에서 보는 바와 같이 수신처와 발신처가 분명하지 않다. 곧 주보돈, 「二聖山城 출토의 木簡과 道使」『慶北史學』14, 1991에서는 남한성을 이성산성이나 그 부근으로, 이도학, 「二聖山城 출토 木簡의 검

성산산성 제작설은 목간이 출토된 동문지 부근의 내부 저습지에서 미완성의 목제품 및 많은 목재 찌꺼기[治木片]들이 두껍게 압착되어 있던 현장 상황이다. 계속해서 묵서용 붓, 목간 등을 제작하기 위하여 原木을 治木하거나 묵서의 지우개로 사용한 것으로 추정되는 刀子 및 그 칼집, 도자의 자루 부분, 묵서용 붓 등이 보고되었다.[49] 목간에는 주나 군도 나오지 않고 행정촌도 자연촌과의 구별이 어렵다. 목간이 물품꼬리표임에는 누구나 동의하지만 운반할 때에 사용한 하찰인지는 알 수가 없다. 목간 군에는 役人의 名籍과 중요한 식량인 稗의[50] 부찰목간의 두 가지

토」『한국상고사학보』12, 1993에서는 이성산성으로 보고 있어서 발신처로 보아 온 이성산성에서 목간이 발굴되었다. 이성산성 출토의 戊辰年 목간만으로 발신처와 수신처를 나눌 수가 없다. 왜냐하면 목간에는 앞에서의 해석처럼 직명만 열거되어 있어서 그 해석이 불분명하기 때문이다. 따라서 이성산성 출토의 무진년명 목간의 발신처와 수신처로 나누는 것에 의해 성산산성 목간의 제작지 추정에 근거로 삼는 것은 명백한 잘못이다. 이 무진년 목간에서 주목해야 할 점은 南漢城道使와 須城道使와 村主란 직명만 나오고, 인명과 관등명이 안 나온다는 점이다. 인명 표기에 있어서 생략이 가능한 직명만 나오고, 출신부명도 나오지 않는다. 직명+출신부명+인명+관등명 중에서 인명 표기에 직명만 기록되는 최초의 예가 된다. 직명+출신부명+인명+관등명 중에서 가장 짧게 하나만 남기려고 하면 최후로 남는 것은 직명이다. 그래서 출신지명과 인명과 관등명 조차도 없이 무진년 문서 목간에서 南漢城道使, 須城道使, 村主로 직명만 기록하고 있다. 이런 형식의 문서 목간이 함안 성산산성에서도 나올 것으로 기대된다.

49) 이경섭, 앞의 논문, 2005, 135쪽 참조.

50) 윤선태, 앞의 논문, 1999, 18~19쪽과 이경섭, 앞의 논문, 2004, 224쪽과 이경섭, 앞의 논문, 2005, 137쪽에서 고려 시대에 있어서 피가 馬料인 점에 따라 稗를 馬料로 보고 있으나 중국 고대 화북 지방의 중요한 곡물로 黍, 粟, 稷을 들 수 있다. 이는 기장과 조와 피를 가리킨다. 社稷之神에서 社는 토지 신, 稷은 곡신 신으로 稷(稗)는 곡물을 대표하고 있어서 540년경에 主食으로 稷(稗)을 들 수가 있다. 馬料일 경우에 있어서 540년경 당시에 성산산성에 가장 많이 갖다 바치는 공진물로(이경섭, 앞의 논문, 2011, 563~566쪽의 〈표 5〉주요 지명별 목간의 현황〈釋文, 書式, 형태, 크기〉에서 稗가 나오는 곳은 고타 12예, 급벌성 7예, 구벌 5예, 이진지성 2예, 매곡

로 구성되었다는 가설이 나왔다.[51] 분명히 목간에는 명적으로[52] 볼 수 있는 것도 포함되어 있다. 이를 하찰과 명적 절충설로 부르고 있다. 성산산성의 목간만으로 행정촌, 군, 주 등의 성산산성 외부 제작설이나[53] 성산산성 자체설을[54] 해결할 수 있는 방법은 없다. 좀 우회적인 방법이긴 하지만 금석문에서 한자를 사용했으므로 성산산성 목간에 있어서 한자 사용의 정도가 어떠한지를 조사해 보기로 하자. 한자 교육 정도가 높았을 것으로 추정되는 사찰명으로부터 접근을 시도해 보기로 하자.

영묘사가[55] 758년의 葛項寺石塔銘文에[56] 零妙寺, 804년의 禪林院鐘

촌 2예, 물사벌 1예로 총 29예가 된다. 이는 공납물 총수인 59예 가운데 약 49.83%나 된다.) 그 양이 너무 많아 말의 먹이가 될 가능성은 없다. 왜냐하면 그 당시는 성산산성을 축조할 때이므로 병사들이 탈 수 있는 성산산성의 말의 수는 많지 않을 것이기 때문이다. 따라서 稗는 馬料일 수가 없고, 당시 병사를 포함한 백성들의 主食의 하나로 판단된다.

51) 윤선태, 앞의 논문, 1999.

52) 일본식 용어로 短冊形이라 부르고 있는 것으로 긴 직사각형으로 생긴 것이고, 목간 자체에 홈이나 구멍이 없는 것이다.

53) 목간의 上州 제작설, 군 제작설, 행정촌 제작설은 상황 판단에 의해 목간을 하찰로 보았기 때문에 나온 것으로 목간 자체의 분석에서 얻어진 결론은 아니다.

54) 발굴 조사의 성과에서 그 증거가 뚜렷한 데에도 불구하고 목간 연구자들은 목간 자체를 하찰로 해석하고서 발굴 결과를 무시하였다.

55) 당시 한자 교육 정도가 가장 높았을 것으로 보이는 스님과 직결된 영묘사의 경우에도 靈妙寺 등 4가지의 금석문 자료가 사용되고 있다. 곧 靈妙寺, 靈廟寺, 零妙寺, 令妙寺가 한자명으로 사용되고 있다는 점은 주목해야 할 것이다. 성전사원 연구에 있어서 『삼국사기』에 성전사원의 하나인 靈廟寺를 조상 제사와 관련되는 것으로 보아서 靈廟寺로 표기한 점에 의미를 두고서, 靈廟寺의 靈廟란 점에 의해 願堂으로 보기도 하나, 금석문 자료에서 같은 금석문에서조차 두온애랑의 경우 애자를 愛와 哀로 달리 쓴 점과 민애왕의 시호를 敏哀大王, 愍哀大王으로 틀리게 쓴 점과 금석문에 있어서 영묘사란 한자 표기가 앞에서 살펴 본 바와 같이 4가지인 점에서 보면 靈廟寺로 적는 것은 아무런 의미가 없다고 판단된다.

56) 갈항사 석탑에 명문을 새긴 것은 785~798년이다.

銘의[57] 슈妙寺, 994년의 葛陽寺惠居國師碑의[58] 靈廟寺로 각각 적고 있다.[59] 평기와 명문까지 합치면 영묘사는 靈妙寺, 靈廟寺, 零妙寺, 슈妙寺의 4가지로 적고 있다. 이는 신라 시대에 있어서 한자명의 사용이 음만 중시하고, 한자 자체의 글자는 중요시하지 않았음을 의미한다.

또 인명, 지명, 시호명 등에서 한자가 틀리게 적는 예를 우선 간단히 뽑아서 제시하면 다음과 같다.

牟卽智寐錦王(524년, 봉평비)
另卽知太王(539년, 천전서석 추명)

武力(545년 직전, 적성비)
另力(568년, 마운령비 등)

篤支次, 夫法知, 舜知(568년, 마운령비)
篤兄, 分知, 尹知(568년, 황초령비)

阿大兮村, 沙戶城, 仇利城(591년, 남산신성비 제2비)
阿旦兮村, 沙刀城, 久利城(591년, 남산신성비 제2비)

---

57) 이홍직, 「貞元廿年銘 新羅梵鐘」『백낙준선생회갑기념논총』, 1955.
58) 허흥식, 『고려불교사연구』, 1986, 580쪽.
59) 최효식·김호상, 「경주지역 매장문화재 조사현황(Ⅲ)-사지발굴자료를 중심으로-」『신라문화』20, 2002, 398쪽에서는 靈廟, 靈妙, 슈妙, 零妙의 4가지 문자명 와전이 나온다고 하였다.

重阿湌金志誠(719년, 감산사미륵보살조상기)[60]

重阿湌金志全(720년, 감산사아미타여래조상기)

豆溫哀郞(766년, 영태2년명납석제호)

豆溫愛郞(766년, 영태2년명납석제호)

敏哀大王(863년, 민애대왕 석탑기)

愍哀大王(887년, 진감선사비)

위의 자료에서 보면 사찰명, 왕명, 인명, 시호제의 왕명에서도 한자 표기의 차이가 있으며, 인명인 豆溫哀郞의 경우에는 같은 永泰二年銘 蠟石製壺에서조차도 애자가 愛와 哀로 차이가 있다. 重阿湌金志誠의 경우도 重阿湌金志全으로 이름을 발음조차 다른 한자로 적고 있다. 목간과 연대가 비슷한 6세기의 금석문에서는 왕명에서도 牟卽智寐錦王 (524년 봉평비)와 另卽知太王(539년 천전리서석 추명)으로 차이가 있고, 당시의 일급 귀족인 金武力의[61] 경우도 武力(545년 직전, 적성비)과 另力 (568년, 마운령비)으로 차이가 있다. 마운령비(568년)의 篤支次, 夫法知, 舜知가 황초령비(568년)의 篤兄, 分知, 尹知로 각각 나온다.[62] 夫法知(붐

---

60) 이밖에도 동일인인 여자 인명 표기 경우에도 719년 甘山寺彌勒菩薩造像記의 亡妣 官肖里, 妹 古巴里, 前妻 古老里가 각각 720년의 甘山寺阿彌陀如來造像記에서는 亡 妣 觀肖里, 妹 古寶里, 前妻 古路里로 다르게 표기되어 나온다.

61) 삼국 통일 때 맹활약한 김유신 장군의 할아버지이다.

62) 이들이 동일인임에는 마운령비와 황초령비의 인명의 비교이기 때문에 재언을 요하지 않는다.

지)와 分知는 반절로 설명이 가능하나,[63] 篤支次와 篤兄은 어떻게 동일인이 되는지도 吏讀 연구의 성과로는 알 수가 없다.[64] 軍主를 돕는 助人이란 직명을 가진 사람의 이름인 마운령비의 舜知란 인명을 다른 비석인 황초령비에서는 尹知라 적고 있다. 남산신성비(591년) 제2비에서 阿旦兮村과 阿大兮村, 沙刀城과 沙戸城, 仇利城과 久利城은 한자의 글자가 다르고, 음이 같은 구리성을 제외하고, 동일한 금석문 자료에서 한자음이 旦과 大, 刀와 戸로 차이가 있어도 모두 동일한 지명이다.

지금까지 조사된 330여 점의 성산산성 목간에는 仇利伐 16예, 古陁 14예, 甘文(城) 4예, 及伐城 7예, 仇伐 5예, 夷津(支城) 5예, 鄒文(村) 4예, 買谷村 2예, 須伐 1예, 勿思伐 1예, 比思(伐) 1예가 각각 나오며, 총지명수는 60예가 나온다.[65] 남산신성비 제2비에서와 같이 음만으로 비슷한 예가 없이 똑 같은 한자로 적혀 있다. 지명 가운데 本原, 땅 방향 표시 등으로 보이는 本波, 阿那, 末那, 前那가 있다.[66] 本波가 나오는 7점의

---

63) 김창호, 앞의 논문, 2014에 있어서 금관총의 尒斯智王에서 尒를 훈독하면 너가 되고, 이 너사지왕을 마운령비의 夫法知(붑지)가 황초령비의 分知로 반절로 적힌 점을 참고하여, 반절로 표기하면 넛지왕이 되고, 넛지왕은 눌지왕과 음상사가 되어 동일인이 된다.

64) 이에 대한 口訣學會[吏讀學會]의 연구가 기대된다.

65) 이경섭, 앞의 논문, 2011, 563~566쪽의 〈표 5〉주요 지명별 목간의 현황(釋文, 書式, 형태, 크기)에 근거하였다.

66) 이경섭, 앞의 논문, 2013, 82~85쪽.
이경섭, 앞의 논문, 2011, 556쪽에서는 夲波, 阿那, 末那, 前那에서 하나의 외예적인 것으로 阿利只村阿那△△(앞면) 古十△△刀△△(門)(뒷면)을 들고 있다. 阿利只村은 행정촌으로 볼 수 없다는 것이다. 阿利只村阿那의 뒤에 촌명이 올 수도 있다. △△古十△△刀△△(門)은 인명으로 보기에는 너무 길다. △△古十△은 행정촌명이 된다. 그렇게 되면 阿利只村은 鄒文村과 마찬가지로 군명이 된다. 甘文(城), 古陁, 夷津(支城), 仇伐, 鄒文(村), 須伐조차도 자연촌을 거느린 행정촌으로 보고 있다.

목간 중에서 전부 本波이고, 7-57번 목간만이 本破로 적혀 있다. 本波
는 甘文(城)과 3번 함께 나오고, 古阤와 2번, 夷津과 1번, 須伐과 1번이
각각 나온다. 阿那는 古阤와 3번, 夷津支와 1번, 仇伐 2번, 阿利只村 1
번, 촌명을 모르는 것과 1번이 각각 나온다. 末那는 古阤와 5번, 仇伐과
1번, 夷津支와 1번이 각각 나온다. 前那는 鄒文과 1번 나올 뿐이다. 20
번 목간과 28번 목간의 古阤伊骨利村,[67] 31번 목간과 7-11번 목간과
7-14번 목간과 7-17번 목간과 7-25번 목간과 7-33번 목간과 9-1번
목간의 古阤一古利村을 동일한 촌명으로 보았다.[68] 本破(本波)와 伊骨
利村(一古利村)을[69] 제외하면 음만으로 동일한 지명을 표기한 예가 없
다. 330여 점의 목간에서 그 지명이 다른 곳에서 조차 동일한 本波, 阿

甘文(城)이 561년에 甘文軍主가 파견된 州治가 있던 곳으로 행정촌으로 보기 어렵
다. 甘文(城), 古阤, 夷津(支城), 仇伐, 鄒文(村), 須伐은 군으로(이들 지명을 이경섭,
앞의 논문, 2011, 568쪽에서는 郡으로 보았다.) 아래에 행정촌을 거느리고 있고, 阿
利只村은 행정촌으로 볼 수가 있다. 더욱이 阿利只村은『삼국사기』, 祭祀志, 小祀조
에 보이는 波只谷原岳이 있었던 阿支縣일 가능성이 있다면 더욱 그러하다. 阿利只
村이 阿支縣과 동일 지명인지는 알 수가 없다. 阿那가 방향 표시의 땅이름인 점에
서 보면, 阿利只村은 행정촌인 동시에 군명일 것이다. △△古十△은 행정촌명이다.
△刀△△(門)은 인명이다. 이를 해석하면 阿利只村(군) 阿那(방향이나 위치[方位]
를 표시하는 땅이나 들)이며, △△古十△(행정촌), △刀△△(門)(인명)이 된다.

67) 6-30번 목간의 古阤伊骨村阿那(앞면) 仇伐(伐)支稗麥(뒷면)의 古阤 伊骨村은 20번
과 28번 목간의 古阤 伊骨利村과 동일한 것으로 판단된다. 아니면 6-30번 목간에
서 古阤 伊骨利村의 利자가 실수로 빠져서 古阤 伊骨村이 된 것으로 보인다.

68) 이경섭, 앞의 논문, 2005, 140~141쪽.

69) 31번 古阤一古利村末那(앞면) 毛眉次尸智稗石(뒷면), 7-11번 古阤一古利村末那(앞
면) (弥)利夫稗石(뒷면), 7-14번 古阤一古利村末那仇△△(앞면) 稗石(뒷면), 7-17
번 古阤一古利村末那(앞면) 乃兮支 稗石(뒷면), 7-33번 古阤一古利村末那沙見(앞
면) 日糸利稗石(뒷면) 등에서 古阤一古利村末那식으로 나올 뿐, 古阤伊骨利村末那
식으로는 나오지 않아서 一古利村과 伊骨利村은 동일한 촌명이 아닐 가능성도 있
는 듯하다. 이에 대해서는 앞으로 자료 출현을 기다리기로 한다.

那, 末那를 표기함에 있어서 그 소속된 군이 달라도 한 번도 음만 같은 글자로 표기한 예가 없다. 이는 남산신성비 제2비와 비교할 때, 너무도 한자의 사용이 정확하여 행정촌 단위로나 군 단위로나 주 단위로 작성되었다고 보기 어렵다. 물사벌성과 추문촌이 경북 지역이 아닌 충북 지역으로 보이고, 비사(벌)이란 지명이 나와서 上州(甘文州)을 중심으로 목간이 전부 만들어졌다고 볼 수가 없다. 及伐尺이나 大舍下智란 경위를 가진 왕경인 등장하고 있고, 218번 목간에 따르면 喙(部)의 羅兮△ 及伐尺이[70] 比思(伐)의 古尸沙 阿尺의 무리와 함께 만든 술도[71] 성산산성에 공진물로 납부되고 있어서, 성산산성의 축조가 주나 군이나 행정촌에서 담당한 것이 아니라 국가 차원에서 시행된 것이다. 왜냐하면 주, 군, 행정촌에서 목간을 제작했다면, 목간에 나오는 米, 稗, 麥, 鐵, 塩 등의 징수는 누가했는지가 문제가 된다. 성을 축조할 때[72] 사용한

---

70) 앞에서 살펴 본 바와 같이 사면 목간의 내용으로 볼 때 及伐尺의 소유자인 伊他罹와 喙(部)의 羅兮△이 大舍下智의 관등 소유자인 弥卽尒智 보다는 높은 사람이다. 及伐尺을 가진 두 사람이 현재까지 나온 성산산성의 목간에서 나온 가장 높은 경위 관등을 가진 사람이다. 축성 책임자의 경위 관등은 及伐尺보다 더 높았을 것이다. 218번 목간에 따르면 喙(部)의 羅兮△ 及伐尺이 比思(伐)의 古尸沙 阿尺의 무리와 함께 만든 술도 성산산성에 공납되고 있어서, 大舍下智 보다 높은 관등을 가진 羅兮△ 及伐尺이 어떻게 술을 만드는지에 대한 의문이 생긴다. 羅兮△ 及伐尺이 고급술을 만드는데 꼭 필요한 사람으로 고급술을 만드는데 있어서 감독도 겸했을 것이다. 그래서 比思(伐)의 古尸沙 阿尺의 무리와 함께 술을 만들어서 성산산성에 공진물로 자기보다 훨씬 높은 경위명을 가진 사람에게 바쳤을 것이다.

71) 이는 比思(伐)에서 공진물을 낸 것도 아니고, 신라 6부 가운데 탁부에서 낸 것도 아니다. 비사벌과 탁부에서 함께 공진물을 낸 것으로 보면, 목간이 비사벌도 아니고, 탁부도 아닌 성산산성에서 제작되었다고 보는 도리이외에 딴 방법은 없을 것이다. 이 점은 유사 쌍둥이 목간의 예(斯珎于)와 함께 목간이 성산산성에서 만들어졌다는 중요한 근거가 된다.

72) 성산산성 목간은 성산산성 축조 당시의 물품 징발 내용이지 축조 후의 것은 아니

稗, 塩, 麥, 米, 鐵의 징발도 국가에서 했을 것이다. 그렇다면 이와 관련된 목간도 국가에서 담당했다고 판단된다. 그래서 해서와 행서가 주류이나 초서에 가까운 것도 일부 포함되어 있어서 판독에 어려움을 겪고 있지만, 목간 330여 점의 지명 등에 음만 같은 글자로 표기되고 글자는 다른 예는 거의 없다.[73] 따라서 성산산성의 목간은 성산산성을 축조할 때, 성산산성에서 국가 주도로 제작되어 성을 축조시의 물품을 성산산성에 보관할 때에 사용되었다고 판단된다. 이렇게 보아야 고고학적인 발굴 성과와 일치가 된다. 목간의 물품꼬리표란 결론은 타당하다고 판단된다.

IV. 맺음말

지금까지 논의해 온 바를 요약하여 맺음말에 대신하고자 한다.

다. 목간 연구에서는 이 점을 간과한 듯하다. 그래서 성산산성 목간을 산성의 축조 동안에 사용되다가 축성 후에 공진물은 남고, 목간은 그 용도가 폐기되어 동문지 근처에 일괄로 버려진 것으로 판단된다. 목간의 연대 폭이 성산산성의 축조시기로 한정되는 짧은 시기로 판단된다.

73) 이는 주 제작설이나 군 제작설이나 행정촌 제작설은 성립될 수가 없고, 上州와 下州를 모두 포괄할 수 있는 성산산성에서 국가 주도로 목간이 제작되었기 때문에 한자로 된 글자의 착오가 없었다고 판단된다. 한자를 쓰는 글자가 어느 글자라고 지휘한 사람 밑에 지역 색이 나타내고 있는 것은 구리벌 목간(목간의 크기가 크고, 할서로도 쓰인 점, 負字가 마지막에 붙는 것이 많은 점, 奴人 또는 奴가 있는 점, 本波·阿那·末那·前那의 본원이나 방향 표시의 땅 등이 없는 점), 고타 목간(전부 양면 목간인 점, 稗麥이 고타에서만 4점 나오는 점) 등으로 쓰는 사람이 군을 단위로 달랐을 것이다.

목간에 자주 나오는 지명+지명(촌)을 군과 행정촌의 관계로 보았다. 지명만 단독으로 나오는 것도 행정촌으로 보았다.

목간의 제작지에 대해서는 주, 군, 행정촌 제작설이 있어 왔으나, 330여 점의 목간에 나오는 지명에 놀라울 정도로 같은 글자로 적혀 있는 점, 왕경인도 술이란 공진물을 내는 점, 성산산성 축조가 국가에서 관장했다는 점, 발굴 결과 治木 등이 나와서 성산산성에서 목간이 제작되었다고 보고한 점 등에서 성산산성에서 성산산성을 축조할 때 목간이 제작되어 짐에 붙였다고 보았다.

근래 발견된 고구려와 백제 금석문

1
집안고구려비

Ⅰ. 머리말

집안고구려비는 2012년 7월 29일 중국 집안시 麻線鄕의 주민 馬紹彬에 의해 발견되었다. 이튿날 오전 비석의 발견 경위가 집안문물국에 신고되었다. 이에 집안문물국은 전문가를 현장에 파견하여 조사를 진행하였다. 8월 14일 비석의 탁본 작업을 진행하였고, 이를 토대로 고구려 시기 비석이라는 초보적인 결론을 내렸다. 집안고구려비는 분황색 화강암 석재로 만들어졌는데, 비신은 장방형이며, 머리 부분은 圭形이다. 비의 우측 상단 부분이 파손되었으며, 비신의 하단이 상단보다 넓고 두껍다. 하단 중간에 촉이 있는 것으로 미루어 원래는 비좌가 있었을 것으로 추정되나 현재까지 발견되지 않았다. 현재 비석의 높이는 173cm이고, 너비는 60.6~66.5cm이며, 두께는 12.5~21cm이다. 하단부 측의 높이는 15~19.5cm이고, 너비는 42cm이며, 두께는 21cm이다. 비석의 무게는 464.5kg이다. 비석의 정면과 후면에 모두 글자가 확인되었다.[1] 글자는 한자 예서체로 적혀 있다.

여기에서는 먼저 비문의 판독을 문제되는 글자를 중심으로 살펴보고, 다음으로 비문의 단락과 내용을 살펴보겠으며, 그 다음으로 건비 연대와 비의 성격을 살펴보고, 마지막으로 집안비와 관련된 고구려와 백제의 왕릉 비정 문제를 살펴보고자 한다.

II. 비문의 판독

여기에서는 문제가 되는 글자를 중심으로 비문의 판독을 검토해 보기로 한다.

제①행에서 1~4번째 글자를 惟太王之로 복원한 가설도 있으나[2] 여기에서는 따르지 않고, 모르는 글자들로 본다.

제②행에서 1~3번째 글자는 모두루총의 묵서명에 의해 日月之로 복원한다. 11번째 글자는 祐자, 祚자, 於자로 읽고 있으나,[3] 여기에서는 자형에 따라 祐자로[4] 읽는다. 12번째 글자는 護자나 甄자로 읽고 있으나,[5]

---

1) 집안고구려비의 소개, 발견 경위 등은 이영호, 「집안고구려비의 발견과 소개」『한국고대사연구』69, 2013에 자세히 소개되어 있다.

2) 耿鐵華, 「集安高句麗碑考」『通化師範學院學報』2013-3, 2013.

3) 윤용구, 「집안고구려비의 탁본과 판독」『한국고대사연구』70, 29쪽.

4) 한국고대사학회, 『한국고대사연구』70, 2013, 권두 도판 사진.

5) 윤용구, 앞의 논문, 2013, 29쪽.

여기에서는 자형에 따라[6] 護자로 읽는다. 13번째 글자는 蔽자 또는 葭자로 읽고 있으나,[7] 여기에서는 자형에 따라[8] 蔽자로 읽는다. 14번째 글자는 蔭자, 熊자, 態자로 읽고 있으나,[9] 자형에 따라[10] 蔭자로 읽는다.

　제③행에서 5번째 글자는 各자 또는 宏자로 읽고 있으나,[11] 자형에 따라[12] 各자로 읽는다. 6번째 글자는 家자, 墓자, 定자로 읽고 있으나,[13] 자형에 따라[14] 家자로 읽는다. 10번째 글자는 此자 또는 安자로 읽고 있으나,[15] 자형에 따라[16] 此자로 읽는다. 18번째 글자는 而자 또는 萬자로 읽고 있으나,[17] 자형에 따라[18] 而자로 읽는다. 19번째 글자는 世자, 其자, 与자자로 읽어 왔으나,[19] 자형에 따라[20] 世자로 읽는다. 20번째 글자는 備자 또는 悠자로 읽어 왔으나,[21] 자형에 따라[22] 悠자로 읽는다.

---

6) 한국고대사학회, 앞의 책, 2013, 권두 도판 사진.

7) 윤용구, 앞의 논문, 2013, 29쪽.

8) 한국고대사학회, 앞의 책, 2013, 권두 도판 사진.

9) 윤용구, 앞의 논문, 2013, 29쪽.

10) 한국고대사학회, 앞의 책, 2013, 권두 도판 사진.

11) 윤용구, 앞의 논문, 2013, 29쪽.

12) 한국고대사학회, 앞의 책, 2013, 권두 도판 사진.

13) 윤용구, 앞의 논문, 2013, 29쪽.

14) 한국고대사학회, 앞의 책, 2013, 권두 도판 사진.

15) 윤용구, 앞의 논문, 2013, 29쪽.

16) 한국고대사학회, 앞의 책, 2013, 권두 도판 사진.

17) 윤용구, 앞의 논문, 2013, 29쪽.

18) 한국고대사학회, 앞의 책, 2013, 권두 도판 사진.

19) 윤용구, 앞의 논문, 2013, 29쪽.

20) 한국고대사학회, 앞의 책, 2013, 권두 도판 사진.

21) 윤용구, 앞의 논문, 2013, 29쪽.

22) 한국고대사학회, 앞의 책, 2013, 권두 도판 사진.

22번째 글자는 烟자 또는 想자로 읽어 왔으나,[23] 자형에 따라[24] 烟자로 읽는다.

제④행에서 10번째 글자는 衰자 또는 勢자로 읽어 왔으나,[25] 여기에서는 자형에 따라[26] 衰자로 읽는다. 11번째 글자는 富자, 當자, 露자로 읽어 왔으나,[27] 자형에 따라[28] 當자로 읽는다. 16번째 글자는 數자 또는 雖자로 읽어 왔으나,[29] 여기에서는 자형에 따라[30] 數자로 읽는다.

제⑤행에서 6번째 글자는 王자 또는 主자로 읽고 있으나,[31] 여기에서는 자형에 따라[32] 王자로 읽는다. 15번째 글자는 太자, 元자, 六자로 읽고 있으나,[33] 여기에서는 자형에 따라[34] 太자로 읽는다. 18번째 글자는 寧자, 亡자, 七자로 읽는 가설이 있으나,[35] 자형에 따라[36] 亡자로 읽는다. 19번째 글자는 乘자, 喪자, 求자, 衣자로 읽고 있으나,[37] 여기에서는 모르는 글자로 본다. 20번째 글자는 興자 또는 與자로 읽고 있으

---

23) 윤용구, 앞의 논문, 2013, 29쪽.
24) 한국고대사학회, 앞의 책, 2013, 권두 도판 사진.
25) 윤용구, 앞의 논문, 2013, 29쪽.
26) 한국고대사학회, 앞의 책, 2013, 권두 도판 사진.
27) 윤용구, 앞의 논문, 2013, 29쪽.
28) 한국고대사학회, 앞의 책, 2013, 권두 도판 사진.
29) 윤용구, 앞의 논문, 2013, 29쪽.
30) 한국고대사학회, 앞의 책, 앞의 책, 2013, 권두 도판 사진.
31) 윤용구, 앞의 논문, 2013, 29쪽.
32) 한국고대사학회, 앞의 책, 2013, 권두 도판 사진.
33) 윤용구, 앞의 논문, 2013, 29쪽.
34) 한국고대사학회, 앞의 책, 2013, 권두 도판 사진.
35) 윤용구, 앞의 논문, 2013, 29쪽.
36) 한국고대사학회, 앞의 책, 2013, 권두 도판 사진.
37) 윤용구, 앞의 논문, 2013, 29쪽.

나,[38] 이 시기의 與자가 이체인 与와 비슷하게 쓰는 점에 의해 興자로 읽는다.

제⑥행에서 1번째 글자는 廟자, 南자, 祠자로 읽어 왔으나,[39] 여기에서는 자형에 따라[40] 廟자로 읽는다. 15번째 글자는 悠자 또는 熱자로 읽고 있으나,[41] 자형에 따라[42] 悠자로 읽는다.

제⑦행에서는 후술하는 이유에 근거해 2번째 글자를 明자를 복원한다. 3번째 글자도 후술하는 바와 같은 이유에서 治자를 복원한다. 5번째 글자는 太자 또는 卯자로 읽고 있으나,[43] 자형에 따라[44] 太자로 읽는다. 6번째 글자는 聖자 또는 太자로 읽고 있으나,[45] 자형에 따라[46] 聖자로 읽는다. 7번째 글자는 王자 또는 刊자로 읽고 있으나,[47] 여기에서는 자형에 따라[48] 王자로 읽는다. 8번째 글자는 日자, 困자, 囚자, 石자로 읽고 있으나,[49] 여기에서는 자형에 따라[50] 日자로 읽는다. 11번째 글자는 후술하는 바와 같은 이유에서 申자로 추독한다. 18번째 글자는 其자

---

38) 윤용구, 앞의 논문, 2013, 29쪽.

39) 윤용구, 앞의 논문, 2013, 29쪽.

40) 한국고대사학회, 앞의 책, 2013, 권두 도판 사진.

41) 윤용구, 앞의 논문, 2013, 29쪽.

42) 한국고대사학회, 앞의 책, 2013, 권두 도판 사진.

43) 윤용구, 앞의 논문, 2013, 29쪽.

44) 한국고대사학회, 앞의 책, 2013, 권두 도판 사진.

45) 윤용구, 앞의 논문, 2013, 29쪽.

46) 한국고대사학회, 앞의 책, 2013, 권두 도판 사진.

47) 윤용구, 앞의 논문, 2013, 29쪽.

48) 한국고대사학회, 앞의 책, 2013, 권두 도판 사진.

49) 윤용구, 앞의 논문, 2013, 29쪽.

50) 한국고대사학회, 앞의 책, 2013, 권두 도판 사진.

또는 更자로 읽고 있으나,[51] 자형에 따라[52] 更자로 읽는다.

제⑧행에서 1~4번째 글짜에 先王墓上을[53] 복원한 견해에 따른다,[54] 15번째 글자는 以자, 垂자, 銘자로 읽고 있으나,[55] 자형에 따라[56] 以자로 읽는다.

제⑨행에서 8번째 글자는 自자 또는 買자로 읽고 있으나,[57] 자형에 따라[58] 買자로 읽는다. 11번째 글자를 轉자 또는 擅자로 읽고 있으나,[59] 자형에 따라[60] 擅자로 읽는다.

제⑩행에서 2번째 글자는 如자, 其자, 若자, 成자로 읽어 왔으나,[61] 여기에서는 모르는 글자로 본다. 8번째 글자는 丗자 또는 立자로 읽고 있으나,[62] 자형에 따라[63] 丗자로 읽는다.

---

51) 윤용구, 앞의 논문, 2013, 29쪽.

52) 한국고대사학회, 앞의 책, 2013, 권두 도판 사진.

53) 先王은 광개토태왕비에서는 부왕인 故國壤王을 가리키고, 祖王이 이미 죽은 역대 왕을 가리키고 있다. 先祖라고 할 때에 先의 의미는 앞선 조상을 의미하므로 여기에서는 先王墓上이라 복원해도 좋다고 판단하고 이에 따른다.

54) 윤용구, 앞의 논문, 2013, 29쪽.
   여호규, 「신발견 집안고구려비의 구성과 내용의 고찰」, 『한국고대사연구』70, 72쪽.

55) 윤용구, 앞의 논문, 2013, 29쪽.

56) 한국고대사학회, 앞의 책, 2013, 권두 도판 사진.

57) 윤용구, 앞의 논문, 2013, 29쪽.

58) 한국고대사학회, 앞의 책, 2013, 권두 도판 사진.

59) 윤용구, 앞의 논문, 2013, 29쪽.

60) 한국고대사학회, 앞의 책, 2013, 권두 도판 사진.

61) 윤용구, 앞의 논문, 2013, 29쪽.

62) 윤용구, 앞의 논문, 2013, 29쪽.

63) 한국고대사학회, 앞의 책, 2013, 권두 도판 사진.

이상의 판독 결과를 제시하면 다음과 같다.[64]

⑩	⑨	⑧	⑦	⑥	⑤	④	③	②	①	
賣	守	(先)	△	廟	△	△	△	(日)	△	1
△	墓	(王)	(明)	△	△	△	△	(月)	△	2
有	之	(墓)	(治)	△	△	△	△	(之)	△	3
違	民	(上)	好	△	△	△	△	子	△	4
令	不	立	太	神	△	烟	各	河	世	5
者	得	碑	聖	室	王	戸	家	伯	必	6
後	擅	銘	王	追	國	△	烟	之	授	7
世	買	其	日	述	罡	劣	戸	孫	天	8
繼	更	烟	自	先	上	甚	以	神	道	9
嗣	相	戸	戊	聖	太	衰	此	靈	自	10
守	擅	頭	(申)	功	王	富	河	祐	承	11
墓	賣	廿	定	勳	國	足	流	護	元	12
看	雖	人	律	弥	平	者	四	蔽	王	13
其	富	名	教	高	安	轉	時	陰	始	14
碑	足	以	言	悠	太	賣	祭	開	祖	15
文	之	示	發	烈	王	數	社	國	鄒	16
与	者	後	令	繼	神	衆	然	辝	牟	17
其	亦	世	更	古	亡	守	而	土	王	18
罪	不	自	修	人	△	墓	世	繼	之	19
過	得	今	復	之	興	者	悠	胤	創	20
	其	以	各	懷	東	以	長	相	基	21
	買	後	於	慨	西	銘	烟	承	也	22

64) 이상이 전면의 내용이고, 후면의 내용도 일부 알려지고 있는 바, 이를 소개하면 다음과 같다. 후면 중간 행에 △△國烟△守墓烟戸合廿家石工四烟戸頭六人이 있고, 좌측 하단에 國六人이 판독되었다고 한다. 이는 △△國烟△, 守墓烟戸의 合이 廿家, 石工 四, 烟戸頭 六人으로 해석되며, 국연과 연호두가 나와서 주목된다. 이러한 후면의 석독 내용은 후면에 연호두의 인명 표기가 오지 않음을 알 수 있는 중요한 자료로 판단된다. 연호두의 인명 표기가 나오는 비석은 후술할 전면의 내용 분석에서 볼 때, 20기 왕릉상의 각각에 세웠으므로 앞으로 발견될 가능성이 크다.

III. 비문의 단락과 내용

비문을 그 내용상으로 3단락으로 나눈 견해가 있다.[65] 여기에서는 제 ①행과 제②행을 A단락으로 이를 다시 3개의 문단으로 나누었다. 제③ 행~제⑥행을 BⅠ으로 보아서 이를 다시 3개의 문단으로 나누었다. B Ⅱ는 제⑦행~제⑩행으로 보고서, 이를 다시 3개의 문단으로 나누었다.

제①행~제④행을 Ⅰ단락으로, 제⑤행에서 제⑩행까지를 Ⅱ단락으로 보았다.[66] Ⅰ단락에는 비석을 세우게 된 연유, 고구려 元王의 전설, 시조 추모왕의 건국, 후손에 의한 계승, 수묘 제도 등이 적혀 있고, Ⅱ단락에는 광개토태왕에 대한 공훈 추술, 수묘 제도 등이 적혀 있다고 보았다.

제①행에서 제③행의 四時祭祀까지를 Ⅰ단락으로, 제③행의 然而世悠長부터 제⑥행의 끝까지를 Ⅱ단락으로, 제⑦행의 처음부터 제⑩행의 끝까지를 Ⅲ단락으로 보았다.[67]

여기에서는 비문의 내용에 근거하여 제①행과 제②행을 Ⅰ단락으로, 제③행의 처음부터 제⑦행의 1번째 글자까지를 Ⅱ단락으로, 제⑦행의 2번째 글자부터 제⑩행의 끝까지를 Ⅲ단락으로 본다.

이제 설명의 편의를 위해 Ⅰ단락을 끊어서 제시하면 다음과 같다.

△△△△世 必授天道 自承元王 始祖鄒牟王之創基也 (日月之)子 河伯之孫 神靈祐護蔽蔭 開國辟土 繼胤相承

---

65) 여호규, 앞의 논문, 2013, 77쪽.

66) 孫仁杰, 「집안고구려비의 판독과 문자 비교」『한국고대사연구』70, 2013, 227쪽.

67) 이성제, 「집안고구려비로 본 수묘제」『한국고대사연구』70, 193쪽.

必授天道에서 天道는 유교적인 왕도 정치의 天道로, 천명 관념의 발상이며, 董仲舒의 君權神授 신앙이 반영된 것이다. 元王에 대해서는[68] 첫째로『삼국지』, 위서, 동이전, 고구려조에 나오는 계루부에 앞서서 소노부에서 왕이 나왔다는 점에서 소노부를 원왕으로 보고 있다. 소노부의 왕으로 보이는 추모왕이 이 비에서 뒤에 나오고 있어서 성립될 수가 없다. 둘째로 고구려의 건국과 간접적으로 연관이 있는 시조묘 신앙을 지칭할 수 있다는 점이다. 광개토태왕비에 시조 추모왕의 세계가 나오고 있어서 시조묘 신앙이 원왕일 수는 없다. 셋째로 광개토태왕비문에 나오는 天帝를 원왕으로 볼 수 있다고 하였다. 天帝는 하느님으로 원왕보다 상위에 있어서 성립하기 어렵다. 넷째로 광개토태왕비에서 시조 추모왕의 출자를 北扶餘라고 밝히고 있는 바, 그 가능성은 있다고 사료된다. I 단락을 해석하면 다음과 같다.

△△△△世 반드시 天道를 내려주시니, 스스로 元王을 계승하여, 始祖 鄒牟王이 나라를 창업한 기틀이다. (日月之)子, 河伯之孫으로서 神靈의 보호와 도움을 받아 나라를 건국하고, 강토를 개척하셨다. 後嗣로 이어서 서로 계승하였다.

다시 설명의 편의를 위해 II단락을 끊어서 제시하면 다음과 같다.

△△△△各家烟戶 以此河流 四時祭祀 然而世悠長 烟△△△△烟戶

---

68) 조우연, 「집안고구려비에 나타난 왕릉제사와 조상인식」『한국고대사연구』70, 2013, 168~169쪽.

△ 劣甚衰 富足者轉賣數 衆守墓以銘△△ △△△王 國罡上太王 國平
安太王 神亡△ 興東西廟△△△神室 追述先聖功勳 彌高悠烈 古人之
慷慨△

이제 四時祭祀에 대해 살펴볼 차례가 되었다. 중국 漢代에는 영혼불
멸관념이 보편적으로 신봉되고 있었는데, 事死如事生이라 하여[69] 사시
제사는 그 대상을 조상에만 해당되고, 춘, 하, 추, 동의 제사를 각각 礿
(祠), 禘(礿), 甞, 烝이라고 하였다. 이 사시제사가 능침 옆에 세워진 편
전에서만 치루어진 것이 아니라 능묘 위에 세워진 享堂에서[70] 치러지기
도 했다. △△△王은 대개 美川太王으로 복원하고 있다.[71] 國罡上太王
이 고국원왕임은 이미 널리 알려진 사실이다.[72] 國平安太王은 광개토태
왕임이 분명하다. 이렇게 되면 (美川太)王이 복원되어 고구려의 태왕제
가 미천태왕부터 시행된 것으로 볼 수가 있다. 또 미천태왕, 국강상태
왕, 국평안태왕은 東西廟, △△△, 神室(宗廟)와 구조적으로 대응된다.
미천태왕은 동서묘를[73] 흥하게 했고, 국강상태왕은 △△△를[74] 흥하게
했고, 국평안태왕은 신실을 흥하게 했다. 繼古人之慷慨에 대해 살펴볼
차례가 되었다. 陶淵明(365~427년)이 지은 感士不遇賦에 伊古人之慷慨

---

69) 『禮記正義』, 권52, 중용.

70) 후술하는 바와 같이 장수왕릉으로 추정되는 장군총의 상부에 享堂을 만들 때에 사
용되었던 기둥 구멍이 남아 있다.

71) 여호규, 앞의 논문, 2013, 91쪽.
조우연, 앞의 논문, 2013, 149쪽.

72) 佐伯有淸, 「高句麗牟頭婁塚墓誌の再檢討」 『史朋』7, 1977.

73) 미천태왕 때에 집안에 동묘를, 환인에 서묘를 각각 세웠는지도 알 수가 없다.

74) 東西廟와 神室(宗廟)로 볼 때에 祭祀와 관련되는 건물로 복원해야 할 것이다.

病奇名之不立이란 구절이 나온다. 繼古人之慷慨를 『삼국지』 등의 용례를 근거로 강인하고, 굳센 성격으로 풀이하고 있으나,[75] 보다 상세한 검토가 요망된다. 왜냐하면 미천태왕은 모용황의 침입으로 무덤을 헐고 시체가 파헤쳐졌고, 국강상태왕은 평양성 전투에서 죽임을 당했고, 국평안태왕은 광개토태왕비에 따르면 39세로 요절했기 때문이다. 이러한 역사적인 사실들을 통해 보면, 古人之慷慨는 강인하고 굳센 성격으로 풀이하기보다는 古人之(悲憤)慷慨의 도연명의 시에서와 같이 해석하는 쪽이 타당할 것이다. II단락 전체를 해석하면 다음과 같다.

△△△△各家烟戶가 河流를 가지고, 四時에 祭祀했다. 그렇지만 세월이 오래되어서 烟△△△△烟戶△가 劣甚衰해져 富足者로서 轉賣한 것이 자주였다. 묘를 지키는 무리를 △△에 새기였다. (미천태)왕, 국강상태왕, 국평안태왕이 神亡△해 東西廟, △△△, 神室을[76] 흥하게 했다. 先聖의 功勳이[77] 아주 높고 매우 빛나 古人의 (悲憤)慷慨를 이었음을 追述하였다.

---

75) 여호규, 앞의 논문, 2013, 84쪽.

76) 덕흥리고분 현실 동벽에 나오는 칠보행사도에서 此二人大廟作食人也라는 문구가 확인되는데, 여기에 나오는 대묘는 곧 太廟 곧 宗廟를 가리킨다. 즉 종묘 관리 기구에 재물 담당관을 두고 있었다는 것인데, 그들이 사시 제사의 제물을 일괄 준비하여 각 왕릉 수묘인들에게 조달했을 것으로 짐작된다고 하였다. 作食人이란 밥을 짓는 사람(여자)이란 뜻으로 여자 인명 표기의 직명이다. 이에 대해서는 김창호, 『고신라 금석문의 연구』, 2007, 164~165 참조.

77) 선왕들의 공적이 지대함을 강조하고, 이러한 표현들은 그 음덕에 힘입어 현재의 왕권을 정당화하기 위한 것이다. 이는 董仲舒의 삼통론과 그 형성 배경상 배경인 만큼 유교 이론과 갈라 놓을 수 없다. 이에 대해서는 조우연, 앞의 논문, 2013, 174 참조.

다음 Ⅲ단락을 해석하기 위해 전문을 끊어서 제시하면 다음과 같다.

(明治)好太聖王日 自戊(申) 敎言 發令 更修復 各於(先王墓上)立碑 銘其
烟戶頭卄人名[78] 以示後世 自今以後守墓之民 不得擅買 更相擅賣 雖富
足之者 亦不得其買賣 △有違令者 後世繼嗣守墓 看其碑文[79] 与其[80]罪
過

△△好太聖王은 廣開土太王의 諡號인 國平安太王이 나와서 장수왕
이후의 왕들이 그 대상이 된다. 그래서 왕명인 諱號에 好자가 들어가는
왕으로는 明治好王(492~519년), 陽崗好上王(545~559년), 平崗好上王
(559~590년)의 3왕이 있다. 먼저 명치호왕으로 복원하면 집안고구려비
가 5세기가 되지만, 양원호상왕과 평강호상왕을 복원하면 6세기가 된

---

78) 各於(先王墓上)立碑 銘其烟戶頭卄人名을 各各의 先王墓上에 碑를 세워 其烟戶頭
卄(20) 人名을 새긴 것이라 해석되므로 20인이란 숫자에 유의하면 장수왕이 고구려
20대왕인 점과 일치한다. 왜냐하면 각각의 왕릉에 비를 세운 것이 문자왕 때가 되
어야 각각의 왕릉에 비운 비석에 새긴 연호두 20인이 될 수가 있다. 이렇게 장수왕
이 20대왕인 점과 각 왕릉에 배치한 연호두가 20명인 점에 근거할 때, 제⑦행의 서
두의 △△好太聖王을 문자왕의 諱號인 明治好太聖王에 근거해 (明治)好太聖王으로
복원할 수가 있다. 그러면 집안고구려비의 건립 연대를 문자왕의 즉위년(491년) 이
후로 볼 수가 있다. 종래 고고학계에서는 태왕릉이 고국원왕릉으로, 장군총을 광개
토태왕릉으로, 평양에 있는 한왕묘를 장수왕릉으로 각각 보아 왔으나, 장수왕릉이
국내성에 있게 되어, 천추총을 소수림왕릉으로, 태왕릉을 광개토태왕으로, 장군총
을 장수왕릉으로, 평양의 한왕묘를 문자왕릉으로 볼 수가 있다.
79) 20기의 왕릉에 새겨진 비문을 의미한다. 구체적으로 各於(先王墓上)立碑 銘其烟戶
頭卄人名으로 각각의 先王의 묘상에 비를 세워 연호두 20인의 이름을 새겼다가 그
중요한 내용이다. 비가 광개토태왕비를 의미하는 것은 아니다.
80) 其罪過의 其자도 各於(先王墓上)立碑를 가리키므로 20기의 왕릉에도 수묘인 연호
에 대한 임무와 죄과가 적혀 있다고 판단된다.

다. 다음으로 △△好太聖王에 양원호상왕과 평강호상왕을 복원할려고
上자의 복원이 어렵다. 마지막으로 명치호왕을 복원하면, 명치호왕의
앞왕까지 왕대 수가 20이라서 各於(先王墓上)立碑 銘其烟戶頭廿人名의
20인명과 일치하게 된다. 따라서 △△好太聖王은 明治好太聖王으로
복원이 가능하다. 비의 건립 연대도 491년 이후가 될 것이다. 단락Ⅲ을
해석하면 다음과 같다.

(明治)好太聖王이 말씀하시기를 戊申年(408년)부터[81] 律을 정하고, 교
언을 내리고, 발령한 것을 고쳐서 修復했다. 先王의 무덤 각각에 비석
을 세워 그 연호두 20인의 인명을 (각각에) 새겨서 후세에 보게 했다.
지금부터 이후로 수묘의 사람을 함부로 사거나, 다시 서로 팔지 못하
며, 비록 富足之者라도 그 역시 그 매매를 할 수가 없다. 영을 위반하
는 자가 있을 것 같으면, 후세 守墓를 繼嗣케 한다.[82] 그 비문을 보고
그 죄과를 부여한다고 하셨다.

---

81) 戊戌年(398년)이 있으나 광개토태왕이 즉위한지 7년밖에 되지 않아서, 무술년에 수
묘인 연호를 설정하는 교언을 했다고 보기가 어렵다. 戊申年(408년) 쪽이 광개토
왕비에 나오는 것처럼 생존 시에 교언을 한 것으로 사료된다. 408년에는 광개토
왕의 정복 활동이 대부분 시행되었던 시기이기 때문이다.
또 후술하는 바와 같이 집안비의 건립 연대가 491년 이후이므로 418년, 448년, 458
년, 468년, 478년 등의 장수왕 때의 많은 시기들도 그 대상이 될 수가 있으나 수묘
인 연호에 관한 律令의 제정은 광개토왕 때이다. 그래서 408년으로 보았다.

82) 귀족을 포함해서 누구라도 違法하면 수묘의 역을 시키겠다는 뜻이다.

IV. 건비 연대와 성격

비의 건립 연대에 대해 검토할 차례가 되었다. 중국학계의 견해부터 간단히 일별해 보기로 하자. 제⑦행의 4~8번째 글자를 丁卯歲刊石으로 판독하고서 그 건립 시기를 장수왕15년(427년)으로 보았고, 제⑤행의 國罡上太王이나[83] 제⑥행의 先聖을[84] 광개토태왕으로 보았고, 비의 성격에 대해서는 율령비로 보았다.[85] 또 비의 성격을 수묘 연호비로 규정한 다음 제⑦행의 4~8번째 글자를 癸卯歲刊石으로 판독하고서 비를 광개토태왕13년(403년)에 건립되었다고 보았다.[86]

또 제⑤의 10~11번째 글자를 戊申으로 판독하고, 고국원왕18년 (348년)으로 보기도 했다. 계속해서 제⑤행의 국강상태왕을 광개토태왕의 시호로 보아서 평양 천도 이전인 412~427년에 비가 건립되었다고 보았고,[87] 제⑦행의 10~11번째 글자를 戊申으로 보아서 수묘에 관한 율법이 광개토태왕18년(408년)에 제정되었다고 보았다. 그러면서 수묘인 연호제를 위법하려고 기도하는 자에게 고계를 담은 告誡碑로 파악하였다.

---

83) 國罡上太王이 광개토태왕이 아니고 고국원왕임이 모두루총의 묵서명(佐伯有淸, 앞의 논문, 1977)에 의해 밝혀졌다.

84) 광개토태왕뿐만 아니라 미천태왕이나 고국원왕도 그 대상이 될 수가 있다.

85) 孫仁杰, 「집안고구려비의 판독과 문자비교」『한국고대사연구』70, 2013.

86) 林澐, 「集安麻線高句麗碑小識」『東北史地』2013~16, 2013, 7~16쪽.

87) 徐建新, 「中國新出集安高句麗碑試析」『東北史地』2013~3, 17~31쪽. 광개토지평안 호태왕이란 시호는 412년에 정해졌다. 따라서 412~427년 사이로 보는 것은 잘못이다.

한국학계에서는 광개토태왕설과[88] 장수왕대설로[89] 나누어지고 있다. 그 어느 가설도 뚜렷한 근거는 없다. 그런데 好太王을 광개토태왕의 생존시 연호라는 전제아래 제⑦행의 첫부분을 丁酉年(397년)이나 丁未年(407년)으로 보고, 그 작성 시기를 397년이나 407년으로 본 가설이 있다.[90] 우선 그 근거가 된 태왕릉 출토의 청동 방울 명문부터 살펴보기 위해서 전문을 제시하면 다음과 같다.

④③②①

九△好辛

十造太卯

六鈴王年

이 명문이 391년에 제작되었으며, 好太王을 광개토태왕의 생존시 諱號라고 보면서, 이 방울이 부왕인 고국양왕의 장례를 치르기 위해 제작된 것으로 보았다.[91] 광개토태왕이 부왕인 고국양왕의 장례를 치르기 위해 만들었다면 어떻게 고국양왕 왕릉에서 나오지 않고, 광개토태왕

---

88) 이용현, 「신발견 고구려비와 광개토왕비의 비교」『고구려발해학회 59차 발표논문집』, 2013.

조법종, 「집안고구려비의 특성과 수묘제」『고구려발해학회 59차 발표논문집』, 2013.

김현숙, 「집안고구려비의 건립시기와 성격」『한국고대사연구』92, 2013.

공석구, 「집안고구려비 고찰과 내용에 관한 고찰」『고구려발해연구』45, 2013.

89) 김현숙, 앞의 논문, 2013, 81~82쪽.

서영수, 「지안 고구려비 발견의 의의와 문제점」『고구려발해연구』45, 2013.

90) 여호규, 앞의 논문, 2013, 81~82쪽.

91) 여호규, 앞의 논문, 2013, 81쪽.

의 왕릉인 태왕릉에서[92] 나올까? 好太王의 생존시 휘가 談德임은 주지의 사실이다. 好太王은 당연히 시호로 판단된다. 이는 '辛卯年에 好太王을 위해 敎로 만든 방울로 96째 것이다.'가 된다. 이 방울 명문의 신묘년은 장수왕39년(451년)으로 판단되며, 장수왕이 부왕인 광개토태왕을 위해 만든 제사 유물 가운데 하나라고 판단된다. 이렇게 451년에 만들어진 제사 유물로 신라 서봉총에서 나온 十字細附銀盒이 있다. 이 명문을 제시하면 다음과 같다.

(銀盒 蓋內)	(銀盒 外底)
②①	③②①
太延	三三△
王壽	斤月壽
敎元	△元
造年	太年
合太	王太
杅歲	敎歲
用在	造在
三卯	合辛
斤三	杅
六月	
兩中	

---

92) 태왕릉 분구 정상에서 발견된 顯太王陵安如山固如岳이란 명문이 새겨진 전이 발견되었다. 명문에서 태왕릉이라고 지칭할 수 있는 임금은 광개토태왕밖에 없어서 태왕릉이 광개토태왕릉이다.

이 명문의 延壽元年은 장수왕39년(451년)으로 보고 있다. 이 은합도 451년에 장수왕이 부왕인 광개토태왕을 위해 만든 제사 유물 가운데 하나로 판단된다. 같은 451년에 만들어진 好太王명방울에서는 연호가 없고, 서봉총의 은합 명문에서는 연호가 있는 점이 문제이다. 방울에 연호가 없는 것은 延壽元年이라고 새길 공간이 방울에서는 없기 때문이라고 판단된다.

이제 집안고구려비의 건립 연대를 살펴볼 차례가 되었다.

첫째로 國平安太王이란 광개토태왕의 시호가 나와서 그 뒤의 제⑦행의 서두에 들어갈 수 있는 임금의 諡號인 △△好太聖太王에 복원될 수 있는 임금은 明治好太聖王뿐이다. 이렇게 되면 집안고구려비의 건립 연대는 491년 이후가 된다.

둘째로 집안비에는 각각의 왕릉위에 수묘비를 세울 때, 수묘인의 인명을 표기한 것으로 되어 있음으로 중원고구려비와 함께 인명 표기가 없는 광개토태왕비보다는 후행한다.

셋째로 광개토태왕비와는 달리 古人之慷慨, 天道, 先聖, 功勳 등의 중국 고전에서 나오는 용어가 많이 나와 그 건립 시기가 광개토왕비보다 늦을 가능성이 크다.

넷째로 광개토태왕비에는 없던 수묘 책임자인 연호두가 나오는 점이다. 이는 집안비가 광개토태왕비보다 늦을 가능성을 암시하고 있다. 집안비의 후면에는 國烟이 나오고 있고, 광개토태왕비에서는 국연 30, 간연 300호가 있으나 수묘의 책임자인 연호두는 나오지 않고 있다. 연호두의 존재로 보면, 집안비가 광개토태왕비보다 늦다고 판단된다.

다섯째로 제⑤행에 나오는 國平安太王은 광개토태왕비 제1면 제④행에 나오는 國罡上廣開土境平安好太王의 시호를 줄인 것으로 장수왕

이후에 성립되어 집안비의 연대를 장수왕 이후로 볼 수밖에 없다.

여섯째로 各於(先王墓上)立碑 銘其烟戶頭卄人名이란 구절은 선왕 무덤위에 각각 비를 세워 연호두 20인의 인명을 새겼다로 해석되어 장수왕이 추모왕으로부터 20대왕이므로 20이란 숫자가 일치한다. 따라서 집안비의 건립은 문자왕 때가 된다.

이상과 같은 이유에서 집안비의 건립 연대를 文咨王元年(491년) 이후로 보고자 한다.

집안비는 마선구 고분군의 가운데에서 발견되었는데, 집안으로 통하는 대로의 서쪽 변에 해당된다. 마선구 고분군의 유명한 고분으로는 서대묘와 천추총이 있다. 그 동북쪽으로는 칠성산 고분군과 만보정 고분군이 있다. 그 동북에 국내성이 있고, 국내성 서북쪽에 산성하 고분군이 있다. 국내성의 동북에 우산하 고분군이 있는 바, 태왕릉, 장군총, 무용총, 각저총 등이 있다. 그 동북쪽으로는 하해방구 고분군이 있는데, 모두루총이 유명하다.

집안의 길목에 있고, 여러 고분으로 가는 중요한 길목인 마선구에 위치가 원위치로 추정되는 집안고구려비는 위와 같은 역사지리적인 환경과 특정 왕릉의 수묘를 위한 비석의 내용이 아니고, 그 때까지의 1대의 추모왕부터 20대의 장수왕까지의 20기 왕릉에 수묘인을 두어 각각에 연호두 1명씩 모두 20명을 두어서 묘를 지키도록 비석을 세우게 한 점[93] 등에서 종합 수묘비라[94] 할 수가 있다.

---

93) 만약에 1인의 국왕에 대한 것이라면 종합 수묘비가 아닌 단순한 수묘비이다. 이는 20명의 先王들에 대한 수묘비이므로 종합 수묘비이다.

94) 圭首碑의 비신 윗부분에 穿이란 구멍이 있는 것이 대부분이나 집안비에는 천이 없다. 천의 기원에 대해 고대 下官의 도구로서 비 기능 잔재설과 神主로서의 의밀을

V. 여제 왕릉 비정 문제

여제 왕릉의 비정에는 (明治)好太聖王日 自戊(申) 教言 發令 更修復 各 於(先王墓上)立碑 銘其烟戶頭卄人名이란 부분이 중요하다. 이 구절에 나오는 烟戶頭와 관련된 구절로 평양성 석각에 다음과 같은 구절이 있다.

⑥⑤④③②①
節位內向卄己
矣使中△一丑
尒百下日年
丈頭二自三
作上里此月
下

이는 '己丑年(569년) 3월 21일에 이곳으로부터 △로 향한 하2리(또는 이곳으로부터 △下로 향한 二里)를 內中百頭(직명), 上位使(관등명),[95] 尒文 (인명)이 作節했다.'가 된다. 內中百頭는 축성의 감독자로서 축성을 하는데 있어서 우두머리가 된다. 마찬가지로 집안비의 烟戶頭도 수묘인 연호 가운데 우두머리로 보인다. 더구나 집안비 후면 가운데 國烟이 판

나타내기 위함이라는 설이 있는데, 후자에 힘이 실려 있다. 집안비는 규수가 비교적 오래된 비석의 형태로 조성되었음에도 불구하고, 穿孔이 없는데, 이는 비가 신주로서의 의미를 지니지 않고, 특정 왕릉의 묘비로 세워진 것이 아님을 시사해 준다.(조우연, 앞의 논문, 2013, 143~144쪽)

95) 『翰苑』에 나오는 14관등 가운데 제9관등인 上位使者와 같은 것으로 판단된다. 실수로 者자를 빠트린 것으로 판단된다.

독되고 있어서 더욱 그러하다. 집안비의 연호두는 국연보다 높은 위치에 있었을 것으로 사료된다.

여기에서 看烟, 國烟, 烟戸頭에 대해 더 상세히 조사해 보기로 하자. 광개토태왕비의 35% 이상을 차지하는 守墓人烟戸에 대서는 다양한 가설이 나왔다. 우선 국연과 간연에 대한 선학들의 견해부터 일별해 보기로 하자.

국연은 수묘역뿐만 아니라 국가의 공적인 역을 수행하는 연호라는 보편적인 의미로 보는 반면에, 간연은 왕릉의 看守, 看視, 看護를 한다고 해석하였다.[96] 국연은 혼자서 수묘역을 담당할 수 있는 부유한 호이고, 간연은 19家가 합쳐서 국연1가의 역할을 수행할 수 있는 영세한 호라고 보는 가설이 있었다.[97] 신분과 관련하여서는 국연을 피정복민 가운데 호민에 해당되는 지배층 혹은 부유층으로, 간연을 하호에 해당하는 피지배층 혹은 평민층으로 보는 가설이 있었다.[98] 국연과 간연이 수묘역에 한정된 것이 아니라 고구려의 국연 편제에서 연호 일반을 파악하는 보편적인 편제 방식인 국연-간연 체계일 가능성을 주장하였다.[99] 신라의 看翁을 근거로 농업 생산 등 종사하여 국연은 실제 수묘역을 지고, 간연은 국연은 국연의 경제적인 필요를 담보하는 기능을 수행했다

---

96) 武田幸男, 「廣開土王碑からみた高句麗の領域支配」『東洋文化研究所紀要』78, 1979, 84~85쪽.

97) 손영종, 「광개토왕릉비문에 보이는 수묘인 연호의 계급적 성격과 입역방식에 대하여」『력사과학』1986-3, 1986, 17쪽.

98) 김현숙, 「광개토왕비를 통해 본 고구려 수묘인의 사회적 성격」『한국사연구』65, 1989.

99) 임기환, 「광개토왕비의 국연과 간연」『역사와 현실』13, 1994.

고 보았다.[100] 국연은 제사 준비와 간연을 관리하는 역할을, 간연은 능의 보초와 청소 등을 담당하는 것으로 이해하였다.[101] 국연은 國都의 연호, 간연은 지방의 연호로 이해하기도 하였다.[102] 국연은 직접적으로 역을 지는 존재이고, 간연은 경제적으로 국연을 뒷받침하는 예비 수묘인이거나 결원에 대비하는 인원이라는 가설도 제기되었다.[103] 국연은 광개토태왕을 수묘하기 위한 연호이고, 간연은 기타 왕릉에 배정되어 수묘하는 것으로 해석한 가설도 있다.[104] 연호의 역할까지 제시하면서, 국연은 수묘역 수행에 있어서 조장 역할을 담당한 호민층, 간연은 수묘역에 종사한 하호층으로 이해하기도 하였다.[105] 이상의 선학들의 견해에서 국연은 주도적인 역할을 하고, 간연은 보조적인 역할을 한 것으로 대개 보고 있다. 간연은 현재 철도를 건너는 사람들을 살피는 看守처럼 무덤을 돌보고 지키는 사람으로 1~3개월의 역을 지닌 호를 가리킨다. 역이 끝나면 다시 집에 가서 농사 등 본업에 종사하는 것으로 보인다. 국연은 무덤을 지키는 간연의 우두머리로 무덤에 어떤 일이 생겼을 때, 간연의 보고를 받아서 국가에 보고하는 호로 판단된다. 아니면 간연이 300호, 국연이 30호인 점에서 보면, 10호의 간연을 1호의 국연이 짝을

---

100) 조법종, 「광개토왕릉비에 나타난 수묘제 연구」『한국고대사연구』8, 1995, 214쪽.

101) 이인철, 「4~5세기 고구려의 수묘제」『청계사학』13, 1997.

102) 이도학, 「광개토왕릉비문의 국연과 간연에 대한 성격의 재검토」『한국고대사연구』 28, 2002.

103) 권정, 「한중일 비교를 통해 본 고대 수묘제의 성격」『한국고대사연구』28, 2002. 김락기, 「고구려 수묘인의 구분과 입역방식」『한국고대사연구』41, 2006. 공석구, 「광개토왕릉비에 나타난 광개토왕의 왕릉 관리」『고구려발해연구』39, 2011.

104) 기경량, 「고구려 국내성 시기의 왕릉과 수묘제」『한국사론』56, 2010.

105) 정호섭, 「광개토왕비의 성격과 5세기 수묘제 개편」『선사와 고대』37, 2012.

지어서 담당하고서, 그 임무가 10명의 간연이 수묘를 1~3개월간 하다가 사고가 생기면, 국연에게 보고 하고, 국연은 다시 국가에 보고하는 형식이었을 것이다. 후자가 개연성이 클 것이다. 국연의 해명에 도움을 주는 자료로 집안고구려비가 있다. 여기에서는 國烟 이외에 烟戶頭가 나오고 있다. 보다 발전된 수묘인 연호의 모습이다.

국연과 간연에 대해 좀 더 살펴보기 위해 광개토태왕비로 돌아가자. 광개토태왕비의 핵심적인 내용은 광개토태왕의 勳績이 아니라 수묘인 연호이다. 정복 기사에 나오는 敎遣이나 王躬率이란[106] 구분도 수묘인 연호의 선정에 나오는 敎令取나 但取吾躬(率)과 대비된다. 이제 국연과 간연에 대해 살펴보기로 하자.

광개토태왕비에서 국연이 나오는 것으로는 賣句余民 2, 東海賈 3, 碑利城 2, 平穰城 1, 俳婁 1, 南蘇城 1, 新來韓濊沙水城 1, 舍蔦城韓濊 1, 炅古城 1, 韓氐利城 1, 弥鄒城 1, 豆奴城 1, 奧利城 2, 須鄒城 2, 百殘南居韓 1, 農賣城 1, 閏奴城 1, 古牟婁城 1, 琢城 1, 散那城 1이다. 모두 27연이다. 모자라는 3호는 제3면의 제①행 앞부분에 복원되어야 할 것이다.

간연이 나오는 곳으로는 賣句余民 3, 東海賈 5, 敦城 4, 于城 1, 平穰城 10, 訾連 2, 俳婁城 43, 梁谷 2, 梁城 2, 安夫連 22, 改谷 2, 新城 3, 新來韓濊沙水城 1, 牟婁城 2, 豆北鴨岑韓 5, 句牟客頭 2, 求底城 1, 舍蔦城韓濊 21, 須耶羅城 1, 炅古城 3, 客賢韓 1, 阿旦城雜珎城 10, 巴奴城 9, 臼模盧城 4, 各模盧城 2, 牟水城 3, 韓氐利城 3, 弥鄒 △, △△ 7, 也利城 3, 豆奴城 2, 奧利城 8, 須鄒城 1, 百殘南居韓 5, 大山韓城 6, 農賣城 7, 閏奴城 22, 古牟婁城 1, 琢城 8, 味城 6, 就咨城 5, 彡穰城 24, 那旦城 1,

---

106) 이는 고구려 광개토태왕이 치른 전쟁 규모와는 관계가 없다.

句牟城 1, 於利城 8, 比利城 3, 細城 3의 288연이다. 이는 300호에서 12호가 모자란다. 여기에는 弥鄒城의 호복원이 가능하다. 그런데 국연이면서 정복 기사에 나오는 연으로는 弥鄒城, 奧水城, 農賣城, 古牟婁城, 散那城이 있다. 간연이면서 정복 기사에 나오는 연으로는 牟婁城, 古模耶羅城, 阿旦城, 雜珍城, 臼模婁城, 各模盧城, 弥鄒城, 也利城, 奧利城, 太山韓城, 農賣城, 閏奴城, 古牟婁城, 彡穰城, 散那城, 句牟城, 於利城, 細城이 있다. 정복 기사에 나오지 않는 간연으로는 敦城, 于城, 訾連, 梁谷, 梁城, 安夫連, 改谷, 新城, 豆比鴨岑韓, 句牟客頭, 求氐城, 客賢韓, 巴奴城韓, 牟水城, 琢城, 味城, 就谷城, 那旦城, 比利城이 있다. 물론 이 부분을 광개토태왕비의 파실된 곳에 복원해야되나 비어 있는 글자의 수가 많아서 1775자설은[107] 성립키 어렵고, 1802자설이[108] 옳다고 판단된다.

408년인 무신년에 공포된 광개토태왕의 敎가 광개토태왕비가 건립되는 414년에도 상당한 변화가 있었던 듯하다. 구체적으로 말하면 百殘南居韓에서 국연을 뽑았다는 점이다. 백잔은 백제가 틀림없고, 그 남쪽에 사는 韓은 광개토태왕 때에 정복한 사람들로 국연(舊民)이 될 수가 없다. 그런데도 불구하고 국연으로 뽑혔다.

광개토태왕비 단계에서는 간연 10호가 각각 국연 1호에게 보고하는 단계로, 국연은 무덤에 생긴 일을 국가 기관에 보고 했을 것이다. 물론 간연은 10호가 1조를 이루어 무덤을 돌보았을 것이다.[109]

---

107) 武田幸男의 가설이다.
108) 박시형의 가설이다.
109) 이성시, 「광개토대왕비의 건립목적에 관한 시론」, 『한국고대사연구』50, 2008, 184쪽에서는 330연을 10조로 나누어 33명이 1조라고 보고 있다. 이는 국내성으로의 천

집안고구려비(491년 이후) 단계에는 20명의 烟戶頭가 환인과 집안에 있는 20기의 왕릉을 각각 책임지고 있다. 연호두 밑에 당연히 국연이 들어가고, 국연 밑에는 간연이 있었다고 판단된다. 간연은 1~3개월의 수묘역을 지고, 무슨 일이 생기면 국연에게 보고하고, 국연은 연호두에게 보고하고, 연호두는 다시 국가 기관에 보고하는 형식이었을 것이다.

이렇게 되면 연호두는 수묘인 가운데 우두머리로 보인다. 더구나 집안고구려비 후면 가운데에서 國烟이 판독되고 있어서 더욱 그러하다. 연호두는 국연보다 높은 지위에 있었던 것으로 사료된다. 平壤城 石刻 己丑銘에 나오는 內中百頭와 같이 공사 구간의 책임자인 것처럼 연호두도 각 왕릉 수묘의 책임자로 보인다. 연호두와 관련되어 중요한 집안고구려비의 구절로 各於(先王墓上)立碑 銘其烟戶頭卄人名 부분이 있다. 이는 죽은 왕의 묘상에 비석을 세웠는데, 그 죽은 왕의 1명에 대해 연호두(연호의 우두머리) 20명의 이름을 새겼다고 볼 수도 있으나, 이렇게 되면 연호두의 숫자가 400명이나 되어 너무 많게 된다. 곧 죽은 왕의 묘상에 비석을 각각 세웠는데, 각각의 무덤에 연호두 가운데 한 명씩 새겼다가 되어 역시 각각 20기의 무덤에 1명씩의 연호두를 새긴 것으로 해석된다. 따라서 제1대 시조 추모왕부터 제20대 장수왕까지의 각각에

도를 산상왕때로 보기 위한 고육책이다. 이 산상왕때가 伊夷模의 왕실 계보가 消奴部에서 桂婁部로 바뀌는 시기인지는 몰라도 환인에서 국내성으로 수도를 옮긴 때는 아니다. 부를 통한 왕족의 교체 시기도 광개토태왕비의 세계로 볼 때, 신빙할 수가 없다. 광개토태왕비의 국연 30호, 간연 300호는 국연 1호와 간연 10호가 짝을 이루어 그 때까지 죽은 19명중 18명의 왕들을 수묘했는데, 18명의 조상들에게는 각 무덤에 국연 1호와 간연 10호가 각각 배정하고, 나머지는 모두 광개토태왕릉에 배치한 것으로 보인다. 광개토태왕비의 건립 목적은 勳績이 아니고, 훈적과 수묘인 연호를 통한 왕권강화로 판단된다.

1명씩을 새긴 연호두를 가리킨 것이 된다. 그렇게 해야 △△好太聖王의 복원이 (明治)好太聖王이 된다. 이렇게 되면 장수왕의 무덤은 평양성이 아닌 집안에 있게 된다.

다 아는 바와 같이 태왕릉은 대개 광개토태왕릉으로 보아 왔다.[110] 이는 문헌에서나 고고학 쪽에서도 마찬가지였다. 안악3호분(357년)의 연꽃 모양과 태왕릉의 와당에 나오는 연꽃 모양이 비슷한 점에 착안하여, 태왕릉을 3세기 말 내지 4세기 전반으로 보는 가설이 나왔다.[111] 이는 잘못된 것으로 태왕릉은 발굴 성과나 고고학적으로 볼 때, 광개토태왕릉임이 분명하다. 이는 고구려 왕릉 비정에 중요한 잣대가 될 것이다.[112] 그러면 장수왕릉이 국내성에 있어야 되므로 그 위치가 궁금하다. 태왕릉, 한왕묘, 전 동명왕릉 등으로 보는 가설이 나오고 있다. 한왕묘설은 장수왕릉이 평양에 있었다는 전제아래에서만 가능하다. 집안고구려비를 통해 볼 때 장수왕릉은 집안에 있어야 되므로 성립될 수 없고, 장군총이 장수왕릉일 가능성이 크다. 장수왕의 전 동명왕릉설도 전 동명왕릉이 평양에 있으므로 성립키 어렵다. 또 전 동명왕릉은『삼국사기』권13, 고구려본기, 시조 동명성왕조에 葬龍山이라고 하였고,『고려사』권58, 지리지3, 평양부계에 東明王墓 在府東南中和境龍山谷 號眞珠墓라고 되어 있고, 그 편년으로 볼 때 5세기 말에 환인에서 이장된 시조 동명성왕릉으로 판단된다.[113] 그 시기는 491년 이후로 보이는 집안고구

---

110) 浜田耕策,「高句麗廣開土王陵比定論の再檢討」『朝鮮學報』119·120, 1986, 61~64쪽.

111) 田村晃一,「高句麗の積石塚の年代と被葬者をめぐる問題について」『靑山史學』8, 1984.

112) 김창호,「고구려 太王陵 출토 연화문숫막새의 제작 시기」『한국 고대 불교고고학의 연구』, 2007.

113) 이 무덤은 시조 동명성왕릉(추모왕릉)이 틀림없다고 판단된다. 孫仁杰·遲勇,『集安

려비의 연대를 소급할 수가 없다. 왜냐하면 집안비에 나오는 20명의 왕 릉에 시조 동명성왕릉도 포함되어 있기 때문이다.

천추총은 연화문 와당의 편년에서 태왕릉보다 뒤지고, 장군총보다 앞서는 것으로 보아 왔으나 최근의 발굴 조사에서 권운문와당이 출토 되어 태왕릉보다 앞서서 고국원왕 등의 무덤으로 보아 왔으나 시호로 볼 때, 소수림왕릉으로 보이고, 고국원왕릉은 우산하 고분군에 있다고 판단된다.

고구려에서 427년 평양 천도 이전의 왕릉에는 벽화 고분이 없었다. 평양 천도 후 5세기 말에 시조 동명성왕 무덤을 평양성으로 이장하면서 벽화 고분에 묻었다. 벽화 고분이 언제 소멸되었는지 그 시기가 궁금하 다. 대가야의 고아동 벽화 고분은 562년 이전에 만들어진 것이고, 신라 의 於宿知述干墓는 595년에 축조되었으며, 순흥 벽화 고분의 己未는 599년이고,[114] 백제 송산리 6호 벽화 고분은 6세기 초로 503년을 내려가 지 않는다. 능산리 벽화 고분인 동하총은 6세기 중경에서 7세기 초로 편년되고 있다.[115] 그렇다면 고구려 벽화 고분의 소멸 시기를 600년경으 로 보아도 될 것이다. 618년에 죽은 영양왕묘를 강서중묘 또는 강서대

高句麗墓葬』, 2007에서는 4기의 왕릉이 소개되어 있고, 吉林省考古文物研究所·集 安市博物館,『集安高句麗王陵』, 2004에서는 15기의 왕릉이 소개되어 있다. 이 19기 의 왕릉에 평양으로 이장된 시조 동명성왕묘를 더하면 20기가 된다. 이는 단언할 수 없지만 왕릉의 수와 왕대 수가 일치하고 있다. 또 왕릉이 보장왕릉은 중국에 있 었으므로 제외할 때, 7기나 모자란다. 이 7기는 전부 평양성에 있었다고 판단된다. 이에 대한 연구가 시급하다. 환인에 4기의 왕릉(시조왕릉을 포함하면 5기)과 국내 성에 15기는 모두 20기로 시조 추모왕부터 장수왕릉까지 20기와 일치한다. 이는 산상왕부터 광개토태왕까지의 10기에 수묘했다는 이성시의 가설과는 모순된다.

114) 횡혈식고분으로 추가장이 가능해 그 초축은 580년경으로 보인다.

115) 東潮·田中俊明,『韓國の古代遺蹟 2』-百濟·伽耶篇-, 1989, 131쪽.

묘로 비정하거나 642년에 죽은 영류왕의 묘를 강서대묘로 비정하는 것은[116] 재고의 여지가 있는 듯하다.

이렇게 고구려 석실분을 줄세워 왕릉 비정에 골몰하기 보다는 평양 천도 이후에 와서야 왕릉에도 채택된 벽화 고분이 도대체 무슨 이유로 강서대묘의 예에서와 같이 600년을 전후해서 최정점에 달했다가 퇴화 소멸 과정을 거치지 않고, 갑자기 없어지게 되었는지를 조사해야 할 것이다.

백제왕릉에 대해서는 송산리6호분의 주인공 문제는 성왕릉이 공주 송산리에 있었는지 아니면 부여 능산리에 있었는지 여부와 직결되므로 송산리6호분의 주인공 문제부터 조사해 보기로 하자. 송산리6호분이 무령왕릉에 앞선다는 가설과[117] 무령왕릉이 송산리6호분에 앞선다는 가설이 있다.[118]

1973년 무령왕릉과 송산리6호분의 철두철미한 구조 분석으로 송산리6호분이 무령왕릉에 앞선다는 가설이 나왔다.[119] 여기에서는 아쉽게도 송산리6호분의 주인공에 대한 언급이 없다.

1976년 송산리 고분군을 무령왕릉을 중심으로 하여 포괄적으로 송산리6호분(동성왕릉)→무령왕릉→송산리5호분→6호분(성왕릉)으로 편년

---

116) 東潮·田中俊明, 앞의 책, 1989, 303~304쪽.

117) 윤무병, 「무령왕릉 및 송산리6호분의 축조구조에 대한 고찰」『백제연구』5, 1973.
    齊藤忠, 「百濟武寧王陵을 중심으로 한 고분군의 편년적 서열과 그 피장자에 관한 一試考」『朝鮮學報』81, 1976.

118) 강인구, 「백제 고분의 연구」『한국사론』3, 1976.
    金元龍, 『武寧王陵』(日語版), 1979.

119) 윤무병, 앞의 논문, 1973.

한 가설이 나왔다.[120]

1979년 무령왕릉을 일본말로 소개하면서 무령왕릉→송산리6호분(성왕릉)으로 본 가설이 나왔다.[121]

1989년 백제 고분에 대한 개설적인 검토를 하면서 그 때까지의 여러 견해를 소개하면서 송산리5호분→송산리6호분(성왕릉)으로[122] 본 가설이 나왔다.[123]

1997년 송산리6호분과 무령왕릉 사이에 시기적인 차이가 별로 없는 점과 송산리6호분이 단장묘인 점과 무령왕릉 출토의 왕비 이빨이 30세 전후인 점에 근거해, 송산리6호분을 무령왕의 前妃로 본 가설이 나왔다.[124]

2000년 송산리5호분을 동성왕릉으로, 송산리6호분을 성왕릉으로 본 가설이 나왔다.[125] 여기에서는 성왕릉은 부여 능산리에 있는 중하총일 가능성도 크다고 보았다.

2002년 백제 공주 송산리와 부여 능산리 고분에 대한 왕릉 비정이 상세하게 진행되었다.[126] 여기에서는 석실의 무덤 구조와 배수 시설에 근거해 송산리 고분군을 편년하였다. 곧 송산리 고분군의 축조 순서를 29호분→6호분→5호분→무령왕릉으로 보았다.

2005년 송산리6호분을 동성왕릉 또는 성왕릉으로 본 가설이 나왔

---

120) 齊藤忠, 앞의 논문, 1976.
121) 金元龍, 앞의 책, 1979.
122) 만약에 사비성에서 성왕릉을 찾는다면 부여 능산리 중하총이라고도 하였다.
123) 東潮・田中俊明, 앞의 책, 1989. 101쪽.
124) 이남석, 「공주송산리고분군과 백제왕릉」『백제연구』27, 1997, 160쪽.
125) 早乙女雅博, 『朝鮮半島の考古學』, 2000, 155~156쪽.
126) 강인구, 「百濟王陵の被葬者推定」『韓半島考古學論叢』, 2002.

다.[127] 여기에서도 성왕릉이 부여 능산리에 있다면 중하총일 가능성이 크다고 보았다.

성왕릉이 송산리 고분에 있는지 아니면 능산리 고분군이 있는지 여부부터 짚고 나가기로 하자. 주지하는 바와 같이 성왕은 538년 웅진성에서 사비성으로 천도하고, 국호를 남부여라고 부르면서 백제의 중흥을 꾀하다가 관산성 전투에서[128] 사망한 군주이다. 성왕의 무덤이 사비성에 있었는지 여부를 알려주는 자료로 부여 능산리 陵寺에서 출토된 百濟昌王銘舍利龕의 명문이 있다. 사리감에는 百濟昌王十三秊太歲在丁亥妹兄公主供養舍利(개행)란 명문이 있다. 이 명문의 百濟昌王十三秊太歲在丁亥는 위덕왕13년(567년)이다. 이 명문을 해석하면, '백제 창왕13년정해(567년)에 매형과 공주가[129] 공양한 사리'란 뜻이다. 이 명문에 의해 능산리사지를 성왕의 陵寺로 해석하고 있으나[130] 이는 잘못이다. 백제는 무령왕릉의 매지권에 근거할 때, 왕과 왕비 모두 27개월의 3년상을 치루고 있다. 성왕이 죽고 3년상을 치루고 매장될 해인 백제 위덕왕3년(557년)에 이 명문이 새겨졌다면 성왕과 관계가 되는 능사가 된다. 성왕이 죽고 나서 13년이나 지난 사리감명문이라서 598년에 죽은 위덕왕을 위해 미리 만든 능사가 될 수밖에 없다. 명문 자체에서도

---

127) 龜田修一, 「百濟の考古學と倭」『古代を考える』-日本と朝鮮-, 2005, 129~133쪽.

128) 『삼국사기』, 백제본기에는 狗川 전투라고 되어 있다. 통설대로 『삼국사기』, 신라본기에 따라 管山城 전투라고 부른다.

129) 妹兄과 公主를 妹인 兄公主로 해석하기도 하나, 이는 잘못이다. 백제 금석문의 인명 표기는 고구려와 마찬가지로 관등명(류)가 인명의 앞에 온다. 妹인 兄公主가 될려고 하면, 명문 자체가 妹公主兄이 되어야 한다. 따라서 妹兄公主는 매형과 공주 곧 공주 부부로 해석할 수밖에 없다.

130) 강인구, 앞의 논문, 2002, 367쪽.

성왕의 사위(婿)라고 명기하지 않고, 창왕과 관계되는 용어인 妹兄이 나오고 있다. 公主도 성왕의 능사라서 사리감의 공양 대상이 성왕이라 면 父王女(聖王女)라고 표기해야 할 것이다.

이렇게 천도한 왕이 천도하기 전의 수도에 묻힌 예로는 장수왕을 들 수가 있다. 앞에서 살펴본 바와 같이 491년 이후에 작성된 집안고구려 비의 내용에서 볼 때, 장수왕릉은 국내성에 있었던 것은 분명하고, 장 수왕릉은 장군총으로 판단된다. 그렇다면 성왕의 무덤은 사비성이 아 닌 웅진성에 있게 되고, 그 후보지로는 송산리5호분이 된다.[131] 부여 능 산리의 중하총은 위덕왕릉일 가능성이 클 것이다.

전축분인 무령왕릉과 송산리6호분의 전 쌓는 방법을 보면, 무령왕릉 은 四橫一竪(천정 근처는 三橫一竪)로 정형화되어 있는데 대해, 송산리6 호분에서는 四橫一竪, 五橫一竪, 八橫一隋, 九橫一竪 등 여러 가지 방법 으로 축조하고 있다. 축조 구조에서 보면 송산리6호분이 무령왕릉에 선행한다. 벽화 고분 문제에 있어서도 고구려 벽화 고분에서[132] 사신도 가 주체가 된 것은 강서대묘, 집안 오회분4호분, 호남리 사신총 등을 들 수가 있다. 오회분4호분은 6세기 전반으로, 강서대묘와 호남리 사신총 은 6세기 후반으로 각각 편년된다.[133] 사신도에 일상, 월상, 운문이 있는

---

131) 장수왕릉은 천도한지 69년만에 천도 전의 국내성의 장군총에 매장된 예에서 보면, 성왕의 경우 29년만에 천도 전의 웅진성의 송산리5호분에 묻히는 것은 당연하다.

132) 고구려 벽화 고분은 어숙지술간묘의 乙卯年이 595년이고, 순흥 벽화 고분의 己未 는 599년이고, 대가야 고아동 벽화 고분의 연대가 562년 이전인 점 등에 근거할 때, 600년이 되면 종언을 고한 것으로 판단된다.

133) 고구려 벽화 고분에서 사신도만 있는 고분은 6세기 후반이고, 사신도와 생활풍속 도, 일상, 월상, 운문이 있는 고분은 6세기 전반으로 보인다. 고구려 벽화 고분은 강서대묘에서와 같이 600년경을 정점으로 하여 최고조에 달했다가 갑자기 소멸하 게 된다. 곧 도입기의 고졸함과 절정기의 완숙함만 있고, 나태한 퇴화기의 모습은

송산리6호분의 연대를 梁官瓦爲師矣의 남조 梁 나라의 건국 해인 502
년으로 보아도 될 것이다.

이렇게 송산리6호분을 무령왕릉보다 앞서는 것으로 볼 때, 동성왕이
죽어서 묻힌 송산리6호분의 연대를 무령왕이 즉위한 501년을 소급할
수 있는지 여부이다. 주지하는 바와 같이 송산리6호분의 폐쇄전 가운
데 梁官瓦爲師矣란 명문이 발견되었다. 중국 남조의 양은 502년에 건
국했고, 538년에 사비성으로 천도했음으로 그 사이에 들어갈 수 있는
왕은 무령왕(501~523년)밖에 없어서 송산리6호분을 무령왕릉으로 보았
다.[134] 이 가설은 무령왕릉의 발견으로 무너지게 되었다. 구조적으로 보
면, 무령왕릉보다 앞서는 송산리6호분의 폐쇄전명인 梁官瓦爲師矣의
양(502년)이란 걸림돌을 제거하지 않으면 안 된다. 단장묘라서 무령왕
릉비란 가설이 나오고 있다.[135] 그 축조 시기도 무령왕의 전비로 볼 때
에는 문제가 없으나, 동성왕의 전비로 볼 때에는 문제가 생긴다.[136] 송
산리6호분의 주인공은 501년에 죽은 동성왕이 503년에 27개월의 3년상
(殯)을 치루고, 梁官瓦爲師矣란 명문을 가지고 묻힌 것으로 해석된다.
단장묘라도 추가장이 가능하다. 시체를 널빤지 등으로 한쪽으로 밀고
시체를 묻는 방법과 시체 위에 흙을 바르고 새로 시신을 묻는 방법도

없다. 고고학에서 문화가 도입, 성장, 절정, 퇴화의 과정을 거치는데, 벽화 고분에
는 퇴화의 과정이 없다. 강서대묘 등을 7세기로 보드라도 퇴화의 과정은 없다. 이
점이 수수께끼이다.

134) 東潮·田中俊明, 앞의 책, 1989, 93쪽 참조.

135) 이남석, 앞의 논문, 1997.

136) 강인구, 앞의 논문, 2002, 262쪽.
이러한 문제점은 후술할 추가장으로 해결이 가능하다.

있어서 송산리6호분은 동성왕 부부의 무덤으로 보인다.[137]

VI. 맺음말

지금까지 논의해 온 바를 요약하여 맺음말에 대신하고자 한다.

먼저 문제가 되는 글자를 중심으로 탁본 사진과 대조하여 전문을 판독하였다.

다음으로 전문을 3단락으로 나누어 전문을 해석했다.

△△△△世 반드시 天道를 내려주시니, 스스로 元王을 계승하여, 始祖 鄒牟王이 나라를 창업한 기틀이다. (日月之)子, 河伯之孫으로서 神靈의 보호와 도움을 받아 나라를 건국하고, 강토를 개척하셨다. 後嗣로 이어서 서로 계승하였다.

△△△△各家烟戶가 河流를 가지고, 四時에 祭祀했다. 그렇지만 세월이 오래되어서 烟△△△△烟戶△가 劣甚衰해져 富足者로서 轉賣한 것이 자주였다. 묘를 지키는 무리를 △△에 새기였다. (미천태)왕, 국강상태왕, 국평안태왕이 神亡△해 東西廟, △△△, 神室을 흥하게 했다. 先聖의[138] 功勳이 매우 높고 빛나 古人의 (悲憤)慷慨를 이었음을

---

137) 익산의 쌍릉을 무왕릉으로 보는 가설도 있다. 익산에 미륵사란 큰 절이 있었으나 조방제에 의한 도성제 흔적이 없어서 익산 천도설과 쌍릉의 무왕릉설은 따르기 어렵다. 무왕릉은 부여 능산리 고분 가운데 하나로 보는 것이 옳을 것이다.

138) 先聖은 구체적으로 美川太王, 國罡上太王(故國原王), 國平安太王(광개토태왕)을

追述하였다.

(明治)好太聖王이 말씀하시기를 戊申年(408년)부터 律을 정하고, 교언을 내리고, 발령한 것을 고쳐서 修復했다. 先王의 무덤 각각에 비석을 세워 그 연호두 20인의 인명을 (각각에) 새겨서 후세에 보게 했다. 지금부터 이후로 수묘의 사람을 함부로 사거나, 다시 서로 팔지 못하며, 비록 富足之者라도 그 역시 그 매매를 할 수가 없다. 영을 위반하는 자가 있을 것 같으면, 후세 守墓를 繼嗣케 한다.[139] 그 비문을 보고 그 죄과를 부여한다고 하셨다.

그 다음으로 건비 연대를 문자왕대(491년 이후)로 보았고, 비의 성격은 역사지리적인 환경과 그 내용으로 볼 때, 종합 수묘비로 보았다.

마지막으로 고구려의 천추총을 소수림왕릉으로, 태왕릉을 광개토태왕릉으로, 장군총을 장수왕릉으로, 평양의 한왕묘를 문자왕릉으로 보았다. 무령왕릉과 송산리6호분의 선후 관계에 대해서는 6호분이 무령왕릉이 앞선다는 가설과 무령왕릉이 6호분에 앞선다는 가설이 있다. 이를 추가장과 문자 자료를 중심으로 6호분이 앞서고, 6호분을 동성왕 부부의 무덤으로 보았다. 또 송산리5호분은 성왕릉으로, 능산리 중하총은 위덕왕릉으로 각각 보았다.

가리킨다. 고구려에서 처음으로 미천태왕(300~331년) 때 太王制가 실시되었다.
139) 귀족을 포함해서 누구라도 違法하면 수묘의 역을 시키겠다는 뜻이다.

2
미륵사 서탑 사리봉안기

Ⅰ. 머리말

  국립문화재연구소에서는 2001년부터 미륵사지 석탑 해체조사 및 보
수정비를 시행해 왔었다. 2009년 1월 14일 미륵사 서탑 1층을 해체 수
리하면서 심주석 상면 중앙의 사리공 내부에서 금제사리호, 금제사리
봉안기 등 유물 500여 점이 수습되었다. 동년 1월 18일 현장설명회를
통해 공개되었다.[1] 사리봉안기에 나오는 己亥年을 639년으로[2] 보아서

---

1) 국립문화재연구소, 『(익산미륵사지석탑)舍利莊嚴』, 2009, 1월 18일자(현장설명회팜
   플렛).
2) 본고를 작성하게 된 이유이지만 미륵사지 서탑 사리봉안기의 己亥年은 무왕19년
   (639년)이 아닌 위덕왕15년(579년)이기 때문이다.
   또 문경현, 「백제 武王과 善花公主攷」『신라사학보』19, 2010, 346쪽에서는 무왕대에
   왕흥사가 건립되는 점, 무왕대 13번의 전쟁 기사가 『삼국사기』에 나오는 점, 익산 제

미륵사 내지 백제사 연구에 장애가 되는 듯하다.

여기에서는 먼저 사리봉안기의 명문을 판독과 해석을 하겠으며, 다음으로 은제관식 2점의 연대를 은제관식이 나온 송림사의 명문석과 비교해서 살펴보겠고, 마지막으로『삼국유사』권2, 무왕조를 검토하여 미륵사가 과연 백제 무왕 때 창건되었는지 여부를 검토해 보고자 한다.

Ⅱ. 명문의 판독과 해석

전면 제①행은 모두 9자이다.[3] 1번째 글자인 竊자는 구멍 穴밑이 아닌 갓머리(宀)밑에 읽기 힘들게 되어 있는 이체로 적혀 있다.

전면 제②행은 모두 9자이다. 이체자가 없이 쓰여 있어서 읽기가 쉽다.

전면 제③행은 모두 9자이다. 3번째 글자인 託에는 乇의 오른 쪽 아래 ㄷ자로 된 부분에 점(·)을 찍고 있다. 8번째 글자인 滅자는 삼수(氵)가 없이 戊의 안쪽에도 하늘 천(天)자를 넣고 있다.

전면 제④행은 모두 9자이다. 1번째 글자인 樹자는 나무 목(木)과 마디 촌(寸) 사이의 부분이 복잡하게 되어 있는 이체이다.

전면 제⑤행은 모두 9자이다. 4번째 글자는 耀로 읽기도 하나[4] 曜자가 분명하다.

석사의 창건도『觀世音應驗記』에 따르면 639년인 점 등에서 미륵사 서탑 사리봉안기의 기해년을 639년이 아닌 위덕왕26년(579년)으로 보았다.

3) 이용현,「미륵사 건립과 사택씨-〈사리봉안기를 실마리로 삼아〉-」『新羅史學報』16, 2009, 48쪽에 실린 글자 실측도를 이용하였다.

4) 이용현, 앞의 논문, 2009, 48쪽.

전면 제⑥행은 모두 9자이다. 1번째 글자인 遍자는 冊 부분의 가로로 끄는 선이 없다.

전면 제⑦행은 모두 9자이다. 3번째 글자인 濟자는 약체로 적힌 이체이다.

전면 제⑧행은 모두 9자이다. 9번째 글자인 劫자는 힘력(力) 부분이 칼도(刀)로 되어 있다.

전면 제⑨행은 모두 9자이다. 판독에 다른 이견이 없다.

전면 제⑩행은 모두 9자이다. 1번째 글자인 民자는 오른 쪽 옆에 점(·)이 찍혀 있다. 3번째 글자인 梁자는 樑의 약자이다.

전면 제⑪행은 모두 9자이다. 9번째 글자인 亥자는 이체로 적혀 있다. 신라 중고 금석문인 남산신성비(591년)의 辛亥年의 亥자와는 차이가 있다.[5]

후면 제①행은 모두 10자이다. 4번째 글자인 卄자로, 고대에서는 반드시 적는 二十이 아닌 卄으로 되어 있다.

후면 제②행은 모두 9자이다. 3·4번째 글자인 世世는 신라 금석문이라면 世ゞ로, 7·8번째 글자도 劫劫도 劫ゞ으로 각각 표기되었을 것이다.

후면 제③행은 모두 9자이다. 3번째 글자인 此자는 실수를 해서 2번째 글자인 用과 4번째 글자인 善 사이의 오른 쪽 빈 공간에 적고 있다.[6]

후면 제④행은 모두 9자이다. 4번째 글자인 壽자는 약체로 적혀 있다. 8번째 글자인 齊자도 약체로 적혀 있다. 9번째 글자인 固자는 입구

---

5) 孫煥一,「百濟 彌勒寺址 西院 石塔 金製舍利奉安記와 金丁銘文의 書體」『新羅史學報』 16, 2009, 91쪽.

6) 이렇게 실수하여 오른 쪽 여백에 적는 예는 창녕비에도 보인다.

(口)의 마지막 획순인 옆으로 끄는 한일(一) 부분이 없다.

후면 제⑤행은 모두 9자이다. 2번째 글자인 曆자는 厂의 안쪽에 두 번 나오는 벼화(禾)가 아닌 나무목(木)으로 되어 있다.

후면 제⑥행은 모두 9자이다. 판독에 다른 이견이 없다.

후면 제⑦행은 모두 9자이다. 판독에 다른 이견이 없다.

후면 제⑧행은 모두 9자이다. 8번째 글자인 剛자의 岡 부분은 罒으로 되어 있어서 고구려 광개토태왕의 시호인 國罒上廣開土境平安好太王의[7] 罒자와 같다.

후면 제⑨행은 모두 9자이다. 5번째 글자인 滅자는 삼수(氵)변 대신에 나무목(木)변으로 되어 있고, 戊자 안쪽의 자획도 다른 이체이다.

후면 제⑩행은 8자이다. 3번째 글자인 福자는 오른 쪽 위의 한일(一) 부분이 復자의 오른 쪽 윗부분 같이 되어 있다.

후면 제⑪행은 모두 4자이다. 판독에 다른 이견이 없다. 지금까지 설명해 온 바를 참작하여 사리봉안기의 전문을 제시하면 다음과 같다.

---

7) 모두루묘지(413년 이후)에 나온다. 모두루총의 연대를 呂자형 고분인 점을 근거로 대개 6세기로 보아 왔다. 단 모두루총을 일찍이 주영헌만은 佐伯有淸의 논문이 나오기 이전에 5세기로 편년하였다. 佐伯有淸, 「高句麗牟頭婁塚墓誌の再檢討」『史朋』7, 1977이란 논문이 나와서 비로소 모두루가 광개토태왕 때에 활약한 사람이란 점이 확정되어 모두루총을 5세기 중엽으로 보게 되었다.

〈전면〉

⑪	⑩	⑨	⑧	⑦	⑥	⑤	④	③	②	①	
淨	民	受	積	我	遍	逐	樹	是	感	竊	1
財	棟	勝	德	百	神	使	遺	以	應	以	2
造	梁	報	女	濟	通	光	形	託	物	法	3
立	三	於	種	王	變	曜	八	生	現	王	4
伽	寶	今	善	后	化	五	斜	王	身	出	5
藍	故	生	因	佐	不	色	利	宮	如	世	6
以	能	撫	於	平	可	行	益	示	水	隨	7
己	謹	育	曠	沙	思	遠	三	滅	中	機	8
亥	捨	萬	劫	乇	議	七	千	雙	月	赴	9

〈후면〉

⑪	⑩	⑨	⑧	⑦	⑥	⑤	④	③	②	①	
俱	並	虛	界	后	正	寶	陛	盡	願	年	1
成	蒙	空	而	即	法	曆	下	用	使	正	2
佛	福	而	恒	身	下	共	年	此	世	月	3
道	利	不	明	心	化	天	壽	善	世	廿	4
	凡	滅	明	同	蒼	地	與	根	供	九	5
	是	七	若	水	生	同	山	仰	養	日	6
	有	世	金	鏡	又	久	岳	資	劫	奉	7
	心	久	剛	照	願	上	齊	大	劫	迎	8
		遠	等	法		弘	固	王	無	舍	9
										利	10

이제 전문을 해석할 차례가 되었다. 전문을 3개의 단락으로 나누어 제시하면 다음과 같다.

A. 竊以 法王出世 隨機赴感 應物現身 如水中月 是以 託生龍宮 示滅雙
   樹 遺形八斛 利益三千 遂使 光曜五色 行遶七遍 神通變化 不可思
   議

B. 我百濟王后 佐平沙乇積德女 種善因於曠劫 受勝報於今生 撫育萬民
   棟梁三寶 故能 謹捨淨財 造立伽藍 以己亥年正月卄九日 奉迎舍利

C. 願使 世世供養 劫劫無盡 用此善根仰資 大王陛下 年壽與山岳齊固
   寶曆共天地同久 上弘正法 下化蒼生 又願 王后即身心同水鏡 照法
   界而恒明 身若金剛等 虛空而不滅 七世久遠 並蒙福利 凡是有心 俱
   成佛道

이를 해석하면 다음과 같다.

"가만히 생각하옵건대, 法王께서 세상에 나오시어 根機에 따라서 感
應해 옵시고, 物에 應하여 몸을 드러내시니, 마치 물속의 달과 같으셨
다. 이에 王宮에 託하여 태어나 雙樹에 示滅하시고, 形骸를 8斛을 남
기시어, 三千大千世界에 利益되게 하셨다. 드디어 五色을 빛나게 하
고, 돌아가기를 7번하니, 神通함과 變化는 不可思議한 것이었습니다.
우리 百濟王后께서는 佐平인 沙乇積德의 따님으로, 과거 曠劫 동안에
善因을 심었기에, 今生에 뛰어난 보답을 받게 되었는데, 萬民을 撫育
하고, 三寶를 棟梁으로 삼으셨다. 故로 能히 淨財를 희사하시어 伽藍
을 세우셨으니, 己亥年 정월 29일에 舍利를 받들어 맞이하셨다.
願하옵대 世世로 供養하고, 劫劫이 다 함이 없도록 이 善根으로 받들
어 資를 삼아, 大王陛下께서는 年壽가 山岳과 같이 齊固하시고, 寶曆
[治世]이 함께 天地와 같이 영구하시어 위로는 正法을 넓히고, 아래로

는 蒼生을 교화시키기 바랍니다. 또 바라옵건대, 王后 身心은 水鏡과 같이 法界를 비추어 항상 밝으시고, 몸은 金剛처럼 허공과 같이 不滅하시고, 七世 영원토록 아울러 福利를 입으시고, 무릇 이 有心들도 함께 佛道를 이루도록 해주시기 바랍니다."

Ⅲ. 은제관식

사리봉안기의 己亥年이란 절대 연대를 확정할 수 있는 자료로 은제관식을[8] 들 수가 있다. 이에 대한 관계 전문가의 견해부터 들어보기로 하자.

사리봉안기와 함께 500여 점의 유물이 나왔다. 그 가운데에서 은제관식은 2점이 출토되었다.[9] 그 출토 정황부터 살펴보기로 하자.

은제관식 2점은 국보 11호로 지정된 미륵사지 서탑을 해체 복원하는 과정에서 발견되었다.[10] 1층 심주석에 마련된 방형 사리공(한변 24.8cm, 깊이 27cm) 내부에서 출토되었는데, 사리공 바닥에는 방형의 판유리가 깔려 있었고, 그 위에 원형 합 6개가 가지런히 배치되어 있었다. 합 사

---

8) 고분에서 출토된 예가 많고, 연구도 활발하다.
　최종규, 「백제 은제관식에 관한 고찰」 『미술자료』47, 1991.
　이남석, 「고분 출토 관식의 정치사적 의미」 『백제문화』24, 1995.
　박보현, 「은제관식으로 본 백제의 지방지배에 관한 몇 가지 문제」 『과기고고』5, 1999.
　山本孝文, 『삼국시대 율령의 고고학적 연구』, 2006.
9) 이한상, 「미륵사지 석탑 출토 은제관식에 대한 검토」 『新羅史學報』16, 2009. 이 장에서 은제관식 가운데 유물 부분은 이 논문에서 발췌하였다.
10) 국립문화재연구소, 『미륵사지 석탑 사리장엄』, 2009.

이에는 녹색의 유리구슬과 호박, 옥구슬 460여 점이 가득 채워져 있었으며, 사리공 남쪽에 은제관식과 금제 소형판이, 북쪽에 도자 5자루, 서쪽에 도자 2점이 각각 놓여 있었다. 남쪽 벽면에 비스듬하게 금제사리봉안기가 세워져 있었고, 정중앙에 금동제사리호가 정치된 상태로 발견되었다.

사리봉안기에 의하면 백제 佐平 沙乇積德의 딸인 백제 왕후가 재물을 희사하여 가람을 창건하고, 己亥年에 사리를 奉迎하였다고 하며, 유물의 출토 상태로 본다면 은제관식 2점은 이때에 공양된 것으로 볼 수 있다.

유물의 구성을 보면, 사리봉안기와 사리호 이외에 각종 유리구슬, 관식, 대금구(과판, 대단금구, 족집게) 등의 장신구와 은합, 동합, 금제 소형판, 금사의 존재가 눈에 띈다. 이러한 유물 구성은 능산리시지 목탑지(567년),[11] 왕흥사지 목탑지(577년),[12] 송림사 전탑(624년),[13] 황룡사지 목탑지(643년 이후)[14] 등 6∼7세기 백제와 신라의 사리공양품 구성과 유사하다.

백제의 은제관식은 은판에 좌우 대칭의 도안을 그린 다음 끌로 오려냈으며, 오려낸 장식의 좌우를 접어 단면 ∧자 모양으로 각이 지게 만

11) 국립부여박물관,『능사―부여 능산리사지 발굴조사 진전보고서―』, 2000.
12) 이한상, 앞의 논문, 2009, 123쪽에서 왕흥사 목탑의 건립 시기는 577년이다. 왕흥사 목탑 사리공에서 출토된 청동사리합 명문에 丁酉年이란 연간지가 나와 577년이란 절대 연대를 갖게 되었다. 왕흥사 목탑은『삼국사기』권27, 백제본기 5에 무왕 즉위1년(600년)∼무왕 35년(634년) 사이에 건립된 것이 되어 있어서 문헌을 믿을 수 없게 한다.
13) 김창호,「慶北 漆谷 松林寺의 창건 연대」『한국 고대 불교고고학의 연구』, 2007.
14) 김정기 등,『황룡사』, 1983.

들었다. 아래쪽에는 관모의 전면에 끼울 수 있는 가삽부가 마련되고 있고, 중앙의 줄기 맨 꼭대기에는 꽃봉오리 모양의 장식을 표현하였다. 중앙의 줄기에서 좌우로 곁가지를 1단 또는 2단으로 내고, 그 끝을 꽃봉오리 모양으로 표현한 것이 많다. 미륵사 서탑의 출토품도 기왕의 은제관식과 형태가 동일하다. 다만 가삽부의 길이가 조금 짧고, 꽃봉오리 모양 장식의 상부가 위로 조금 길쭉하게 돌출된 정도의 차이가 있을 뿐이다.

미륵사지 서탑에서 출토된 2점의 은제관식을 편의상 관식A, 관식B로 구분하여 설명하기로 한다. 관식A의 길이는 13.4cm로, 줄기의 꼭대기에 꽃봉오리 모양 장식 1개, 좌우의 곁가지에 꽃봉오리 모양 장식 각 2개씩을 갖추고 있다. 꽃봉오리 모양의 장식은 윗부분이 뾰족하면서 길쭉하다. 줄기 하부 곧 가삽부는 검은 색조를 띠는데 이 관식이 사용하였기 때문에 남은 흔적으로 보인다. 관식B는 관식A보다 조금 작고, 꽃봉오리 모양 2장식이 3개에 불과하다. 맨 위에 위치한 꽃봉오리 모양 장식에는 보수의 흔적이 있다.

백제의 은제관식 가운데 지판이 두꺼운 것은 부여 하황리,[15] 미륵사지 서탑 출토품에 한정된다. 이를 주목한다면, 백제 은제관식은 곁가지의 수량과 관식 제작에 소요된 은 양의 과다가 소유자의 격 곧 관등의 고저를 반영해주는 요소로 보인다.

지금까지 발굴된 관식 가운데 하황리 석실, 능산리36호분 동쪽 유해부 출토 관식의[16] 도안이 가장 복잡하며, 나주 복암리3호분 5석실 관식

---

15) 홍사준, 「부여 하황리 백제고분 출토의 유물」 『연제고고논집』, 1962.

16) 국립부여문화재연구소, 『부여 능산리공설운동장 신축예정부지 백제고분1·2차 긴급 발굴조사보고서 능산리』, 1998.

은[17] 기본 도안이 앞의 2예와 비슷하나, 줄기에서 파생되어 나온 엽문 가운데 1개가 생략되어 있다. 미륵사지 서탑, 논산 육곡리7호분,[18] 나주 복암리3호분 16호석실, 남원 척문리,[19] 염창리Ⅲ-72호 관식은[20] 기본적인 도안이 동일하며, 부여 능안골36호 남성 유해부 출토품에 비해 간단하다. 부여 능산리36호분 서쪽 유해부 출토 관식은 좌우에 곁가지가 없어서 매우 간략하다. 이 은제관식은 뚜렷하게 형식의 변화가 없어서 고고학적인 형식 분류에 대한 일치된 의견은 없다.[21]

7세기 후반,[22] 8세기 전반,[23] 8세기,[24] 9세기[25] 등으로 편년되어 온 송림사 전탑에서도[26] 은제관식이 출토되었다. 여기에서는 전탑에서 나왔을 것으로 추정되는 문자 자료가 나왔다. 그 명문을 소개하기로 하자.

---

17) 국립문화재연구소, 『나주 복암리3호분』, 2001.

18) 안승주·이남석, 『논산 육곡리 백제고분 발굴조사보고서』, 1998.

19) 홍사준, 「남원 출토 백제 飾冠具」『고고미술』7-1, 1968.

20) 공주대학교박물관, 『염창리고분군』, 2003.

21) 고고학에서 가장 기본적인 형식 분류를 위한 분류는 지양해야 할 것이다. 흔히 예로 드는 자동차가 마차형에서 유선형으로 바뀐 것은 비행기가 나오면서 시작되었다는 뚜렷한 변화를 찾아야 된다.

22) 최원정, 「칠곡 송림사 오층석탑 불사리장엄구의 연구」, 대구카톨릭대학교석사학위논문, 2000, 57~58쪽.
金關恕, 「松林寺塼塔發見の遺寶」『朝鮮學報』18, 1961.

23) 谷一尙, 「松林寺のガラス製舍利容器」『論叢 佛敎美術史』, 1986, 291쪽.
姜友邦, 『한국 불교의 사리장엄』, 1993, 51쪽.
박홍국, 『한국의 전탑연구』, 1998, 139쪽.

24) 金載元, 「松林寺塼塔」『震檀學報』29·30, 1966, 28쪽.

25) 秦弘燮, 『國寶』5, 1992, 212쪽.

26) 송림사는 908년경에 지어진 崔致遠의 新羅壽昌郡護國城八角燈樓記에 따르면 摩頂溪寺로 불리었다.(김창호, 「新羅壽昌郡護國城八角燈樓記의 분석」『한국 고대 불교고고학의 연구』, 2007, 391쪽)

1997년 여름에 송림사 마당에서 글자가 음각된 명문석이 습득되어 현재 위덕대학교 박물관에 전시되고 있다.

가로 7.8cm, 세로 8.7cm, 두께 1.4cm인 방형의 직육면체인 명문석은 전면이 마연되어 있다. 명문은 앞면에 우에서 좌로 기록되어 있다. 이 명문들은 글자를 새기고 나서도 글자가 있는 면이 마연되었기 때문에 글자를 읽기 매우 힘들다.

제①행은 모두 5자이다. 1번째 글자인 道자는 쉽게 읽을 수 있다. 2번째 글자인 使도 쉽게 읽을 수 있다. 3~5번째 글자는 읽기가 어렵다. 이 부분은 신라 중고 인명 표기 방식에 따르면[27] 부명이 올 자리이므로 신라 6부의 부명과 관련지어서 판독해 보자. 3번째 글자는 沙의 일부 자획이 남아 있다. 4번째 글자는 자획이 없다. 5번째 글자는 阝만 남아 있으나, 部로 읽을 수가 있다. 그렇다면 4번째 글자도 喙자로 추독이 가능하다.

제②행은 모두 7자이다. 1번째 글자는 자획이 뚜렷하나 읽을 수 없다. 2~5번째 글자는 자흔조차 남아 있지 않다. 7번째 글자는 申자가 분명하다. 6번째 글자는 小식으로[28] 되어 있는 바, 申자와 함께 연 간지이므로 甲, 乙, 丙, 丁, 戊, 己, 庚, 辛, 壬, 癸의 10자 가운데에서 찾으면 甲자에 가장 가깝다.

제③행은 모두 8자이다. 1번째 글자는 年자이다. 2번째 글자는 十자이다. 3번째 글자는 一자이다. 4번째 글자는 月자이다. 5번째 글자는 卄자이다. 6번째 글자는 一자이다. 7번째 글자는 日자이다. 8번째 글자

---

27) 김창호,「신라 중고 금석문의 인명 표기(Ⅰ)」『大丘史學』23, 1983.

28) 小자는 가운데 부분의 가장 긴 획이 아래로 직선으로 되어 있으나 조판상 小으로 표기하였다.

는 자획은 분명하나 읽을 수 없었다.

제④행은 모두 몇 자인지 정확하게 알 수가 없다. 1번째 글자는 大자이다. 6번째 쯤에 一자가 있다. 이상의 판독 결과를 제시하면 다음과 같다.

④	③	②	①	
大	年	△	道	1
	十	△	使	2
	一	△	(沙)	3
	月	△	△	4
	卄	△	阝	5
一	一	小		6
	日	申		7
	△			8

여기에서는 은제관식이 나온 송림사 전탑의 연대를 알아 보기 위해서 먼저 사리장엄구 가운데 舍利器의 연판에 주목하고자 한다. 여기의 연판은 한 가운데를 오똑하게 해서 분리하고 있다. 이러한 연판 형식은 고신라 기와에서 다량으로 출토되고 있다. 이 형식의 기와는 고구려나 백제 양식에서 벗어나, 신라화한 기와로 보고 있다. 그 제작 시기는 대개 584년경에 제작되기 시작하여 7세기 전반 경까지 계속 제작되고 있다고 한다.[29] 물론 기와의 문양과 금동판의 문양을 비교하는 것은 다소 문제가 있으나,[30] 그 연대를 600년경으로 보아도 될 것이다.

---

29) 김성구, 「新羅瓦當의 編年과 그 特性」『기와를 통해 본 고대 동아시아 삼국의 대외교섭』, 2000, 160쪽.

30) 馬目順一, 「慶州飾履塚古墳新羅墓の研究-非新羅系遺物の系統と年代-」『古代探叢』

다음으로 銀製鍍金樹枝形裝飾具(은제관식)와 비슷한 형식의 것으로 부여 하황리, 남원 척문리, 논산 육곡리, 나주 흥덕리 등 6세기 백제 고분에서 출토된 바 있고,[31] 그 사용 시기는 6세기가 중심이나 7세기까지 사용되었을 가능성도 제기되고 있어서[32] 송림사에서 나온 은제관식의 연대를 600년경으로 볼 수가 있다.

마지막으로 명문의 분석을 통해 은제관식의 연대를 조사해 보자. 명문의 道使(沙喙部)△△△△△에서 道使는 직명, (沙喙部)는 출신부명, △△△는 인명, △△는 관등명이다. 道使는 441년에 작성된 중성리비의 奈蘇毒只道使, 443년에 작성된 냉수리비의 耽須道使, 524년에 작성된 봉평비의 居伐牟羅道使, 悉支道使, 561년에 작성된 창녕비의 道使, 591년에 작성된 남산신성비의 奴含道使, 營坫道使(이상 제1비), 阿且兮村道使, 仇利城道使, 荅大支村道使(이상 제2비), ~道使幢主(제5비), 608년으로 추정되는 二聖山城 출토 목간의[33] 南漢山城道使, 須城道使 등으로 인명 표기가 아닌 창녕비의 예를 제외하면 지명과 함께 나오고 있다. 본 명문에서는 道使가 단독으로 나오고 있다. 이 道使를 보면 명문

1, 1980에서 식리총의 연대를 475~500년 사이로 보았다. 여기에서 출토된 식리에는 연주문이 있는데, 기와고고학에서는 연주문이 있으면 통일 신라로 편년하고 있다. 재질이 다른 유물을 통한 연대 설정은 주의가 요망된다. 특히 고분 고고학에서 금속기를 토기가 서로 다른 지역의 절대 연대 설정에 이용되고 있으나 조심하지 않으면 안 된다. 가령 풍소불 등자에 의해 등자의 상한을 415년으로 보아 왔으나 태왕릉(414년)에서 더 발전한 금동목심등자가 나와서 문제가 되고, 98호 남분의 연대도 402년으로 볼 수밖에 없어서 금속기에 의한 연대 설정은 재고되어야 한다.

31) 최종규, 「百濟 銀製冠飾에 關한 考察-百濟金工(1)-」 『美術資料』47, 1991, 88~91쪽.
32) 최종규, 앞의 논문, 1991, 92쪽.
33) 김창호, 「二聖山城 출토의 木簡 年代 問題」 『韓國上古史學報』10, 1992.

의 작성 연대는 州郡縣制가 확립되는 685년이 하한이다.[34] 沙喙部란 부명에 근거할 때, 그 하한은 661년이다.[35] 명문에 나오는 (甲)申年과 관련지우면, 624년, 564년, 504년, 444년 등이 대상이 되나, 사리기의 연판무늬, 은제관식의 연대를 참작하면, 624년만이 그 대상이 될 수가 있다. 그렇다면 후행하는 송림사의 은제관식이 624년이므로 이보다 선행하는 미륵사지 서탑의 은제관식 연대인 己亥年을 무왕19년(639년)보다 1갑자 올려서 위덕왕15년(579년)으로 보아야 될 것이다.[36] 항상 고고학에서는 잔존 요소가 늦게까지 남아있기 때문에 미륵사 서탑의 은제관식 연대를 579년으로 보아도 아무런 문제가 없다.[37]

---

34) 藤田亮策, 『朝鮮學論考』, 1963, 339쪽.

35) 태종무열왕릉비의 건립인 661년에 부명이 없어진 것으로 판단된다.

36) 이렇게 되면 고고학에서의 절대 연대 설정이 문제가 된다. 가령 태왕릉을 안악3호분(357년)의 연꽃봉오리와 연화문와당의 비교로 소수림왕, 고국왕릉 등(4세기 후반)으로 보아 왔으나 집안고구려비(491년 이후)의 발견으로 광개토태왕릉(414년)이 분명하다.(金昌鎬, 「집안고구려비를 통해 본 麗濟 王陵 비정문제」『考古學探究』17, 2015, 37쪽) 50년 정도의 갭이 있다. 금관총의 경우 475~500년 사이로 편년해 왔으나 금관총 출토의 3루환두대도 검초 단금구에 尒斯智王(넛지왕)이란 명문이 있어서 눌지왕으로 판명되어 458년이란 절대 연대를 갖게 된다.(김창호, 「신라 금관총의 尒斯智王과 적석목곽묘의 편년」『新羅史學報』32, 2014) 그러면 17~42년의 절대 연대가 달라지게 된다. 일본의 경우 이나리야마 고분의 철검 명문의 獲加多支鹵大王을 雄略으로 볼 때, 辛亥年이 471년이 맞지만 검릉형행엽과 f자형표가 세트를 이루는 礫榔의 연대는 6세기 전반이 옳다. 당연히 471년인 철검은 전세된 것이다. 발달된 편년을 가진 일본 고고학에서 조차 50년 정도의 괴리는 전혀 문제시되지 않고 있다. 곧 아무도 이나리야마의 礫榔의 토기를 471년으로 보았지 6세기 전반으로 보지는 않았다. 하물며 자료가 부족하고, 고고학 연구자가 부족한 우리나라에서는 두 말할 필요가 없다.

37) 전남 지역에서 579년 이전의 기와가 보이지 않는 점은 지방 관아나 寶器로서의 기와 사용이 없었다고 판단된다. 579년 이후에는 백제 기와가 나오고 있다. 실제로 전남 지역에 가람은 백제 시대에는 없다.

IV.『삼국유사』, 무왕조의 검토

우선『삼국유사』권2, 무왕조의 전문을 제시하면 다음과 같다.

武王(古本作武康 非也 百濟無武康)

第三十 武王名璋 母寡居 築室於京師南池邊 池龍交通而生 小名薯童
器量難測 常掘薯 賣爲活業 國人因以爲名

聞新羅眞平王第三公主善花(一作善化)美艷無雙 削髮來京師 以薯餉閭
里群童 群童親附之 乃作謠 誘群童而唱之云 善花公主主隱 他密只嫁良
置古 薯童房乙 夜矣卯乙抱遣去如 童謠滿京 達於宮禁 百官極諫 竄流
公主於遠方 將行 王后以純金一斗贈行 公主將至竄所 薯童出拜途中 將
欲侍衛而行 公主雖不識其從來 偶爾信悅 因此隨行 潛通焉 然後知薯童
名 乃童謠之驗 同至百濟 出母后所贈金 將謀計活 薯童大笑曰 此何物
也 主曰 此是黃金 可致百年之富 薯童曰 吾自小掘薯之地 委積如泥土
主聞大驚曰 此是天下至寶 君今知金之所在 則此寶輸送父母宮殿何如
薯童曰 可 於是聚金 積如丘陵 詣龍華山師子寺知命法師所 問輸金之計
師曰 吾神力可輸 將金來矣 主作書 餠金置於師子前 師以神力 一夜置
新羅宮中 眞平王異其神變 尊敬尤甚 常馳書問安否 薯童由此得人心 卽
王位

一日王與夫人 欲幸師子寺 至龍華山下大池邊 彌勒三尊出現池中 留駕
致敬 夫人謂王曰 須創大伽藍於此地 固所願也 王許之 詣知命所 問塡
池事 以神力 一夜頹山塡池爲平地 乃法像彌勒三會 殿塔廊 各三所創之
額曰彌勒寺 (國史曰 王興寺) 眞平王遣百工助之 至今存其寺 (三國史記
云 是法王之子 而此傳之獨女之子 未詳)

무왕조에 나오는 서동요는 4구체라 신라 향가 가운데 가장 오래된 것 가운데 하나로 이해되어 왔다. 우선 서동요를 현대말로 풀이하여 제시하면 다음과 같다.

善花公主님은
남 몰래 시집을 가두고,
薯童房을
밤에 몰래 안고 간다.

선화공주는 신라 진평왕(579~632년)의 셋째 딸이고, 백제 무왕의 재위가 600~641년이므로 적어도 무왕의 즉위보다는 600년 이전에 서동요를 지은 것이 된다. 서동은 나중에 백제 무왕이 되므로 서동과 선화공주의 로맨스는 너무 나이 차이가 있어서 성립이 불가능하다. 그래서 무왕 대신에 선화공주의 상대자로 동성왕(479~501년)을 지목한 가설이 제기되었다.[38]

이렇게 백제 무왕과 신라 선화공주 사이의 나이 차를 극복하기 위해 서동을 원효로 보는 가설이 나왔다.[39] 여기에서는 서동 설화의 내용과 『삼국유사』권4, 의해5, 元曉不羈조의 내용을 비교 분석하여, 두 설화의 구조와 내용이 8가지 점에서 비슷하다는 점에 착안하여 나온 것으로 서동은 백제 무왕이 아닌 원효이며, 선화공주는 요석공주로 보아야 한다고 주장하였다.

---

38) 李丙燾, 「薯童說話의 新考察」『歷史學報』1, 1952.
39) 金善祺, 「쇼뚱노래(薯童謠)」『現代文學』151, 1967.

1980년부터 1996년까지 발굴조사된 미륵사의 발굴 성과에 의해 미륵사의 창건 연대는 사비성 천도(538년) 이후로 파악되어 선화공주의 파트너를 무왕으로 본 가설이 나왔다.[40] 또 『삼국사기』, 백제본기의 기록과 『삼국유사』권3, 흥법3, 法王禁殺조의 내용에 근거해 무왕의 출계를 법왕의 아들로 보고, 서동과는 동일 인물이 아니라는 가설도 제기되었다.[41] 그 밖에도 이 설화를 나오는 서동을 백제 무령왕(501~523년)으로 보는 가설도 제기되었다.[42]

백제 서동과 선화공주의 로맨스에 있어서 두 사람의 나이 차이를 극복하지 않고, 그대로 설화를 믿는 것은 무왕조의 해석에 도움이 되지 않는다. 미륵사 발굴에서도 미륵사의 창건이 사비성 천도(538년) 이후라는 것은 믿지만, 그 창건을 백제 무왕(600~641년)으로 보는 것은 무왕조를 신봉하기 때문에 나온 것이다. 그래서 미륵사 서탑의 사리봉안

---

40) 盧重國, 「三國遺事 武王條의 재검토－泗沘時代後期 百濟支配體制와 關聯하여－」 『韓國傳統文化研究』2, 1986. 이에 대해서 쓴 논문이 몇 편 있으나(노중국, 「백제 무왕과 지장법사」 『한국사연구』, 107, 1999 등) 백제 무왕, 미륵사, 선화공주에 대한 견해는 한결 같아서 여기에서는 주로 노중국, 앞의 논문, 1986을 이용하였다. 여기에서는 익산의 쌍릉을 무왕릉으로 해석하고, 선화공주와 서동의 로맨스도 인정하는 등 사료 비판에 다소 문제가 있다. 쌍릉을 무왕릉으로 보게 되면, 삼국 시대 왕릉이 수도 서울에 있지 않는 유일한 예가 된다. 따라서 익산 쌍릉은 무왕릉이 아니고, 무왕릉은 부여 능산리 고분군 가운데 하나일 것이다. 미륵사의 규모로 익산 천도설을 주장하지만, 익산에 條坊制가 실시되지 않아서 익산 천도설은 하나의 설일 뿐이다.
41) 강봉원, 「백제 무왕과 서동의 관계 재검토－신라와 백제의 정치·군사적 관계를 중심으로－」 『白山學報』63, 2002. 여기에서는 무왕대의 신라와의 전쟁 회수가 13번이나 있어서 무왕조의 진평왕대 백제 왕실과의 혼인, 미륵사 창건에 신라에서의 장인 파견, 백제에서의 신라로의 금을 보내는 것 등이 역사적 사실이 아니라고 주장하였다.
42) 史在東, 「薯童說話研究」 『藏庵池憲英先生華甲紀念論叢』, 1971.
史在東, 「武康王 傳說의 研究」 『百濟研究』5, 1974.

기의 己亥年을 639년으로 보아 왔다. 앞에서 살펴 본 것처럼 후행하는 송림사 은제관식[銀製鍍金樹枝形裝飾具]의 연대가 624년이므로 기해년은 639년이 아닌 579년이 되어야 한다. 이렇게 되면 새로운 관점에서의 무왕조 검토가 요망된다.

서동요의 작성 시기는 대개 신라 진평왕대로(579~632년) 보아 왔다. 그래서 현존하는 가장 오래된 향가의 하나로 자리매김하고 있다.[43] 그동안 한번도 당시의 자료인 금석문이나 고문서 등과의 비교 검토된 바 없다. 여기에서는 당대의 자료인 금석문과의 비교를 위해 서동요의 원문을 다시 제시하면 다음과 같다.

善花公主主隱 他密只嫁良置古 薯童房乙 夜矣卯乙抱遣去如

여기에서 고신라 금석문과 다른 점은 隱과 乙은 吐 또는 조사의 사용과 善花公主主隱에서 뒤의 主를 님이란 존칭으로 보아서 善花公主님은이라고 풀이한 점이다.

먼저 지금까지 고신라 금석문에서는 님 등의 존칭이 사용된 예가 없다.[44]

---

43) 향가 가운데 가장 오래된 것으로 진평왕대의 彗星歌를 들고 있다. 그 다음이 서동요이다.

44) 울주 천전리서석 원명(525년)의 於史鄒女郎主之로 읽어서 主를 님의 풀이하고 있다. 문경현, 「蔚州 書石銘記의 新檢討」 『慶北史學』10, 1987에서 主자의 판독에도 문제가 있으며, 於史鄒女郎을 妹인명으로 보고 있다. 於史鄒女郎은 河伯女郎이 河伯의 女郎(따님)인 점에 따를 때, 於史鄒의 女郎(따님)이므로 妹의 인명이 될 수가 없고, 女郎 자체가 따님이란 뜻도 있으므로 해석 자체가 문제 된다. 노중국, 「금석문·목간 자료를 활용한 한국고대사 연구 과제와 몇 가지 재해석」 『한국고대사연구』 57, 2010, 28쪽에서 냉수리비의 七王等의 王을 님의 뜻인 존칭으로 보고 있다. 沙喙部

다음으로 吐라고 불리는 조사에[45] 대해 조사해 보자. 善花公主主隱에 나오는 隱이란 주격 조사는[46] 당시의 금석문이나 고문서에서는 고신라는 사용한 예가 없다. 그런데 신라의 향가에서 隱의 사용 예를 뽑아서 제시하면 다음과 같다.

二兮隱吾下於叱古 吾兮隱誰支下焉古

(處容歌)

唯只伊吾音之叱恨殷𣼪陵隱

(遇賊歌)

生死路隱

(祭亡妹歌)

吾隱去內如辭叱都

(祭亡妹歌)

造將來臥乎隱惡寸隱

(懺悔業障歌)

至都盧葛文王에 뒤이어 나오는 6명의 관등에는 干支가 포함되어 있다. 『광주천자문』에 임금 왕의 훈을 귀추라고 되어 있다. 이 귀추는 간지와 같다. 따라서 王을 님의 뜻으로 볼 수가 없다. 금석문에서 존칭이 사용된 예로는 갈항사 석탑기에(758년 이후 785~798년 사이에 추각) 照文皇太后君旀在旀의 君자와 개선사 석등기(891년)에 景文大王主 文懿皇后主大娘主의 主자 등이 있다.

45) 삼국 시대 조사로는 중원고구려비(449년 이후)의 五月中, 평양성 석각(566년)의 丙戌十二月中, 신라 적성비(545년 직전)의 △月中, 성산산성 164번 목간(540년)의 三月中 등의 中자가 처격조사로 쓰이고 있다.

46) 갈항사 석탑기에 나오는 *娚者零妙寺言寂法師在旀 姉者照文皇太后 君旀在旀 妹者敬信大王旀在也*에서 세 번 나오는 者자가 주격 조사로 판단된다. 홍기문, 『리두연구』, 1957, 133쪽에서는 者를 주격 토라고 하였다.

灯炷隱須彌也 灯油隱大海逸留去耶

(廣修供養歌)

이상과 같은 향가의 예를 제외하면, 고려 시대부터 한문의 吐에 隱자가 ß(ㅁ)로 표기되어 주격 조사로 쓰인다. 삼국 시대 특히 백제에서는 部자가 ß로 표기되고 있어서 차이가 있다.

그 다음으로 목적격 조사인 薯童房乙의 乙에 대해 검토해 보기로 하자. 乙자의 예는 금석문이나 고문서 등의 당시의 자료로는 고신라는 물론 통일 신라의 예도 없다. 향가의 몇 예를 적기하면 다음과 같다.

法雨乙乞白乎叱等耶

(請轉法輪歌)

手乙寶非鳴良爾

(請佛住世歌)

위의 향가들은 다 아는 바와 같이 고려 초의 화엄종 승려인 均如(923~973년)가 지은 普賢十願歌 가운데 여섯 번째(請轉法輪歌)와 일곱 번째(請佛住世歌)의 노래이다. 고신라와 통일 신라의 금석문이나 고문서(목간 등)에서 乙자를 목적격 조사로 사용한 예는 없다.

乙을 목적격 조사로 쓴 예로는 경북 약목 정토사 형지기(1031년)가 있다. 관계 부분을 적기하면 다음과 같다.

石塔伍層乙成是白乎願表爲遣

本貫同郡乙勸爲

위의 자료들에 근거하면 서동요는 고려 광종대(949~975년)에 지어진 향가로 판단된다.[47] 서동요는 역사적인 사실이라기보다는 고려 초에 만들어진 로맨스에 향가로 변신해 우리의 문학 세계를 풍요롭게 했다. 흔히 위대한 사랑 이야기는 소설에서나 가능하고, 不朽의 여인상을 그려낸 작가는 하숙집의 하녀밖에 모른다고 한다. 백제 최대의 사찰인 미륵사의 창건과 어우어진 서동과 선화공주의 로맨스는 미륵하생경이 유행한 고려 초의 미륵사가 미륵도량으로서[48] 큰 역할을 하면서 후백제인과 신라인이 함께 고려인화하는 데에서 나온 것으로 해석이 가능하다.

미륵사 서탑에서 나온 사리봉안기의 己亥年을 무왕조에 근거해 639년으로 보아 왔다. 이는 무왕의 재위 기간이 600~641년 사이이므로 언뜻 보기에 타당한 것 같다. 그러나 은제관식[銀製鍍金樹枝形裝飾具] 가운데 가장 늦은 형식인 송림사의 것이 최말기 형식이고, 624년이란 절대 연대를 갖게 되어 그에 선행하는 미륵사의 은제관식은 639년이[49] 아닌 579년으로 보아야 된다. 『삼국사기』권27, 백제본기 5, 무왕1년(600년)조

---

47) 앞으로 자료가 더 나오면, 서동요가 고려 태조 때(918~943년)에 지워진 것으로 보아도 좋다고 판단하고 싶다.

48) 후삼국 시대의 신라의 수도였던 경주에서 조차도 미륵하생경에 의한 미륵상이 단석산에 만들어졌다. 이에 대해서는 김창호, 「慶州 斷石山 神仙寺 磨崖巨像의 역사적 의미」 『한국 고대 불교고고학의 연구』, 2007 참조. 후삼국(고려와 후백제)의 국경 지역이었던 충남 은진미륵 등 미륵상이 많이 조성되었다.

49) 사리봉안기의 己亥年을 639년으로 보게 되면, 무왕의 왕비가 의자왕의 어머니, 선화공주, 교기의 어머니, 사탁적덕의 딸 등 4명이나 되나, 사탁적덕의 딸을 의자왕의 모후나 교기의 어머니로 보면 3명이 된다.(김수태, 「백제 무왕대의 미륵사백 서탑 사리 봉안」 『新羅史學報』16, 2009, 11~12쪽) 무왕의 왕비는 4명일 가능성도 있어서 너무 많아 문제가 된다.

에 一年正月 創王興寺 度僧三十人이란 구절과 『삼국사기』권27, 백제본기 5, 무왕35년(634년)조에 三十五年春二月 王興寺成 其寺臨水彩飾壯麗 王每乘舟入寺行香이란 구절이 나온다. 같은 무왕대에 왕흥사를 창건하고, 동시에 미륵사를 건립하는 것은 무리이다.[50] 무왕대에는 신라와의 전쟁 기사가 『삼국사기』에 13번이나[51] 백제 역사상 제일 빈번하게 나온다. 전쟁을 하면서 두 절을 짓는 것은 어렵다.[52] 사비성 시대에 국찰인 정림사와 익산 미륵사를 비교하면, 화랑 안의 면적은 정림사가 1,318평이고, 미륵사가 7,770평으로 미륵사의 규모가 정림사의 규모에 비해 6배나 가까이 된다. 요사채 등을 포함하면 미륵사가 10배 이상이나 크다. 백제 제일 큰 가람을 익산에다 건립한 것은 나름대로의 이유가 있었을 것이다. 흔히 익산 천도설을[53] 주장하지만 익산에 조방제의 흔적

---

50) 『觀世音應驗記』에 나오는 百濟武廣王遷都枳慕密地 新營精舍 以貞觀十三年己亥十月 云云이란 구절에서 정관 13년 己亥年도 639년이 되어 익산 제석사도 미륵사와 똑같은 때에 창건한 것이 되는 모순점이 생긴다.

51) 강봉원, 앞의 논문, 2002.
　　『삼국사기』권27, 백제본기5, 무왕조에서 6년, 8년, 12년, 17년, 19년, 24년, 25년, 27년, 28년, 29년, 33년, 34년, 37년에 각각 신라와의 전쟁 기사가 나온다.

52) 미륵사의 백제 무왕대 창건설은 『삼국유사』권2, 무왕조와 『삼국유사』, 권3, 흥법3, 法王禁殺조밖에 없다. 그것도 언제 공사를 시작해서 언제 끝나다는 것이 아니고, 무왕 때라고 되어 있다. 『삼국사기』에도 나오지 않고, 『삼국유사』의 다른 곳에도 나오지 않는다. 무왕조가 후삼국 시대의 역사상을 반영한 것이므로 그 나름대로의 의의가 있다. 미륵사의 무왕대 창건설은 무너지게 되었으나, 백제 고고학은 기와를 포함하여 극히 일부에서 60년을 올라가게 된다. 미륵사 서탑 출토의 은제관식의 연대도 송림사의 창건 연대가 624년이므로, 579년이라는 절대 연대를 갖게 된다.

53) 『觀世音應驗記』에 나오는 百濟武廣王遷都枳慕密地 新營精舍 以貞觀十三年己亥十月 云云이란 구절에 근거하여 무광왕을 武(康)王으로, 지모밀을 익산(金馬渚)의 고명인 慕枳密로, 정사를 帝釋精舍인 帝釋寺로 각각 보았다. 정관13년 기해는 639년이므로 제석사가 639년 이전에 창건되었다는 확증이 없고, 제석사보다 그 규모가 훨

이 없어서 성립되기 어렵다. 나주 반남 신촌리, 나주 복암리 등의 고분
군은[54] 그 출토 유물이나 봉분의 크기가 사비성에 있는 왕릉들인 능산
리 고분군에 뒤지지 않는다. 반남 신촌리 고분의 숫자나[55] 그 크기에
근거할 때, 백제에 복속된 시기가 문헌의 통설대로 4세기 근초고왕대
로[56] 한정할 수가 없다. 579년 미륵사 창건 당시에 곡창 지대인 전남
마한은[57] 아직도 그 세력을 유지하였다.[58] 그래서 579년 당시 백제 최
남단에다[59] 백제 역사상 제일 큰 가람을 건립하면서 마한 너희들도 이

씬 큰 미륵사의 언급이 없고, 익산에 도성제의 필수 요건인 條坊制가 없어서 신봉할
수 없다.

54) 이들 고분을 마한으로 임영진은 주장하고 있다. 필자도 같은 견해를 갖고 있다.

55) 나주 반남 신촌리의 고분군은 고분의 봉분에 있어서 부여의 백제 왕릉인 능산리 고
분군의 봉분보다 그 크기가 더 크다. 고분의 숫자에서도 마찬가지이다.

56) 마한 땅 완전 정복은 근초고왕대로 보고 있다. 4세기에 고고학상으로 마한 땅을 정
복했다는 근거는 없다. 4세기에는 기와도 없고, 철제 무기도 알려진 예가 별로 없다.

57) 光州, 咸平, 靈光, 靈巖, 海南 등 전남 지역에서는 500년 전후의 전방후원형 고분이
있다. 이들 지역을 포함하여 전남 지역을 마한이라고 부르고 있다. 이들 정치체의
선조가 광개토태왕비에 나오는 400년 전후의 왜와 관련될 가능성이 있다. 400년 전
후의 제철 기술이나 선박 기술로 볼 때, 일본 야마도(大和) 조정에서 고구려와 대결
할 수 있을 정도의 대군을 이끌고 바다를 건너오기는 어렵다.

58) 579년 당시 전남 마한 지역이 나라의 지배권은 유지하면서 일정한 조세만을 부담하
는 백제의 간접 지배를 받았는지도 알 수가 없다.

59) 전남 마한 지역에는 가람을 세울 수 없어서 백제의 최남단인 익산에다 미륵사를 세
운 것으로 판단된다. 579년이란 시기는 후장인 고총고분의 시대는 끝나고, 비용 절
감이 가능하고, 추가장이 가능한 횡혈식석실분의 시대로 고분의 제의가 바뀌었
다.(김창호, 「고고학 자료로 본 신라사의 시대구분」 『仁荷史學』10, 2003) 신라의 경
우 530년 전후에 적석목곽묘에서 횡혈식실분으로 바뀌면서 비용 절감이 되어 주변
지역으로 정벌이 가능하고, 신라식토기의 주변 지역으로의 확산 등으로 신라식 제
의도 주변 지역에 보급했다.

런 규모의 종교체를[60] 가질 수 있느냐고 묻는 정치적이면서 종교적인
승부수로 판단된다.

Ⅴ. 맺음말

지금까지 논의해온 바를 요약하여 맺음말에 대신하고자 한다.

먼저 미륵사 서탑 출토의 사리봉안기의 명문을 판독하고, 전문을 해
석하였다.

다음으로 미륵사 서탑에서 출토된 2점의 은제관식 연대를 반출 유물
인 사리봉안기의 己亥年을 639년으로 보아 왔다. 그런데 은제관식 가
운데 가장 후행하는 형식이 송림사에서 나왔다. 송림사 전탑에서 나온
은제관식[銀製鍍金樹枝形裝飾具]은 송림사 전탑 출토의 명문석에 따를
때, 624년이란 연대를 가지게 된다. 그렇다면 미륵사 서탑의 己亥年은
639년이 아닌 579년이 된다.

마지막으로 이두로 된 서동요에 주격 조사인 隱과 목적격 조사인 乙
을 금석문과 고문서에서 그 예를 검토하였다. 고신라 시대에도 그 예가
없고, 고려 초에 만들어진 향가와 고문서에 나왔다. 그래서 서동요가
고려 초에 선화공주와 서동의 로맨스로 후백제인과 신라인의 고려인화

---

60) 고분 자체가 장송 의례, 토착 신앙 등의 종교체로 일본의 전방후원분의 경우 수장권
계승 의례도 전방후원분에서 시행되었다고 한다.
　신라에서 울주 천전리서석이 있는 서석곡이 장송 의례의 성지였다. 또 乙巳年六月
十八日은 사탁부사부지갈문왕의 왕비인 지몰시혜비의 제삿날이고, 己未年七月三日
은 무즉지태왕(법흥왕)의 제삿날이었다.

를 위해 지어진 것으로 보았다. 따라서 미륵사 창건이 백제 무왕대란 설은 무너지게 되었다. 백제에서 가장 큰 미륵사가 579년 당시 수도였던 사비성이 아닌 익산에 창건된 것은 전남 마한인에 대한 백제의 종교적이고, 정치적인 승부수로 판단된다.

제6장

결론

제1장에서는 1970년부터 지금까지(2017년)의 석문, 목간, 묵서명, 토기 명문, 금문에 대해서 그 연구사를 살펴보고 나서, 그 연구 방향을 제시하였다.

제2장에서는 5세기 금석문 3점을 분석하였다. 중성리비에서는 그 주된 내용이 비문의 서두에 나오는 (喙部)折盧(智王)이 누구인지 여부이다. 501년으로 보면 沙喙至都盧葛文王과 동일인이 되어야 한다. (喙部)折盧(智王)과 지증왕은 동일인일 수가 없다. 중성리비의 건립 연대는 441년이 되어야 한다. 중성리비를 해석함에서도 누구나 한자를 알면 쉽게 알 수 있도록 적혀 있다고 보고 쉽게 해석하기로 하였다. 그 결과 중성리비의 주된 내용은 (喙部)折盧(智王) 등 3인이 教를 沙喙尒抽智奈麻 이하 26명에게 내려 豆智沙干支의 宮(居館)과 日夫智의 宮을 빼앗아서 다시 牟旦伐에게 돌려주라는 것이다. 중성리비와 냉수리비에서는 진골과 4두품에 해당되는 관등이 없다. 大(衆)等과 같은 직명도 5세기 금석문에는 없다. 26명의 教를 받은 사람은 6세기 금석문에서 대등의 역할을 한 것은 분명하다. 그러나 6세기 금석문에서 대등 집단은 6두품 이상인데 대해 관등을 갖지 않는 왕경인과 지방민이 다수 있다. 干支와 壹伐의 경우는 경위와 외위가 아직 미분화해서 6부인과 지방민이 모두 갖고 있다.

냉수리비에 대해서는 사부지왕과 내지왕은 각각 실성왕과 눌지왕으로 보면서 沙喙至都盧葛文王을 지증왕으로 보아서 비의 건립 연대를 나타내주는 癸未年을 503년으로 보았다. 비의 주인공인 節居利가 실성왕의 즉위해인 402년에 30세로 교를 받았다면 503년에 그의 나이는 131세가 되는 점이다. 沙喙至都盧葛文王이 지증왕과 동일인이라면 신라 중고 왕실은 탁부 소속으로 김씨이나 沙喙至都盧葛文王은 사탁부 소속이므로 김씨가 아닌 다른 성을 갖게 된다. 沙喙至都盧葛文王이 지증왕이면 최소한도 호칭이 沙喙至都盧王이나 沙喙至都盧寐錦王이 되어야 한다. 따라서 沙喙至都盧葛文王은 지증왕이 아니고, 비의 건립 연대도 503년이 아닌 443년이 되어야 한다.

금관총 3루환두대도 검초 단금구에 尒斯智王이란 명문이 있다. 이는 왕족이나 고급 귀족으로 추정되기도 했다. 마립간이란 왕호의 사용 시기에 마립간이 중성리비에서 (喙部)折盧(智王)으로, 냉수리비에서 斯夫智王, 乃智王으로, 봉평비에서 牟卽智寐錦王으로 각각 부르고 있다. 尒斯智王은 너사지왕으로 훈독이 되며, 이는 반절로 표기하면 넛지왕이 된다. 넛지왕은 마립간시기의 왕명중 눌지왕과 음상사이다. 이 명문으로 금관총을 475~500년으로 편년되던 것이 458년으로 소급되었다. 무엇보다도 이 명문이 중요한 점은 종래 모든 신라 금석문을 6세기를 상한으로 보아온 데에 대해 5세기의 확실한 가능성을 제시한 점이다. 중성리비와 냉수리비의 5세기설이 힘을 얻게 되었다.

제3장에서는 6세기의 대표적인 금석문 두 개를 검토하였다. 먼저 울진 봉평비를 조사하였다. 비문의 서두에 나오는 喙部牟卽智寐錦王沙喙部徙夫智葛文王夲波部△夫智△△에서 喙部牟卽智寐錦王은 국왕인 동시에 탁부의 장이고, 沙喙部徙夫智葛文王는 사탁부의 장이고, 夲波部△夫智△△는 본피부의 장이다. 이들 3인이 교를 干支岑인 喙部美昕智干支 이하 11명에게 내려 소금 축제를 행하게 했다는 것이 비문의 핵심이다. 노인은 사노비나 복속민으로 보아 왔으나 외위도 받을 수 있는 公民이다. 노인은 仇利伐에서만 나오고 있어서 구리벌만이 가질 수 있는 특산물이 있어야 된다. 구리벌은 26번 목간에 근거할 때, 특산물이 소금이므로 구리벌은 함안에서 마산시에 이르는 바닷가에 있어야 한

다. 봉평비에서 진골과 4두품에 해당되는 관등명이 나온다. 이는 6세기 전반의 금석문인 적성비에서도 동일하다. 524년에 干支란 경위명이 두 번이나 나와서 경위는 거의 완성되었을 것이다. 외위도 下干支, 一伐, 一尺, 彼日(旦), 阿尺이 나오고 있으나 536년을 상한으로 하는 안압지 출토비에 지방민의 외위로 干支가 나와서 경위나 외위 모두 540년경에 완성된 것으로 본다.

울주 천전리서석 원명과 추명에 대해서 살펴볼 차례가 되었다. 원명의 주인공 3인은 沙喙部葛文王, 妹인 麗德光妙, 友인 於史鄒安郞이다. 추명의 주인공 3인은 另卽知太王妃인 夫乞支妃, (沙喙部)徒夫知(葛文)王, 子인 郞△△夫知이다. 원명의 여덕광묘가 시집을 가서 무즉지태왕비인 부걸지비(보도부인)가 되었으므로 사탁부사부지갈문왕은 법흥왕의 동생인 입종갈문왕이 아니다. 부걸지비 곧 보도부인도 모량부 소속이 아니라 사탁부 출신이다. 고신라 금석문에서 모량부는 나오지 않고, 사탁부가 탁부를 뒤이어서 많이 나오고 있어서 사탁부가 왕비족으로 보인다.

제4장에서는 함안 성산산성 출토의 목간을 둘로 나누어서 검토하였다. 성산산성 목간(1)에서는 제작 연대를 대개 560년로 보아 왔다. 새로운 목간 자료에 及伐尺과 大舍下智란 경위명이 나옴에 의해 560년대로 보면 경위의 완성도 560년대로 보아야 된다. 그러면 540년경에 완성된 외위가 경위보다 앞선다. 그래서 함안 성산산성 목간의 제작 시기를 540년대로 보았다. 지명 비정에서는 경북 북부로 보아 왔으나 鄒文村과 218번 목간에서 勿思伐은 下州 昌寧인 比思(伐)이 나오고, 적성비에서 추문촌과 물사별성이 같이 나오는 軍主가 주재한 高頭林城이 충북 온달성임을 근거로 충북 지방으로 보았다. 노인은 외위도 가질 수 있는

公民으로서 소금을 생산하는 사람이다.

성산산성 목간(2)에서는 오작비, 남산신성비, 신라 둔전 문서 등을 근거로 성촌명+성촌명은 앞의 것은 군명, 뒤에 것은 행정촌으로 보았다. 단독으로 성촌명이 나올 때는 적어도 행정촌임을 밝혔다. 목간의 제작지에 대해서는 행정촌설, 군제작설, 주제작설이 있었다. 333점의 목간에서 나온 지명은 남산신성비 제2비에서 阿大兮村과 阿旦兮村, 沙刀城과 沙戶城, 九利城과 仇利城으로 차이가 있음에도 불구하고, 놀라울 정도 같은 글자로 적혀 있다. 218번 목간에서는 比思(伐)과 喙部 출신인이 함께 고급술을 공진하고 있어서 행정촌, 군, 주에서는 목간을 제작했다고 보기 어렵고, 함안 성산산성에서 제작했다고 판단된다.

제5장에서는 고구려와 백제의 금석문을 검토하였다. 먼저 고구려의 금석문으로는 집안고구려비를 들 수가 있다. 집안고구려비는 광개토태왕이나 장수왕때로 그 건립 시기를 보아 왔다. 그러나 (明治)好太聖王으로 복원되는 것이나 각각 왕릉에 20명의 烟戶頭가 배치되어 시조 추모왕부터 장수왕까지가 20대인 점에 의해 20이란 숫자가 같으므로 문자왕1년(491년) 이후로 볼 수가 있다. 비의 성격은 비의 건립 지점이 집안으로 가는 길목이고, 20명의 왕들의 묘를 수묘하는 종합 수묘비로 보았다. 이 비의 발견으로 장수왕의 무덤에 집안에 있음이 확인되어 장군총으로 보았고, 태왕릉은 광개토태왕릉으로, 천추총은 소수림왕릉으로 각각 보았다. 백제의 왕릉도 장수왕의 무덤과 마찬가지로 성왕릉이 공주 송산리에 있다고 보아 송산리5호분을 성왕릉으로, 송산리6호분을 동성왕 부부의 무덤으로, 부여 능산리 중하총을 위덕왕릉으로 각각 보았다.

다음으로 미륵사 서탑 사리봉안기의 연대에 대해 조사할 차례가 되었다. 사리봉안기의 己亥年을 『삼국유사』 무왕조에 근거해 639년으로 보아 왔다. 사리봉안기와 공반된 은제관식의 연대가 문제가 된다. 은제 관식 가운데 가장 늦은 형식의 것으로 송림사의 은제관식을 들 수가 있 다. 송림사의 은제관식은 공반된 명문석에 의해 624년이란 절대 연대 를 갖게 된다. 그러면 이보다 형식상 앞서는 미륵사의 은제관식은 639 년이라기 보다는 579년으로 보아야 된다. 『삼국유사』 무왕조의 기록은 서동요의 목적격조사인 乙이 고신라, 통일 신라에서는 나오지 않고, 고 려 초의 고문서와 향가에서 나온다. 선화공주와 무왕의 로맨스는 후삼 국 시대나 고려 초의 후백제인과 신라인의 고려인화를 위한 이야기로 보인다. 미륵사가 부여 국찰인 정림사보다 회랑 안이 6배나 크고, 요사 채까지 포함하면 10배이나 크다. 이렇게 사찰을 익산에다 건립했는지 궁금하다. 전남에는 부여 능산리보다 큰 고분이 나주 반남 신촌리와 나 주 복암리에 있어서, 이들 세력을 579년까지 백제가 완벽한 지배를 하 지 못해 미륵사를 지워서 던진 정치적인 종교적 승부수로 판단된다.

한자

古新羅 金石文과 木簡